U0138731

教育測驗與學習評量

陳新豐　著

五南圖書出版公司 印行

三版序

　　教育測驗與學習評量是教師教學中，可否達到教師教學與學生學習目標的重要活動，因此，無論是職前師資養成教育或者是現職教學者，都必須要掌握教育測驗與學習評量的正確概念，此即本書的撰寫初衷。本書共分為17章，包括教育測驗與學習評量等二大部分：教育測驗部分包括教育測驗概論、基本統計概念、測驗編製、命題原則、試題分析、信度、效度、測驗分數的解釋以及電腦化適性測驗；第二部分的學習評量則是包括學習評量概論、真實評量、實作評量、檔案評量、動態評量、數位閱讀評量、素養導向的學習評量等，最後的第17章則是介紹教育測驗與學習評量的相關議題。

　　本書第一部分教育測驗的結構，首先介紹教育測驗的理論及概念，之後說明測驗與評量相關的統計策略、測驗編製的原理及命題原則、進行試題及測驗分析的方法、解釋測驗分數的原則，教育測驗部分最後則是介紹以試題反應理論為理論基礎的電腦化適性測驗。第二部分學習評量則是從介紹學習評量的相關概念開始，之後介紹學習評量上常見的評量策略，分別是真實評量、實作評量、檔案評量、動態評量、數位閱讀評量、素養導向的學習評量等。除此之外，最後一個章節是討論教育測驗與學習評量的相關議題。本書在基本統計概念、試題與測驗分析（信度、效度）中，除了介紹相關理論之外，尚會搭配一些相關的分析軟體加以說明。

　　本書是以實務及理論兼容的方式來介紹教育測驗與學習評量，可以有效提升各級學校教師進行教育測驗與學習評量的效能，並得以改進教學效果提高學生的學習成效，當然本書也適合關心教育測驗與學習評量相關議題的家長，以及社會大眾。不過囿於個人知識能力有限，書中必有不少偏失及謬誤之處，願就教於先進學者，若蒙不吝指正，筆者必虛心學習，並於日後補正。

　　本書的完成要感謝的人相當多，尤其是鼓勵並支持我在研究中一直前

進的林邦傑、余民寧老師。感謝五南圖書出版公司主編黃文瓊小姐及編輯李敏華小姐對於本書的諸多協助，並慨允出版本書。感謝我的家人，寫書期間所給予的包容與體諒，使我無後顧之憂，能夠全心地撰寫此書。

本書第一版自出版之後，獲得許多的批評與建議。第二版中符應十二年國民基本教育課程綱要的實施，除新增素養導向的學習評量一個章節外，每個章節也新增許多思考的問題，以利讀者可以再運用各章的重要概念，另外，命題原則章節中再新增了許多命題範例提供讀者參考。第三版除了修訂讀者建議之外，第四章試題分析新增網頁版的試題分析軟體，以及利用免費開源軟體jMetrik來進行試題反應理論中，各種模式的參數估計與試題反應理論的圖形繪製。

陳新豐　謹識

2024年1月於國立屏東大學教育學系

目　錄

第一章 教育測驗概論

　　教學與評量是各級教師必備的專業知識之一，適性的教學需要適當的評量來檢驗教學的成效以及提供教學者在教學上的回饋，讓教學者能有效地累積自身的教學經驗並修正教學技巧、安排適當的教學內容。因此教育測驗與學習評量即是討論有關於教師在課堂所進行的教育測驗之評量歷程，所以若身為教學工作者，教育測驗與學習評量是必備的教育專業知識，如此才能善盡一位適任教學者的職責。

　　教學中，教師經常要面臨許多做決定的時刻，而如何做出適切的決定往往需要教師具有豐富的經驗以及教學的技巧。所以，好的教學包括：(1)教學的內容是什麼？(2)如何教學？(3)如何評估學生的學習成就等，上述三點都是班級教師經常要面臨的問題。成功的教師要獲得成功的決定，需仰賴高品質的學習評量。考試領導教學的做法在目前的社會中是不允許的，不過考試在國內甚至是亞洲國家中都是相當為大家所重視的，一般社會中的家長對於國小學童的各類型考試也是非常重視的，若是教育現場能夠藉由學習評量來引領教學做實質上的改變，何嘗不是一種好的改革策略與方針？這對於重視考試結果的老師、學生本身、家長，或者是目前的補習班能夠因為測驗與評量被重視，藉由評量內容的改變來引領出正確的教學方針，發揮評量的最大功能。

壹、測驗理論

　　考試就好像是炒菜一般，食材準備好了之後，仍得看廚師的功力，才能夠炒出一盤讓人讚不絕口的好菜。而撰寫試題雖然很花時間，往往要寫出一題試題就要用掉一個小時，但是訓練「應試的手感」是很重要的，如此才能讓自己在有限的作答時間內，更能從容以對，因此教育測驗與學習評量在社會各階層中均扮演著相當重要的角色。

　　心理計量學（psychmetric）的產生，乃是心理學者企圖將心理學發展成為一門量化的理性科學，目前測驗理論上的發展主要有三個派典（余民寧，2022；De Ayala, 2022），分別為古典測驗理論（classical test theory, CTT）、類推性理論（generalizability theory, GT）以及試題反應

理論（item response theory, IRT）。其中古典測驗理論主要是由Gulliksen（1907/1987）首先提出，古典測驗理論的假設為受試者所獲得的觀察分數（observed score）為受試者真正潛在的能力（latent trait）及誤差值（error value）之和（X = T + E）。另外Cronbach、Gleser、Nanda與Rajaratnam（1972）提出類推性理論（GT），新型的試題反應理論（IRT）則主要是Lord（1951/1980）提出，其在普林斯頓大學畢業時的博士論文 *"A Theory of Test Scores"* 被認為是IRT理論的濫觴，而此時試題反應理論被提出的當時，丹麥學者Rasch亦提出與試題反應理論異曲同工的Rasch模式，試題反應理論在目前測驗理論的發展與實施中，所扮演的角色日益加深且加廣，以下將分別就這三個測驗理論加以說明。

一、古典測驗理論

　　古典測驗理論又稱為真分數理論（true score theory），理論的基本假設即認為受試者從測驗或評量中所獲得的觀察分數，會等於受試者真正的能力加上受試時因各種外在或內在因素所產生的誤差之總和，以下就古典測驗理論的基本定義、基本假設分別說明。

(一)古典測驗理論的定義

　　古典測驗理論首先由Gulliksen（1907/1987）所提出，古典測驗理論又被稱為古典的信度理論（classical reliability theory），主要的假設為受試者由測驗與評量所獲得的觀察分數為真正潛在能力與誤差分數總和（X = T + E）。因此，又稱為真分數理論或者是真分數模式（true score model）。

　　「古典測驗理論」是最早的測驗理論，至今，它仍然是最實用的測驗理論，許多通用的測驗仍然是根據傳統方法來編製，並且建立起測驗資料間的實證關係。古典測驗理論也叫「古典信度理論」（classical reliability theory），因為，它的主要目的是在估計某個測驗實得分數的信度；亦即，它企圖估計實得分數與真實分數間的關聯程度。因此，有時候它又稱作「真實分數理論」（true score theory），因為它的理論來源都是建立在以「真實分數模式」（true score model）為名的數學模式基礎上。

　　當某位受試者接受一份測驗的施測後，他在該測驗上的得分（即「實得分數」），即代表在某些特定的情境下，他在這些試題樣本上的能力（ability）。當然，有許多因素會影響受試者在測驗上的表現。即使在內容範圍相同但試題樣本不同的條件下，或在不同的時間、主測者、與施測情境的條件下，受試者的表現也都有可能會不一樣。

　　因此，如果我們在所有可能的施測情境下、在所有可能的不同時間範圍內、或盡可能使用不同試題樣本，來針對同一位受試者進行同樣的測驗多次（理論上是無窮多次），則我們可以獲得許多有關該受試者的實得分數。這些實得分數的平均數（又稱爲期望值，expected value），即代表該受試者能力的不偏估計值（unbiased estimation），該估計值即被定義爲「眞實分數」。

　　所謂的「眞實分數模式」，即是指一種直線關係的數學模式（linear model），用來表示任何可以觀察到、測量到的實得分數（又簡稱爲觀察值或測量值），觀察值是由下列兩個部分所構成的一種數學函數關係，這兩個部分包括：一爲觀察不到，但代表研究者眞正想要去測量的潛在特質（latent trait）部分，叫作「眞實分數」（true score）；另一也爲觀察不到，且不代表潛在特質，卻是研究者想要極力去避免或設法降低的部分，叫作「誤差分數」（error score）。這兩個部分合併構成任何一個眞實的測量值（即實得分數），並且彼此之間能延伸出多種基本假設，能符合這些基本假設的測量問題，即爲眞實分數模式所探討的範疇。

　　根據古典測驗理論的假設，受試者所具有的某種潛在特質，無法單由一次測驗的實得分數來表示，它必須由受試者在無數次測驗上所得的實得分數，以其平均數來表示，該數值即是受試者的潛在特質之不偏估計值，即是前述的「眞實分數」（true score）；眞實分數的存在並不受測量次數的影響，它代表長期測量結果「不變」的部分。實際上，單獨一次測量所得的實得分數，總會與眞實分數間產生一段差距，這段差距即稱作「隨機誤差分數」（random error score），或簡稱爲「誤差」（error）；誤差分數深受測量工具之精確度的影響很大，它代表某次測量結果「可變」的部分，誤差包括兩種：一種爲系統性的誤差，另外一種則是隨機產生的誤

差。若以數學公式表示，這兩種分數與實得分數間的關係可以表示如下：
X = T + E，其中，X代表實得分數，T代表眞實分數，E代表誤差分數。

綜而言之，古典測驗理論即是建立在上述這種眞實分數模式及其假設的基礎上，針對測驗資料間的實證關係，進行有系統解釋的一門學問。

(二)古典測驗理論的基本假設

要建立古典測驗理論，先決條件是要滿足一些基本的假設，這些基本的假設就是爲完成眞實分數模式的地基。古典測驗理論（眞分數理論）的基本假設可歸納成以下七項（Allen & Yen, 2001）。

1. $X = T + E$
2. $E(X) = T$
3. $\rho_{TE} = 0$
4. $\rho_{E1E2} = 0$
5. $\rho_{E1T2} = 0$
6. 假設二測驗，觀察分數爲X_1與X_2，滿足上述1到5的假設，對一群考生而言，亦滿足$T_1 = T_2$和$\sigma^2_{E1} = \sigma^2_{E2}$等條件，則這二測驗稱爲複本或平行測驗。
7. 假設二測驗，觀察分數爲X_1與X_2，滿足上述1到5的假設，對一群考生而言，滿足$T_1 = T_2 + C_{12}$條件，其中C_{12}代表常數，則這二測驗稱爲本質上 τ 相等的測驗。

古典測驗理論的基本假設中第6以及第7分別是平行測驗的假設，平行測驗基本上的假設亦可說需要符合下列幾個假設，分別是：(1)隨機誤差；(2)誤差之間彼此無關；(3)誤差與眞分數無關；(4)潛在變數對所有題目的影響相同；(5)每個題目的誤差變異相等（Devillis, 2011）。

二、類推性理論

類推性理論（GT）通常被視爲古典測驗理論的延伸，其應用是透過變異數分析的程序，將總變異分解成不同來源的變異，估計測量工具或評估結果的信度和效度。

類推性理論認爲測量結果的信度和效度不僅取決於受試者的表現，還

取決於測量工具的穩定性、評分者的一致性和評分標準的明確性等因素。因此，類推性理論的主要目的是研究這些因素對測量工具或評估結果的影響，更全面地評估測量工具或評估結果的信度和效度（Cronbach, Gleser, Nanda, & Rajaratnam,1972）。

　　真實評量中的檔案以及實作評量的信度與客觀性的評量有很大的不同，而針對真實評量這類型評量的信度，對於傳統檢驗客觀性測驗信度的方法是否適用，產生質疑的聲浪。以信度而言，傳統檢驗信度的方法以重測、複本、內部一致性以及Hoyt等方法為主，但以實作評量這種真實性評量除了有受試者能力因素的考量外，尚有評分者、作業性質以及其他的因素考量，所以針對真實性評量的信度而言，心理計量學家所關心的包括：學生在不同作業間表現的類推性、不同評分者對於相同學生表現的評分一致性以及是否有其他來源會影響表現分數的一致性，因此類推性理論成為估計此類評量結果信度的方法。

　　類推性理論架構的主要概念（吳裕益，1987; Cronbach, Gleser, Nanda, & Rajaratnam,1972），包括：可觀察全域、類推全域、類推性研究設計（G-study）、與決策性研究設計（D-study）。類推性研究設計的目的，在於探討所測量樣本對於測量全域中可類推之程度，G-study的意涵在於：(1)不同時間反應之穩定性；(2)兩個以上測驗分數之等值性；(3)探討分量表分數之交互關係；(4)了解某一量表各題目之相互關係。

　　決策性研究設計的目的，在於以做決定之特殊目的來蒐集資料，因此，D-study的意涵在於：(1)以做決定之特殊目的來蒐集資料；(2)提供資料描述受試者（甄選或安置），並進行不同群體之比較；(3)探討兩個以上變項之關係。

　　綜上所述，類推性理論中G-study的目的是協助設計一個有充分類推性之D-study，在進行D-study前應先針對其所使用之測量方法進行G-study，也就是要先得到所蒐集資料是否具有可類推性證據之後，才能提高D-study研究結果之類推性。

三、試題反應理論

　　試題反應理論與古典測驗理論相較之下是屬於新型的測驗理論，其中試題反應理論的模式就是以數學符號表示受試能力與試題難度、鑑別度及猜測等參數間的關係。同時，試題反應理論的假定是屬於強假定（strong assumption），不同於古典測驗的弱假定（weak assumption）。雖然在試題反應理論中的測驗資料很難完全符合單向度的假定，但試題反應理論允許某種程度的違反假定，因此存在許多優勢。以下就應用試題反應理論所應符合的基本假設加以說明（De Ayala, 2022; Hambleton & Swaminathan, 1985）。

(一)試題反應理論的基本假設

　　試題反應理論的基本假設包括：(1)單向度（unidimensionality）；(2)局部獨立（local independent）；(3)試題特徵曲線（item characteristic curve）；(4)非速度測驗（speedness）；(5)「知道—正確」假設；(6)參數的不變性（parameter invariance）（余民寧，2009；洪來發，2022；Hambleton & Swaminathan, 1985; Weiss & Yoes, 1991）。

1. 單向度

　　不管是傳統測驗理論或是試題反應理論，皆強調測驗的向度（dimensionality）必須集中，也就是合乎單向度（unidimensionality）的標準。換句話說，試題必須集中在鑑定某一種特定的能力。試題反應理論基本上即假定潛在特質是單向度的，單向度是指測驗只測一個特質或能力的意思。在此「測驗」只表示測量同一特質或能力的組合。因為一般測驗均含幾個分測驗來測量不同的特質或能力。如果以一小組的題目同時測量幾個特質或能力時，稱為多向度（multidimensional）。

　　單向度的意義雖然簡單，但是一般測驗資料要完全符合卻也不容易。因為測驗時難免受到其他因素如：動機強弱、焦慮高低以及答題速度技巧等之影響，所以很難完全符合此一假定。但是只要測驗資料存在一個「主控」因素或成分，就可算符合單向度的假定，而這個主控因素便是特質或能力（Hambleton & Swaminathan, 1985）。吳裕益（1997）認為假若利用因素分析的方法來加以驗證的話，第一個主要因素需要大於第二個主要因

素四倍以上，另外，總解釋量至少需達到20%以上。

單向度的意義可以由圖1-1來表示。在圖1-1中，緩慢上升的曲線代表成績對考生真實能力的一個迴歸線，在圖中，能力愈高的，成績多半也愈高。曲線上的三個條件分配（conditional distribution）分別設定在θ_1、θ_2、θ_3三個能力水平上，條件分布表示即使是相同能力的考生，考試成績也有高有低的不等。這些高低的差別來自於如前述的焦慮、答題快慢等隨機誤差。如果測驗是單向度時，對整體受試者而言，試題之間為相互關聯（統計依賴），故應只有一條迴歸線以表示只有一個特質存在。圖1-2中，A、B、C三組各有其非線性迴歸線，可知該測驗在A組測一種特質，在B、C各組中，也各測另外一種特質，顯然違反單向度的假定。

測驗可能在某些團體中是單向度，而對某特定團體中卻不是單向度的。例如：一測驗深受文化因素影響時，對同一文化背景下的任何次團體可能都呈現單向度，但對文化背景不同的次團體時，就不是單向度，而有其特質存在，表示測驗中有某些試題在不同文化背景下有不同的解釋或意義。又例如：數學測驗受語文能力的影響，如受試者均能了解問題的意思時，測驗就可能是單向度。如因語文能力不足以了解測驗題目時，測驗不只測數學能力，同時也測語文能力，則此種測驗就不是單向度。

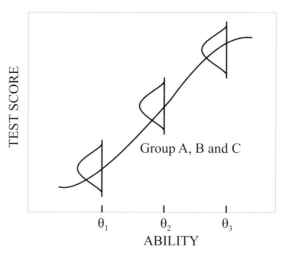

圖1-1　單向度假定示意圖

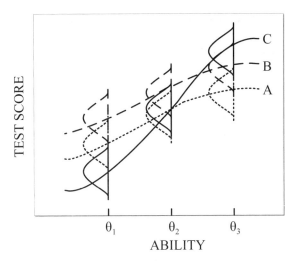

圖1-2 非單向度假定示意圖

資料來源：Hambleton, R. K. & Swaminathan, H. (1985). *Item response theory: Principles and application* (p. 20). Boston, MA: Kluwer-Nijhoff.

2. 局部獨立

試題反應理論同時假設受試者對某一個試題作答的好壞，並不受其他試題的影響。要滿足這個條件，個別試題在編寫時必須沒有連帶的關係。如果局部獨立（local independence）的條件滿足了，則某個受試者得分情形出現的機率，可用受試者答對或答錯各試題機率的乘積。例如：將受試者對於五個題目的反應型態定義為U = (1, 0, 1, 1, 0)，1表示答對，0表示答錯，則其考生得分情形的機率為$P_1(1-P_2)P_3P_4(1-P_5)$，此時若是Q = 1-P，則可以將考生得分的機率表示為$P_1Q_2P_3P_4Q_5$。

假如在U_i表示受試者在反應組型，i = 1, 2, …, n，二元計分的情形下，P_i代表答對題目i的機率，$Q_i = 1 - P_i$，則在局部獨立的假定下可定義為（Baker, 1992; Hambleton & Swaminathan, 1985）：

$$P[U_1 = u_1, U_2 = u_2, \cdots, U_n = u_n|\theta]$$

$$= P[U_1 = u_1|\theta]P[U_2 = u_2|\theta] \cdots P[U_n = u_n|\theta]$$

$$令 P_i(\theta) = P[U_i = 1|\theta], Q_i(\theta) = P[U_i = 0|\theta]$$

$$P[U_1 = u_1, U_2 = u_2, ..., U_n = u_n | \theta]$$

$$= P_1(\theta)^{u_1} Q_1(\theta)^{1-u_1} P_2(\theta)^{u_2} Q_2(\theta)^{1-u_2} ... P_n(\theta)^{u_n} Q_n(\theta)^{1-u_n}$$

$$= \prod_{i=1}^{n} P_i(\theta)^{u_i} Q_i(\theta)^{1-u_i}$$

因為試題測量的是同一種能力,實力好的受試者答對每題機會都會比其他受試者來得大,相反的,實力較差者在每題答對率都差。所以試題和試題之間以所有受試者作答的情形來看,因受實力不同的影響,其答對或答錯的情形是有相關的。局部獨立的假設實際上是指如果去除實力的影響力後,試題和試題的相關就不存在了。

3. 試題特徵曲線

對於固定能力值下,二元計分的次數分配可表示成 $f_i(u_i|\theta) = P_i(\theta)^{u_i} Q_i(\theta)^{1-u_i}$,因此若是 $u_i = 1$ 則 $f_i(u_i|\theta) = P_i(\theta)$, $u_i = 0$ 則 $f_i(u_i|\theta) = Q_i(\theta)$ (Hambleton & Swaminathan, 1985)。

上述的迴歸方程式可稱為試題特徵曲線(item characteristic curve)或是試題特徵函數(item characteristic function)。某個試題的特徵曲線就是該題答對機率對考生能力的迴歸線。在圖1-3試題特徵曲線中,試題特徵曲線顯示受試者答對試題的可能性,隨著其能力值變大而緩慢上升,上升的幅度可以用函數來表示,函數的寫法隨試題反應理論的理論基礎不同而有差異,不同函數模式所畫出來的迴歸曲線也不同。不論函數如何表示,基本上,函數必須滿足嚴格遞增的原則,也就是能力值增加時,函數值或答對率不能減少,在應用上,測驗編寫的人必須選擇一個較恰當的函數模式來表示試題特徵曲線。至於選擇的函數是否恰當,可以用實際的測驗結果來求證。

因為特徵函數只和能力高低有關,至於考生能力分布是否常態,對特徵曲線的畫法不構成影響,所以一個受試者他答對試題的機率不受他所隸屬的母群體所影響。這種不變性是試題特徵曲線的一大特色,這種特色在適性測驗、題庫發展及試題偏誤檢驗上都有意義,但在應用上特徵曲線的解釋有時會造成困擾。例如:某位受試者確實知道某個試題的答案,如果將類似考題重複測驗該受試者,他答對率是100%,但根據試題特徵曲線,所推算出來,該受試者在此題的答對率卻是 $P_i(\theta) = 0.5$,為了避免應用上的

混淆，$P_i(\theta)$可解釋為在一群能力同為θ的受試者，能夠正確回答第i題的機率，任何一個受試者可以看作是這一群受試者中的一個隨機樣本。

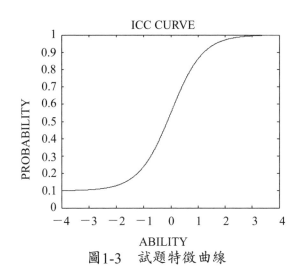

圖1-3　試題特徵曲線

4. 非速度測驗

　　常用的試題反應理論有一個不成文的假設，就是受試者在答題時沒有時間的限制，也就是考生沒有回答的題目代表他不會，而非沒有時間回答。如果考試有時間限制，受試者成績好壞，普遍受到答題速度的影響，則前面所提單向度的假定明顯地受到質疑，至於試題是否真受到答題速度的影響，則可由受試者作答情形來加以判斷。受試者作答情形資料中，可以將缺失資料的作答情形分為omit以及not reach等兩種，其中若受試者的作答資料是呈現not reach的情形時，則代表受試者因為時間不足而未能將題目作完，亦即試題受到答題速度的影響。

5. 「知道—正確」假設

　　試題反應理論基本假設中「知道—正確」假設（know-correct），所指的是受試者若是有能力知道正確答案就會答對，不會故意選擇錯誤答案，也就是說，受試者答錯試題，表示受試者不知道該試題的正確答案。

6. 參數的不變性

　　試題反應理論基本假設中試題與能力參數的不變性（parameter

invariance），所指的是試題參數，其估計值不會受到考生能力分配的影響，此即試題參數的不變性，而考生能力參數，其估計值亦不會受到試題之不同而有所影響，此即能力參數的不變性，試題反應理論中包括考生能力以及試題參數的估計值具有樣本獨立的特性，估計值的獲得不會因為試題或考生樣本的不同，而獲得不同的估計結果。參數的不變性是試題反應理論基本假設之一，無論是測驗等化、試題差異功能以及試題題庫的建置等問題的應用上，參數的不變性都扮演著重要的角色。

(1)試題參數不變性

如果資料符合IRT模式，則試題參數估計不會受到樣本特性的影響，亦即假如受試者的群體能力分布不同不會影響到試題參數的估計，表示樣本獨立的試題參數估計。下圖中有2個族群，族群1與族群2，各有自己的能力分布情形，就平均而言，族群2的能力是優於族群1，θ_1代表受試者分屬於不同族群但是能力都是θ_1，θ_2亦是，能力θ_2優於能力θ_1，由ICC中，發現學生A、B兩人答對的機率相同（大約0.20），學生C、D答對機率也相同（大約0.50），答對機率相同，能力又相同，只有在試題參數不變的情況下才會成立。

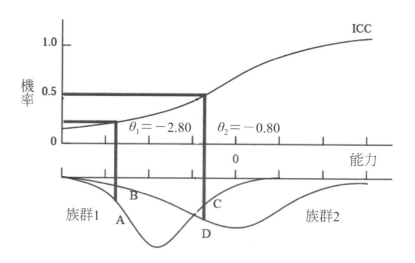

參數不變性的證明如下所示，以2PL模式為例。

$$P_i(\theta) = \frac{\exp\left(a_i\left(\theta - b_i\right)\right)}{1 + \exp\left(a_i\left(\theta - b_i\right)\right)}$$

$$\theta_1 = -2.80, \theta_2 = -0.80; P_i(\theta_1) = 0.20, P_i(\theta_2) = 0.50$$

$$P_i(\theta_1) = 0.20 = \frac{\exp\left(a_i(-2.80 - b_i)\right)}{1 + \exp\left(a_i(-2.80 - b_i)\right)}, P_i(\theta_2) = 0.50 = \frac{\exp\left(a_i(-0.80 - b_i)\right)}{1 + \exp\left(a_i(-0.80 - b_i)\right)}$$

$$\because P_i(\theta_2) = 0.50 = \frac{\exp\left(a_i(-0.80 - b_i)\right)}{1 + \exp\left(a_i(-0.80 - b_i)\right)}, \therefore 0.50 = (1 - 0.50)\left(\exp\left(a_i(-0.80 - b_i)\right)\right)$$

$$0.50 = 0.50\left(\exp\left(a_i(-0.80 - b_i)\right)\right), \exp\left(a_i(-0.80 - b_i)\right) = 1$$

$$\therefore a_i(-0.80 - b_i) = 0, \therefore a_i = 0 \ \ or \ \ b_i = -0.80$$

$$\because P_i(\theta_1) = 0.20 = \frac{\exp\left(a_i(-2.80 - b_i)\right)}{1 + \exp\left(a_i(-2.80 - b_i)\right)}, \therefore 0.20 = (1 - 0.20)\left(\exp\left(a_i(-2.80 - b_i)\right)\right)$$

$$0.20 = 0.80\left(\exp\left(a_i(-2.80 - b_i)\right)\right), \frac{0.20}{0.80} = \exp\left(a_i(-2.80 - b_i)\right)$$

$$\ln\left(\frac{0.20}{0.80}\right) = a_i(-2.80 - b_i), -1.39 = a_i(-2.80 - b_i)$$

$$\therefore a_i \neq 0, \therefore b_i = -0.80$$

$$\therefore a_i(-2.80 + 0.80) = -1.39, a_i = \frac{-1.39}{-2.00} = 0.70$$

　　由上述的證明可以得知，當受試者的能力值已知，答對率已知，此時的試題參數不會因為受試者的能力族群分布所影響，試題參數估計值不會受到樣本族群分布所影響，此即試題參數不變性。

(2)能力參數不變性

　　如果資料符合IRT模式，則受試者能力參數估計不會受到題目特性（難度、鑑別度、猜測度）影響，亦即假如能力參數估計與題目特性之間互為獨立，表示試題獨立的能力參數估計。下圖有2個2PL的題目，題目參數分別是鑑別度1.00、難度0.00；鑑別度1.00、難度1.00，受試者能力為 θ，對應的這2題的答對機率分別是0.6000與0.3555，其所估計的能力值相同的。

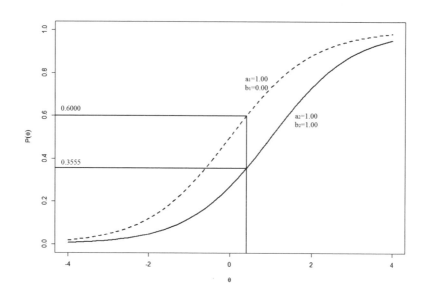

以下將證明受試者的能力估計值相同。

$$P_i(\theta) = \frac{\exp\big(a_i(\theta - b_i)\big)}{1 + \exp\big(a_i(\theta - b_i)\big)}$$

$$a_1 = 1.00, b_1 = 0.00; a_2 = 1.00, b_2 = 1.00$$

$$P_1(\theta) = 0.6000, P_2(\theta) = 0.3555$$

$$P_1(\theta) = 0.6000 = \frac{\exp\big(1.00(\theta - 0.00)\big)}{1 + \exp\big(1.00(\theta - 0.00)\big)} = \frac{\exp(\theta)}{1 + \exp(\theta)}$$

$$0.6000 = 0.4000 \times \exp(\theta), \exp(\theta) = \frac{0.6000}{0.4000} = 1.5000$$

$$\theta = \ln(1.5000) = 0.4050$$

$$P_2(\theta) = 0.3555 = \frac{\exp(1.00(\theta-1.00))}{1+\exp(1.00(\theta-1.00))} = \frac{\exp(\theta-1.00)}{1+\exp(\theta-1.00)}$$

$$0.3555 = 0.6445 \times \exp(\theta-1), \exp(\theta-1) = \frac{0.3555}{0.6445}$$

$$\theta-1 = \ln\left(\frac{0.3555}{0.6445}\right) = -0.5950, \theta = 1-0.5950 = 0.4050$$

　　由上述的證明可以得知，無論試題的參數值為何？受試者所估計的能力值都是相同的，此即能力參數的不變性。

(二)試題反應理論與電腦化適性測驗

　　電腦化適性測驗（computerized adaptive testing, CAT）中題庫的建置以及發展的理論基礎，即是試題反應理論。電腦化適性測驗主要討論的要素有六大項，分別是：(1)模式的選擇；(2)題庫；(3)初始題的選擇；(4)選題方法；(5)計分方法；(6)中止標準。這六個要素將於後續電腦化適性測驗的章節中，加以詳細地說明。

(三)試題反應理論的相關議題

　　電腦化適性測驗目前在理論與實務上皆達到相當成熟的地步，而在試題反應理論的相關議題中，主要有以下幾項：(1)多向度的試題反應理論；(2)試題等化；(3)試題連結；(4)試題差異功能（difference item function, DIF）；(5)多階段的電腦化適性測驗；(6)試題曝光率的控制等。這些議題目前在試題反應理論以及電腦化適性測驗的理論與應用中，都持續有相關的研究者進行相關的研究。

　　除了上述三個主要測驗的派典之外，認知診斷理論（Cognitive Diagnosis Theory, CDT）也是目前心理計量中所被討論測驗理論的議題（Javidanmehr, Sarab, 2017; Lee, de la Torre, & Park, 2012; Rupp, Templin, & Henson, 2010）。CDT的主要目的在於評估學生的認知能力以及檢測學生在學科領域中的強處和弱點。CDT 假設學生的表現不僅反映了個人整體的知識內涵，而且反映了學習者所掌握不同認知能力的程度，包括認知技能（例如，記憶、理解、推理）和認知策略（例如，解決問題、尋求訊

息）。

CDT的另外一個假設是以學科中的每個問題都可以與一組認知能力有所關聯。這種關聯可建立一個能夠將學生的表現與認知能力聯結的評量模型，這種模型被稱為認知診斷模型（Cognitive Diagnostic Model, CDM）。CDM 可以提供學生在不同認知能力上表現的詳細訊息，從而提供指導教學和學習的精準策略。

測驗理論的發展中，潛在類別分析（Latent Class Analysis, LCA）與模型（Latent Class Model, LCM）也是日益被重視的理論模式（de Ayala, 2022）。上述的試題反應理論中所處理分析的資料是連續性的資料，而潛在類別分析所處理的資料則是離散的類別性資料。在潛在類別的分析中，個體的比較所強調的是比較所屬於的潛在類別而不是在連續潛在變項上的位置（Stouffer,1950）。潛在類別變項分析是一種日益被重視在識別亞型的方法，它是一種橫斷面的混合模式，目的在於發現母群中的異質性（heterogeneity）（Collins & Lanza, 2010），所有的個體都可能分配到某個類別，潛在類別分析即是在個體所屬的子類別中，找到與其他類別最相似的與最不相似的。

LCA與許多方法相較下具有相當的優勢，它可以有效地識別具有類似心理健康指標模式的兒童亞型，許多亞群內部的異質性可能會很大（Dowdy & Kamphaus, 2007），許多分析方法在人為與模糊的亞型中，因為其他因素的混淆造成虛假的結果（MacCallum et al., 2002）。LCA利用最大概似估計的方法可以有效地分析亞群與其他類別的內部同質性與外部的異質性（Berlin et al., 2013）。

貳、測驗的發展趨勢

教育測驗與學習評量的發展中，在隋唐時代的科舉制度，即利用考試來甄選儲備適當的人才，當時的考試制度，即具備能力測驗的雛形，西風東漸之後，我國的考試制度即轉為參考歐美國家的發展，而其中的變化值得現在的我們，再次去了解測驗與評量發展的歷史背景。

　　測驗與評量的發展，不同的學者有不同的主張，余民寧（2022）指出測驗與評量的發展約略可分爲五個時期：依序爲開創期、盛行期、擴展期、轉型期以及未來期，下文將針對這五個時期的內容作統整概略的介紹。

　　早在二千多年前科舉時代的中國，即有能力測驗（科舉考試制度）的雛形產生，但是，針對測驗這門學問進行科學化、系統化及量化的研究者，卻開始於歐美各國，在西風東漸之後，才又傳入中國。

　　1905年Binet以及Simon在法國所發展的智力測驗（比西量表，Binet & Simon Scale），可以說是人類第一個客觀的心理測驗、適性測驗，也是客觀測驗的眞正開始，各式各樣有名的心理測驗也在此後相繼發表。

　　二次世界大戰時期，需要大量的測驗來篩選適合的人員進入戰場，因此測驗大量被運用在分類與安置上。行爲學家Skinner強調科學的方法來進行研究，需要大量的評估工具來進行相關資料的蒐集，也間接地造成測驗的蓬勃發展。

　　資訊科技在二十世紀初期發展突飛猛進，對於教育測驗與評量的發展與實施有了重大的影響與改變，而且也產生相當的助益。

　　智力理論隨著時代不同的需求而修正，多元智能（multiple intelligence, MI）的提倡，在測驗與評量實施的向度上變成更爲多元，應用上也更爲廣泛。

　　但也是因爲使用的廣泛，測驗使用的結果常遭到誤用及濫用，學術界開始有反省與檢討的動作，美國心理協會（American Psychology Association, APA）也因此制定了「心理學家的倫理標準」。從此測驗與評量的學術理論開始大量增加，在不同時期有不同的倡導重點、要求。綜合言之，測驗與評量包括：心理測驗與評定（psychological testing and measurement）、量化心理學（quantitative psychology）、心理測驗理論（mental test theory）、心理計量學（psychometrics）等研究範圍的科學（Cohen, Montague, Nathanson, & Swerdlik,1988）。

　　簡茂發、李琪明與陳碧祥（1995）指出心理與教育測驗發展的主要趨勢有以下三點：(1)測驗的理論更爲深入化以及多元化，測驗理論融入認知心理學理論、試題反應理論、貝氏思考模式與測驗整合分析的概念；(2)測

驗的編製方面，趨向精密量化與個別化，著重於測驗與電腦技術的結合，編製適性測驗與少數民族測驗；(3)測驗與教學結合，重視正確使用測驗與避免誤用、濫用，強調測驗道德上的規範與正確認識法律規章。

莊明貞（1997）針對教育測驗與評量的發展趨勢，指出美國為了追求卓越，教育測驗與評量的發展趨勢，朝向下列七點方向：(1)測驗的使用方面，強調促進教與學的功能；(2)鼓勵教師使用標準參照測驗；(3)性向測驗強調學生的學習能力，成就測驗朝向更複雜的學習結果；(4)實施多元化的評量並且使用變通性的評量；(5)個別評量轉變為團體評量；(6)提倡領域參照測驗的編製方法；(7)社會大眾提高使用測驗的關心程度。

Linn與Gronlund（1995）則提出評量的發展趨勢有以下幾點：(1)逐漸重視實作評量；(2)積極運用電腦化測驗；(3)改善教師評鑑的方法；(4)社會大眾逐漸關心測驗與評量；(5)重視測驗與評量的正確使用。

李坤崇（1999）衡量國內評量的現況、教育改革的趨勢與世界測驗與評量之發展，指出國內之評量發展趨勢如下：(1)教學與評量統合化、適性化；(2)評量專業化、目標化；(3)評量方式多元化、彈性化；(4)評量內容生活化、多樣化；(5)評量人員多元化、互動化；(6)結果解釋的人性化、增強化；(7)結果呈現多元化、適性化、全人化；(8)評量避免誤用或濫用；(9)評量電腦化、網路化；(10)教師逐漸運用標準參照測驗；(11)社會大眾、家長關心與期許。

教育測驗與評量的發展中，余民寧（2022）指出可以歸納出有兩個趨勢，分別是理論的發展愈趨向數學化，應用上愈趨向電腦化。目前測驗與評量的發展趨勢，主要著重在能力或成就的評量上，由傳統重視單一心智能力（紙筆測驗），逐漸走向強調多元心智能力（另類評量）。至於命題、測驗編製及施測方式，由人工化複本測驗，逐漸走向電腦化適性測驗，尤其是在資訊科技蓬勃發展的現在，電腦化適性測驗的理論基礎——試題反應理論在理論發展與實務的應用上，都同時呈現相當成熟的環境。在測驗結果的解釋方面，由強調常模參照測驗，逐漸朝向效標參照測驗的應用。

面對教育測驗與學習評量的趨勢，教學者需要進一步地邁向專業化形象，而要達到教學專業的境界，評量更需要專業化，教學者藉由適切地評

量學生的學習結果，達到了解學生的學習成效以及教學者本身的教學效能的評量目的。

參、測驗的分類

　　測驗的種類非常繁多，而且依照分類方式的不同而有不同的測驗名稱，以下即簡略說明各種測驗的分類，至於詳細的說明，則會在各章節中再加以說明。

一、依測驗結果的解釋

　　測驗的分類中，若是依測驗結果的解釋，向度上可將測驗分為：常模參照測驗以及標準參照測驗。

(一)常模參照測驗

　　常模參照測驗（norm-referenced test, NRT），就是指測驗的結果，根據分數在團體中的相對位置而加以解釋的一種測驗，例如：小明英文測驗的百分等級為90、快樂國小選出校內學校檔案比賽的前三名來代表學校參加全市的比賽、小明比小美更快完成學習單等都是屬於常模參照測驗的應用。此種測驗的主要目的，是在區分學生之間的成就水準，故適合於行政上做決策之用，如：分組編班或鑑定能力。

　　但是，此種測驗無法知道學生已經學會哪些，尚未學會哪些。多數的標準化成就測驗和性向測驗，是屬於常模參照。詳細地說，常模參照測驗的平均答對率，大約是50%，而參照的對象，是以其他學生的表現為參照點，內容涵蓋層面則包括較多較廣的目標，因為包括較多的目標，因此在內容的完整性方面，則每個目標也許僅包括一至兩個試題，完整性較淺，分數的變異較大，在試題的編製方面，常模參照測驗因為考慮到試題的鑑別度，所以太容易或者太難的試題會被刪除，只保留難易適中的題目，或者是誘答力良好的試題。常模參照測驗需要以明確界定的團體來作解釋，並且在結果的報告方面則大部分是以百分等級或者是標準分數為主。

(二)標準參照測驗

標準參照測驗（criterion-referenced test, CRT），又稱效標參照測驗，亦即測驗的結果是根據教學前所訂的標準答案，而加以解釋的一種測驗。因此可知，標準參照測驗的主要目的，在於想要了解學生能做什麼，強調學習者個人所能與不能完成的學習結果，了解學生的學習結果是否精熟，所比較的是與教師設定的精熟標準，而不是和別人比較，例如：小蓉可以正確地寫出26個英文字母、快樂國小篩選出五年級需要接受數學科學習扶助的學生、小蓉可以在一分鐘之內輸入60個中文字等，這些都是標準參照測驗的解釋結果。

所以，標準參照測驗具有了解學生的學習是否有困難存在的功能。詳細地說明，效標參照測驗的平均答對率，大約是在80%左右，參照的對象是以預定的精熟標準為參照基準，內容涵蓋層面、方面，則包括較少的目標，也因此，內容的完整性較佳，每個目標會包括多個試題，在分數的變異性方面則較小，在試題的編製方面，主要是能代表預期行為的試題，並確認是否能夠產生較為相關的反應；在結果的報告方面，則大部分是以類別分數，例如：失敗或者成功，及格或者不及格，優、良、可、中、劣等類別性的代表分數為主。

二、依測驗編製的流程

依測驗編製流程的嚴謹程度，測驗可以分為：標準化測驗、實驗性測驗與教師自編測驗，三種測驗主要的差異是在測驗的編製流程上。

教師自編測驗，往往是因為教師為了適合目前任教班級，量身訂製的測驗，並不適用於其他班級或群體；標準化測驗適用對象，主要是一般大眾，因此由測驗專家依照嚴謹的測驗編製流程，經過預試、正式施測以及參數重複校正等過程編製而成，是較為嚴謹且具一定信度、效度指標的測驗；實驗性測驗則是根據教育研究目的及需求，針對特定班級或受試者而編製，目的是為了蒐集研究所需資料而設計的測驗，這類型測驗在其他情境下通常不太適用，因此通常在研究結束後便做銷毀。

至於標準化測驗及教師測驗主要的差異，可由圖1-4表示，就不再多做

實驗性測驗與兩者間差異的描述。

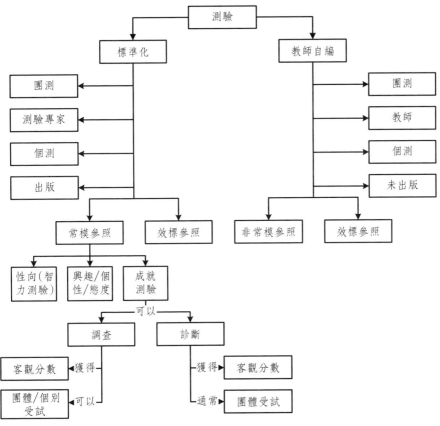

圖1-4　教師自編測驗與標準化測驗比較圖

資料來源：Optiz, Rubin, & Erekson (2011). *Reading diagnosis and improvement: Assessment and instruction* (p. 40). Boston, MA: Allyn & Bacon.

三、依教學流程的分類

基本教學模式（general model of instruction, GMI），最早是由美國教育心理學者Glaser（1962）所提出，認為所有的教學活動都包括四個基本要素，分別為：(1)分析教學目標；(2)診斷起點行為；(3)設計教學流程；(4)教學評量。因此可以了解教學評量所扮演的角色，即是在教學活動中，

提供適切的回饋予學生以及老師。若是將學習活動分為：教學前、教學中以及教學後的階段時，不同階段的測驗類型，則為教學前的安置性測驗、教學中的形成性及診斷性測驗，以及教學後的總結性測驗。

表1-1　四種成就測驗的特性

測驗類型	測驗功能	選題考慮	試題特徵
安置性	測量學習前是否具有必要的基本技巧。確定是否已達到課程目標的準備程度。	選題必須包括起點行為，並且選擇代表課程目標的內容。	試題較容易且是標準參照，若是以廣大的難度範圍選擇，此時則為常模參照。
形成性	提供學習進步的回饋給教師和學生，能夠及時進行補救教學。	如果可能的話，包含所有或最主要的單元目標內容。	試題配合單元目標的難度，且是標準參照。
診斷性	找出學習困難的原因，進行事後的補救教學。	選題時需包含學習中，共同的錯誤內容。	試題是容易的，被用於診斷特殊錯誤的原因。
總結性	在教學結束時給予成績等第，或確認精熟程度。	選擇能代表課程目標的內容。	試題有廣大的難度範圍，且是常模參照。

資料來源：Airasian & Madaus (1972). Functional Types of Student Evaluation. *Measurement and Evaluation in Guidance, 4*, 221-233.

四、依受試反應的分類

測驗的分類中，若依受試者反應的型態，可以分為最大表現以及典型表現測驗，其中最大表現測驗（maximum performance test, MPT），旨在測量個人的最佳反應，或最大成就，亦即決定個人能做的最佳表現，即個人全力以赴時，能做到的最佳表現，智力測驗、性向測驗、成就測驗，就是屬於最大表現測驗。在這些測驗中，假定所有的受試者都有相同而強烈的動機。當個人盡最大能力發揮時，其表現的程度如何，亦即能做什麼，這是最大表現測驗結果所要顯示的。但是，因為個人動機不強、注意力缺乏，或是其他因素的關係，會使表現的程度在潛力之下。因此，最大表現

測驗的分數中，至少有先天能力、實際能力和動機三項決定的因素。在最大表現測驗中，分數愈高，表示能力愈佳。

典型表現測驗（typical performance test, TPT），旨在測驗個人的典型行為，亦即在正常的情境下，個人通常所表現的行為如何，典型表現測驗主要是在測驗決定個人在自然狀態下會做的表現，強調個人具有代表性的表現而非最佳表現。人格測驗、興趣測驗、態度測驗與人格適應測驗等，就是在測量這種典型的行為。在這些測驗中，需假定所有的受試者都很誠實回答問題。但事實上，通常會有偽飾作答現象，故典型表現的測量通常較困難。在典型表現中，並沒有所謂好的分數，分數通常只是代表個人在正常情況下的行為表現而已。

五、依施測人數的分類

測驗的分類，若依施測的人數，則可以分為個別及團體測驗，其中個別測驗是在同一時間，只能實施於一個人的測驗。如：電腦化識字測驗、比西量表、魏氏兒童智力量表，就是屬於個別智力測驗。其優點為：施測者有充分的機會和受試者建立友善關係，並觀察其反應情形，故可以深入了解受試者的反應理由，在教育上具有診斷的價值。但其缺點為：費事費時，實施不易，難以大量應用。因此，僅限於個案研究與臨床方面使用。

團體測驗是一種在同一時間內，可以同時實施於許多人的測驗，例如：陸軍普通分類測驗（army general classification test, AGCT）。一般而言，團體測驗也可以採用個別方式實施。其優點為：經濟簡單，花費較少。缺點，則為犧牲了個別測驗所具有的友善關係。富有情感的情境和臨床觀察的優點，當人數愈多時，此種犧牲愈大。

六、依教學目標的分類

Bloom把學校教育目標分成三大類，即認知領域（cognitive domain）、動作技能領域（psychomotor domain）和情意領域（affective domain）。而這些教學目標，即是教師在教學之後，預期學生的學習結果或應有的行為表現。若是教育測驗依照教學目標的不同而加以設計的測

驗，即可分為認知測驗、技能測驗以及情意測驗。

認知測驗的內容，主要包括：知識／記憶、理解、應用、分析、綜合及評鑑／創造等認知層次，例如：國小學童中文閱讀理解測驗以及中文年級認字量表是屬於認知測驗。

情意測驗則是以接受／注意、反應、價值觀、組織及品格化等內涵為主，即是關於個人態度、價值觀、興趣、鑑賞、動機、情緒、人格等特質的測驗，例如：國小學生生活適應量表以及國小兒童自我概念量表等，皆屬於情意測驗。

至於技能測驗的內涵，即是知覺、準備、模仿、機械學習、複雜反應及創作等技能發展的層次為主，例如：醫學臨床技能測驗、技術士檢定測驗等，皆屬於技能測驗。

七、依測驗型式的分類

測驗的分類中，若是以測驗型式來加以分類，則可以分為固定選項測驗（fixed-choice test, FCT）以及複雜表現測驗（complex-performance test, CPT）。其中固定選項測驗是針對知識、技能表現的有效測驗，亦即學生從既有的選項中選擇問題的答案，例如：選擇題、是非題等選擇題型，具有學生短時間能夠回答大量問題，計分客觀、高信度與高成本效益等優點。

另外是複雜表現測驗，測驗學生在情境脈絡的表現與學生本身正確評估問題的表現，亦即學生建構反應或者複雜作業的反應，目的在於改善固定選項測驗過於強調事實性知識與較低認知層次的缺失，強調分析學生的複雜表現，例如：專題報告、論文測驗、口頭報告等測驗工具，即是屬於複雜表現的測驗。

肆、測驗相關名詞

教育測驗與學習評量中，有許多專有名詞讓初學者容易混淆，導致對於教育測驗與學習評量中的許多概念有所誤解，以下即針對測驗與評量

中，四個常被混淆的專有名詞加以解釋及說明其意涵。此四個專有名詞分別是評量（assessment）、測量（measurement）、評估（evaluation）與測驗（test）的關係。

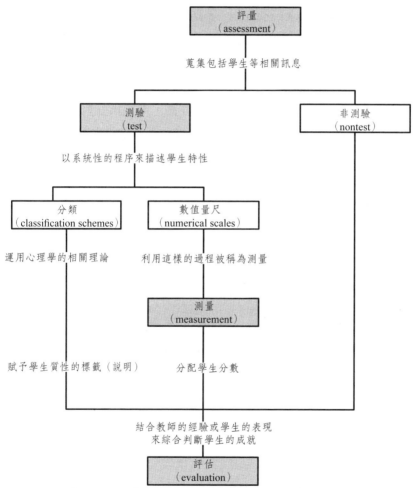

圖1-5　評量、測量、測驗以及評估的關係圖

資料來源：Nitko & Brookhart (2010). *Educational Assessment of Students* (p. 5). VA: Pearson Merrill Prentice Hall.

　　評量、測量、評估、評鑑與測驗往往會被大家誤認為是同義詞，其實它們之間並非完全相同，當然廣義上來說，可以把它們視為相同，但狹義

上來說，它們之間是有很明顯的差異（Optiz, Rubin, & Erekson, 2011）。

從圖1-5可以了解，評估與評量是有所不同的，簡單來說，當教師在完成某一個單元教學時，利用測驗或考試（test）來測量（measurement）學生對某種知識或技能的學習效果，並在測驗上加上價值判斷的過程，僅能稱這是一種狹義的評量（assessment），因為一個學生學習成就的好壞並不能只由分數來判定，而廣義的評量也就是評鑑（evaluation），則應包括整個教學歷程中一切教學效果的評定活動。所以我們可以知道評量與評鑑，都是含有價值判斷的過程在其中。

根據上述的定義，可以知道所謂的評鑑，就是指針對某一個重點，依據某項標準透過紙筆測驗、問卷、量表、面談、觀察或實作測驗等方式來蒐集量化的資料，並且根據這些透過測量或非測量所得資料回饋，加以綜合統整，進行價值評斷的過程，教師可以判斷教學前所定的目標是否妥當，教學目標是否達成，而這個活動的過程，是教師與學生共同參與的一種科學活動的過程。

所以，平時所稱的「評量」，有時指的是assessment、有時指的是evaluation、有時指的是test、有時指的是measurement，其實，測驗、測量、評量與評鑑是不能截然劃分的，所以應該視其內容來判斷評量是屬於何項。

圖1-6為測驗、評量、測量以及評估的階層圖，由圖中可以清楚地了解測驗主要有四個特徵，分別是：測驗使用的適切性、測驗的客觀性以及信度、效度等。藉由測驗的實施後所獲得分數量尺化，即為測量；測驗的編製與實施後量尺化的歷程稱為評量；至於評估，則是由評量結果進行價值性的判斷。以下將針對這四個名詞進一步歸納說明。

一、測驗

測驗（test）是提供評估證據的一種方法，亦即測驗是為實施作業的內容，測驗是一種科學工具，可用來評量受試者的表現。利用測驗可以獲得學生無法自動提供的證據。例如：教室進行有趣且多樣的討論，雖然教學者可以藉由師生的互動、問答以及同學間的討論，了解學生對於教學內容理解的程度，但教學者仍然會擔心某些互動較少或者是沉默學習者的理

解情形，因此可以藉由測驗這樣的工具，來了解個別學生的理解程度，假如互動少或者是沉默的學生的寫作測驗反應不錯，那可以獲得足夠的證據知道學生的知識是有進步的。

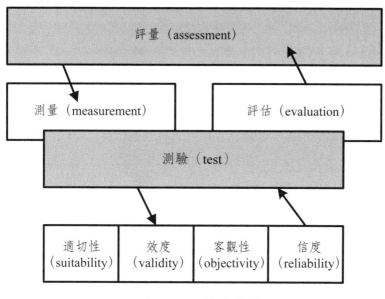

圖1-6　評量階層圖

資料來源：Optiz, Rubin, & Erekson (2011). *Reading diagnosis and improvement: Assessment and instruction* (p. 35). Boston, MA: Allyn & Bacon.

二、測量

測量（measurement）是一種量尺化的歷程，測驗工具編製完成後，由測驗工具施測後，蒐集受試者的表現資料，並且將之量尺化的過程，即為測量。簡單來說，測量是用數字來描述受試者表現情形的過程。

三、評量

評量（assessment）是要求學生回答知識與技能的問題，與獲得答案之間的歷程。評量是一個相當具有潛力的名詞，並且在日常生活中時常會運用評量這樣的技巧。例如：當我們想要去買房子的時候，會去評估它的

地點、交通、就學或其他相關的因素，這就是評量；又例如：當不幸發生交通事故時，首先會去評估車子或本身受損壞的程度。評量運用在學校時，可以幫助老師規劃學生想要知道什麼？學生已經具備什麼樣的技能？學生可以做些什麼？測量是如何獲得評估時所需的證據資料，亦即測量是希望獲得評估所需證據的方法。

四、評估

評估（evaluation）是一種主觀的價值判斷，也就是根據某項標準，然後針對測量所得的量化數字進行解釋及價值判斷，但在教學評量或心理計量學中，其涵義與前述的評量意義相近，有改進行為以達成目標的意思。所以評估是從測量所獲得的證據中，解釋結果的過程，是一種解釋證據結果的歷程。綜合言之，評估是對事實解釋、診斷以及價值判斷的一系列活動。

本章是《教育測驗與學習評量》一書中的第一章，包括古典測驗理論、類推性理論與試題反應理論等測驗理論的說明，以及介紹目前測驗的發展趨勢包括數學化與電腦化，另外也介紹在不同目的下之測驗分類。最後本章介紹與釐清四個測驗相關的重要名詞，期待學習者對於測驗與評量能有初步的了解與認識，接下來的章節將說明測驗與評量中，測驗解釋與應用常見的基本統計相關概念。

┌ 自我評量 ┐

01.班級教學中，好的教學應該要包括哪些項目？
02.如何修正考試領導教學的概念？
03.目前測驗理論中主要的派典為何？
04.請說明古典測驗理論的基本假設。
05.古典測驗理論中，如何獲致真實分數？

06.古典測驗理論中，誤差的定義為何？

07.請說明古典測驗理論中，複本測驗的假設。

08.請說明類推性理論被重視的原因。

09.類推性理論中，請說明決策研究設計的主要意涵。

10.請說明試題反應理論中的基本假設為何？

11.試題反應理論的基本假設中，參數的不變性意涵為何？

12.測驗發展中，第一個客觀的心理測驗為何？

13.請說明測驗與評量的發展趨勢為何？

14.請從內容涵蓋層面、試題的編製以及結果報告等三個層面，說明常模參照測驗的特質。

15.請說明教師自編測驗的目的為何？

第二章　基本統計概念

測驗與評量的結果需要向受試者說明或者向社會大眾說明施測結果，而此時即需要準確地運用量化資訊來說明資料，經由測驗所蒐集到的資料，透過編碼輸入至電腦後即稱為原始資料（raw data）。原始資料是只有資料蒐集者才了解的資料，原始資料經過統計方法分析後而呈現出資料的特性時，這些原始資料才會呈現有意義的訊息，此時的原始資料才會轉變為資訊（information）。以下將說明測驗時統計分析中的一些量數，分為描述性統計的集中量數、變異量數、相對地位量數以及其相關等，首先要說明的是整理原始資料的次數分配以及統計圖表。

壹、次數分配

統計主要的功能可以提供研究者了解所蒐集到資訊的特徵，因此，研究者蒐集到原始資料，必須經過劃記、整理資料、刪除無效資料、次數分布以及描述統計，或者進一步進行平均數檢定、相關及迴歸分析、因素分析等來了解資料的特性，所以統計分析的主要功能，即是在於協助研究者了解資料所呈現的特徵為何（Popham, 1999）。以下將說明次數分配的原理、如何利用SPSS以及EXCEL等軟體來製作次數分配表，最後則是說明次數分配的類型。

一、次數分配的原理

當研究者蒐集到一大堆未整理的資料時，很難自這些資料中看出什麼意義來，而這些未經整理的資料，稱為原始資料，原始資料中每一筆資料即被稱為原始分數（raw score）。為了要能了解這些資料的意義，必須根據某種方法來將這些原始資料加以分類，然後進行劃記，以得到一個次數分配表。經由次數分配表中，可以大致看出這些資料的趨勢，並可進一步利用圖示法將次數分配表示出來，使讀者可以一目暸然，這就是描述統計最基礎的工作。編製次數分配表時，主要的原則包括資料是否周延以及互斥。所謂的周延（inclusion）是說明在製作次數分配表時原始資料並無任一遺漏，即資料數據必可歸納於某一類中。另外一個互斥（exclusion）原

則則是表示原始資料無一重複,即資料數據不可同時在兩個類別中出現,各組的組別不得重疊,沒有任何一個觀察值可以被同時分類至不同的兩個組別中。

量化資料中的量尺一般將之分為四種層次,分別是名義(nominal)、次序(ordinal)、等距(interval)、等比(ratio)等量尺,而這四種量尺資料所代表的意涵及其使用時機,將於第8章測驗分數的解釋中再加以詳細說明。

量化資料的次數分配必須先將資料進行分組,將一個變項所有可能的數值分成若干個區間,然後再按照每個觀察值所屬的區間進行歸類,計算並列出每一個區間的觀察值個數。綜合上述,量化資料的次數分配表其製作步驟主要有:(1)計算全距;(2)估計組數;(3)計算組距;(4)決定上下限及組中點;(5)劃記並計算各組次數。具體說明如下:

(一)計算全距

全距(range, R)是找出原始資料中的最大值(max)以及最小值(min),計算最大值與最小值的差即稱為全距。藉由原始資料的全距來加以估計組數,進而計算出組距;簡單地說,全距(R)＝最大值－最小值。

(二)估計組數和計算組距

完成全距的計算之後,接下來的步驟即為估計組數與計算組距,若要決定次數分配中的組數視情況而定,一般次數分配的組數是以5-20組讓讀者易於閱讀為原則,亦可採用下列公式計算組數。組數 ＝ 1 + 3.322×log(n),此時的組距即是將全距(R)除以組數,組距(C)＝ R÷K,組距的數值最好以容易計算為主,例如:1、2、5、10、20、50、100等,比較不建議採用的組距為7、11、13等不容易整除的數。

(三)決定上下限及組中點

確定組距之後,就可以決定每組組別的上下限以及組中點,組中點 ＝（真正下限＋真正上限）÷ 2 ＝ 真正下限＋（真正上限－真正下限）÷ 2。

(四)劃記並計算各組次數

　　次數分配表製作的最後一個步驟,即為根據原始資料來加以劃記,並且計算各組次數,劃記完成後即初步完成次數分配表。

　　表2-1為屏東縣某國小六年甲班50位同學智力分數一覽表,讀者是否可以嘗試將下列的資料製作成次數分配表呢?後續將在介紹量化資料的次數分配程序後,以此範例來加以說明如何製作次數分配表。

表2-1　屏東縣某國小六年甲班50位同學智力分數一覽表

252	250	252	256	249
251	253	254	248	244
250	249	250	250	256
253	251	248	251	251
249	250	252	254	250
252	249	251	246	253
247	251	249	245	248
249	246	247	250	247
248	250	252	255	252
254	245	250	251	251

　　以下即是利用表2-1的資料,來製作分組以及次數分配表。本範例的資料個數$N = 50$,最小值是244,最大值是256,所以全距為12。組數的決定原則依據上述原理可計算如下:$K = 1 + 3.322 \times \log 50 = 1 + 3.322 \times 1.7 = 6.65 \approx 7$,而每組的組距為$\frac{(256 - 244)}{7} = 1.714 \approx 2$,因此組距為2,第一組之上下組限為(244, 245),第二組組限為(246, 247)。因智力分數為連續變數,244應在243.5與244.5之間,且第一組要包括最小值在內,第一組的真正下限是下組限減0.5後為243.5,第一組的真正上限則是上組限加上組距,亦即為243.5 + 2 = 245.5,因此第二組真正上下限為(245.5, 247.5),組中點的計算中,第一組組中點 = (243.5+245.5)÷2 = 244.5,其他組的組中點計算則依此類推,根據上述原則整理成的次數分配表如下:

表2-2　屏東縣快樂國小六年甲班50位同學智力分數次數分配表

組距	真正上下限	組中點	次數 （f）	累計次數 （cf）	相對次數 （rf）	累計相對次數 （crf）
244-245	243.5-245.5	244.5	3	3	6%	6%
246-247	245.5-247.5	246.5	5	8	10%	16%
248-249	247.5-249.5	248.5	10	18	20%	36%
250-251	249.5-251.5	250.5	17	35	34%	70%
252-253	251.5-253.5	252.5	9	44	18%	88%
254-255	253.5-255.5	254.5	4	48	8%	96%
256-257	255.5-257.5	256.5	2	50	4%	100%
合計			50		100%	

二、次數分配表的製作（SPSS）

　　以下將利用SPSS來進行次數分配表的製作，首先開啟資料檔如下：

(一)開啟資料檔（p2_1.sav）

(二)製作次數分配表

　　SPSS的選單中選擇分析→敘述統計→次數分配表後，即會出現選擇變數的對話視窗。

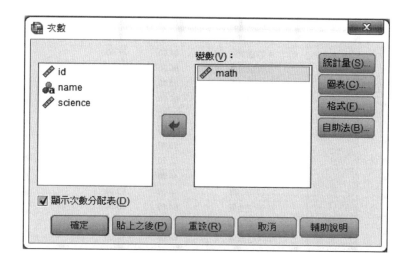

(三)選取要製作次數分配表的變數

　　出現選擇變數的對話視窗後，本範例是以math為製作次數分配的變數，因此選擇math至變數對話框中。

(四)點選確定之後，即會出現次數分配表

下表為math變數的次數分配表，由下表的資料中可以得知，SPSS製作次數分配表時，是以所出現的不同值來計算次數百分比，而不是以固定的組距來計算次數分配。

math				
	次數	百分比	有效百分比	累積百分比
43.00	1	3.6	3.6	3.6
44.00	1	3.6	3.6	7.2
45.00	1	3.6	3.6	10.8
55.00	1	3.6	3.6	14.4
56.00	1	3.6	3.6	18.0
60.00	1	3.6	3.6	21.6
61.00	1	3.6	3.6	25.2
65.00	1	3.6	3.6	28.8
66.00	1	3.6	3.6	32.4
68.00	2	7.1	7.1	39.5
69.00	1	3.6	3.6	43.1
70.00	1	3.6	3.6	46.7
有效的 71.00	1	3.6	3.6	50.3
73.00	1	3.6	3.6	53.9
74.00	1	3.6	3.6	57.5
75.00	4	14.3	14.3	71.8
80.00	1	3.6	3.6	75.4
83.00	1	3.6	3.6	79
84.00	1	3.6	3.6	82.6
86.00	1	3.6	3.6	86.2
89.00	1	3.6	3.6	89.8
95.00	1	3.6	3.6	93.4
96.00	1	3.6	3.6	97
98.00	1	3.6	3.6	100.6
總和	28	100.0	100.0	

三、次數分配表的製作（EXCEL）

　　資訊科技的發展讓統計上許多的圖表製作變得非常容易，而在基本統計中EXCEL即是一個很好的軟體工具，EXCEL可以快速且簡易地讓學習者快速地製作出次數分配表，說明如下：

(一)開啟資料（p2_2.xlsx）

No.	Name	Math	Science
1	陳敬平	89	94
2	王福景	75	68
3	徐督君	74	72
4	謝哲銘	84	77
5	劉伊健	56	66
6	許智文	80	68
7	莊國祥	66	68
8	鄭鵬宇	86	73
9	鍾文長	68	73
10	涂冠烈	98	86
11	丁光嘉	65	78
12	林振哲	44	60
13	李群洋	45	53
14	王金賢	61	75
15	李珮茹	75	76
16	王秋華	68	54
17	林維玲	55	53

(二)製作次數分配表

　　首先在G2輸入= min(C2:C29)來計算變項的最小值，之後在G3輸入=max(C2:C29）來計算變項的最大值，由最小值43以及最大值98中，組距選擇5的情形下，大約可分為12組，之後輸入組距內容(45, 50, 55,⋯100)至I4到I15，點選J4並將滑鼠拖曳至J15（長度與I4:I15的長度一樣）。點選公式→插入函數→選取統計中的frequency函數。

C	D	E	F	G	H	I	J	K
math	science							
89	94		最小值	43				
75	68		最大值	98				
74	72				41-45	45		
84	77				46-50	50		
56	66				51-55	55		
80	68				56-60	60		
66	68				61-65	65		
86	73				66-70	70		
68	73				71-75	75		
98	86				76-80	80		
65	78				81-85	85		
44	60				86-90	90		
45	53				91-95	95		
61	75				96-100	100		
75	76							

　　此時會出現函數引數的對話視窗後，Data_array輸入C2:C29，Bins_array輸入I4:I15，請記得Shift+Ctrl+Enter等三鍵同時按下，此時的J4到J15，即會出現次數分配的內容。

函數引數

FREQUENCY

Data_array	C2:C29		= {89;75;74;84;56;80;66;86;68;98;65;44;...
Bins_array	I4:I15		= {45;50;55;60;65;70;75;80;85;90;95;100}

= {3;0;1;2;2;5;7;1;2;2;1;2;0}

計算範圍內數值出現的區間次數 (即次數分配表)，再將此次數分配表以一垂直的陣列傳出

Bins_array 為一個區間的陣列或是儲存格參照，用以將 data_arry 區隔為若干群組的區間。

計算結果 = 3

函數說明(H)　　　　　　　　　　　　　　　　　　確定　　取消

以下即為次數分配的結果：

C	D	E	F	G	H	I	J	K
math	science							
89	94		最小值	43				
75	68		最大值	98				
74	72				41-45	45	3	
84	77				46-50	50	0	
56	66				51-55	55	1	
80	68				56-60	60	2	
66	68				61-65	65	2	
86	73				66-70	70	5	
68	73				71-75	75	7	
98	86				76-80	80	1	
65	78				81-85	85	2	
44	60				86-90	90	2	
45	53				91-95	95	1	
61	75				96-100	100	2	
75	76							

四、次數分配的類型

次數分配圖（frequency polygons）中，包括：常態分配、雙峰分配、均勻分配、右偏態，以及左偏態等，如圖2-1所示。

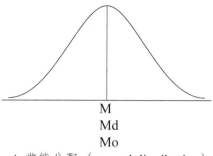

A.常態分配（normal distribution）

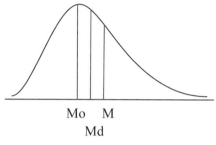

B.雙峰分配（bimodality distribution）

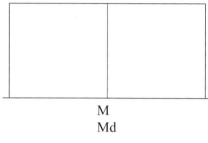

C.均勻分配（uniform distribution）

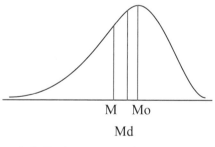

D.右偏態（skewed right）

E.左偏態（skewed left）

圖2-1　集中量數與次數分配關係圖

　　以下將集中量數與次數分配的關係情形，逐一說明如下：

(一)常態分配

　　圖2-1中的A即為常態分配（normal distribution）時，此時集中量數中的平均數＝中數＝眾數。例如：在成人的身高或體重的分配情形即為常態

分配。常態分配是一種對稱的分配形狀。

　　常態曲線及常態分配的觀念，在測驗結果的解釋中相當重要，常態分配是一種理論模式，但透過這理論模式，配合平均數及標準差，我們可以對實證研究所得之資料作分配，因為常態曲線本身有些重要且已知的特性，因此在測驗結果的解釋上可以進行相當精確之描述及推論。常態分配其形狀為左右對稱，呈現鐘形之曲線。

(二)雙峰分配

　　圖2-1中的B圖為雙峰分配（bimodality distribution），雙峰分配的情形，長久以來一直受到各界的關心和研究，因此雙峰分配的現況往往是社會所關注的重點，對於教育政策及社會均產生重大的影響。

(三)均勻分配

　　圖2-1中的C圖為均勻分配（矩形分配，uniform distribution），此時集中量數中的平均數 = 中數，圖中C，其所有的數值皆是眾數，亦不是眾數。例如：在介於1與10之間隨機產生亂數，所有的數介於1與10，發生的機率相等，這時候的平均數 = 中數 = 5.5。在R中，可以利用data = runif(10000, min = 1, max = 10）產生10000個均勻分配的值，計算其平均數與中數會非常接近5.5。

(四)右偏態分配

　　圖2-1中的D圖為右偏態分配（skewed right），右偏態亦稱為正偏態，此時集中量數中的平均數 > 中數。例如：結婚的年齡，大部分的人結婚都在20至35歲之間，但隨著年齡愈來愈大，結婚的可能性就愈來愈小，亦即他們在40、50、60、70、80、90歲結婚的可能性會愈來愈低。

(五)左偏態分配

　　圖2-1中的E圖為左偏態分配（skewed left），左偏態亦稱為負偏態，此時集中量數中的中數 > 平均數。例如：在人類的壽命上，大部分人的生命介於55到85歲之間，年輕人死亡的可能性比老年人機率還要低。

　　圖2-1中的A為常態分配、E為負偏態以及D為正偏態，當次數分配呈現這三種型態時，其平均數、中數以及眾數有其相對的位置，以下將分別說明這些關係。

1. 當資料的分配呈現常態分配時，此時的平均數、中數以及眾數的資料會相等。

2. 當變項是左偏態時（亦即負偏態），此時的平均數往左偏的比較多，而中數次之，眾數則是在最右邊。因此，當資料是呈現負偏態時，會有平均數＜中數＜眾數的情形。

3. 當變項是右偏態時（亦即正偏態），此時的平均數往右偏的比較多，而中數次之，眾數則是在最左邊。因此，當資料是呈現正偏態時，會有平均數＞中數＞眾數的情形。

4. 判斷資料的偏態情形可以由下列兩個規則來加以判斷（必須提供中數以及平均數的資料）：(1)假如平均數小於中數，資料是偏向左（左偏態，負偏態）；(2)假如平均數大於中數，資料是偏向右（右偏態，正偏態）。

因此，由上述的結果中可以得知，若某班期中考的國語平均分數是82分，其中五分之三學生的成績低於該平均數，則此時該班學生成績的中位數應該是小於平均數82分，其主要的原因是五分之三的學生低於該平均數，表示該班大部分的學生成績較差，因此為右偏態分配，而右偏態分配時，集中量數中的平均數＞中位數＞眾數，所以中位數應該是小於平均數82分。又例如：假設某次的期中考，該班40名學生中，除了2位得分很低，絕大多數學生都很接近滿分，這一種成績分布的型態則是屬於左偏態，亦即高分的學生較多，集中量數中的眾數＞中位數＞平均數。

貳、統計圖表

圖形的表徵（graphing quantitative data），在教育統計中可以豐富結果的內涵以及解釋的深度，以下將以直方圖、折線圖、莖葉圖以及盒鬚圖等統計圖表加以說明。

一、直方圖

直方圖（histogram）與長條圖非常類似，適用於連續變數並且分組

的資料，做法如同長條圖，橫軸代表各組的組值，縱軸代表各組的次數。類別變項只記錄所屬的類別，但是若在以家庭年收入這類數量變數的資料時，因為變數的可能值較多，所以需要把比較接近的數值歸為一組，此時畫出來的分布圖會更清楚，而描述數量變數分布最常用的圖，即是直方圖。

　　直方圖的特徵為以面積表示數量大小，而在製作直方圖時橫軸必須使各長方形連接，縱軸表示次數的多少，直方圖為最常見的次數分配圖，長方形高度代表各組次數，Y軸與X軸比例約成3：5（黃金切割比率），以下將利用SPSS以及EXCEL來製作直方圖。

(一)利用SPSS製作直方圖

　　以下將利用SPSS來製作直方圖，首先開啟資料檔（p2_1.sav），之後點選統計圖→歷史對話記錄中的直方圖，如下圖：

　　接下來會出現直方圖的對話視窗，請定義繪製直方圖的變數（math）後，點選確定。點選確定後，即會出現直方圖如下所示：

下圖即是直方圖的繪製結果：

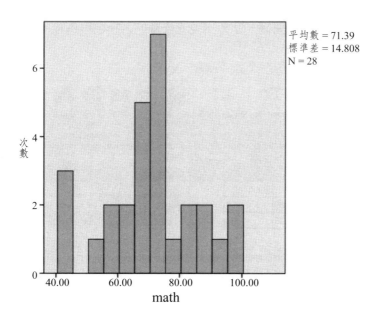

(二)利用EXCEL製作直方圖

若要利用EXCEL來製作直方圖,請先開啟資料檔(p2_2.xlsx),並先製作次數分配表,點選所需繪製的資料範圍(J4:J15)。

F	G	H	I	J	K
最小值	43				
最大值	98				
		41-45	45	3	
		46-50	50	0	
		51-55	55	1	
		56-60	60	2	
		61-65	65	2	
		66-70	70	5	
		71-75	75	7	
		76-80	80	1	
		81-85	85	2	
		86-90	90	2	
		91-95	95	1	
		96-100	100	2	

點選插入→直條圖後,即會出現直條圖的各種類型選項。

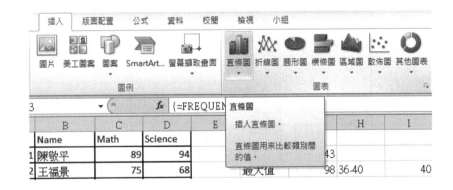

此時，請點選平面直條圖中的群組直條圖，即會完成直條圖的製作。

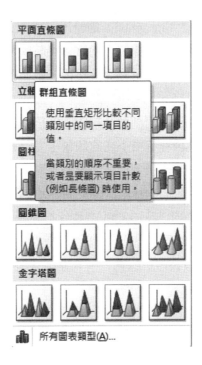

下圖即為利用EXCEL所製作的直方圖：

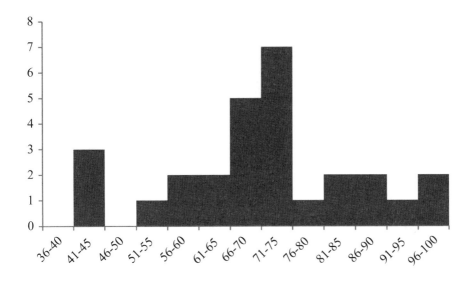

二、折線圖

一個變數的折線圖（line graph）描繪出該變數在不同的時間所測量出的結果。以時間變化為主的折線圖，通常會將時間刻度放在橫軸上，測量的變數放置在縱軸上，並且利用直線連接根據數值畫出的圖，呈現出隨時間變化的狀況。

折線圖並沒有所謂正確的刻度（組距），但藉由刻度的選擇，同樣都是正確的圖形也可以讓讀者有很不同的印象，尤其是兩個以上的圖形比較時，刻度是否相同是一個比較上需要注意的重點。一些研究報告中會將折線圖與直方圖同時呈現，而兩種統計圖同時呈現的圖會更容易讓讀者了解其意涵，以下將利用SPSS以及EXCEL來製作折線圖。

(一)利用SPSS製作折線圖

以下將利用SPSS來製作折線圖，首先開啟資料檔（p2_1.sav），之後點選統計圖→圖表建立器，如下圖：

此時會出現圖表建立器的警告視窗，主要是在使用圖表建立器之前，需要先正確地設定各變數的測量尺度，若並未正確設定變數的性質，可以點選定義變數屬性來加以定義變數，否則請點選確定，開始建立圖表。

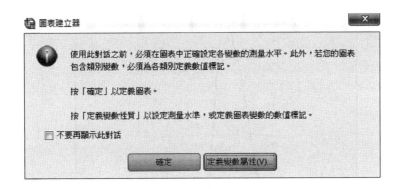

點選確定之後，會出現圖表建立器的對話視窗，因為本範例是要繪製折線圖，所以請在圖庫中選擇線形圖（SPSS的線形圖即是折線圖），之後點選簡易折線圖至右上角的視窗中，之後再將所要繪製的變數（math）拖曳至X軸。

確定之後，點選確定，即會出現折線圖如下所示：

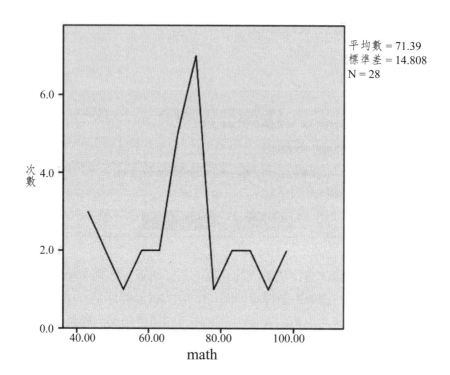

平均數 = 71.39
標準差 = 14.808
N = 28

上圖除了呈現折線圖之外，尚會出現個數、平均數以及標準差等訊息。

(二)利用EXCEL製作折線圖

若要利用EXCEL來製作折線圖，請先開啟資料檔（p2_2.xlsx），並先製作次數分配表，點選所需繪製的資料範圍（J4：J15）。

F	G	H	I	J	K
最小值	43				
最大值	98				
		41-45	45	3	
		46-50	50	0	
		51-55	55	1	
		56-60	60	2	
		61-65	65	2	
		66-70	70	5	
		71-75	75	7	
		76-80	80	1	
		81-85	85	2	
		86-90	90	2	
		91-95	95	1	
		96-100	100	2	

點選插入→折線圖後，即會出現折線圖的各種類型選項。

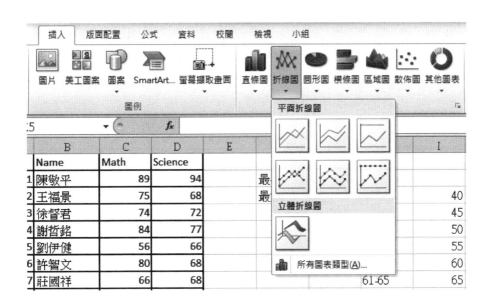

請點選平面折線圖中的折線圖，即會出現以下的折線圖：

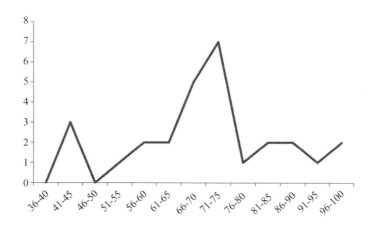

三、莖葉圖

莖葉圖（stem-leaf plot）是Tukey（1960）提出的，將資料由小到大依序排列，莖葉圖將每一觀察值分成兩部分，一部分屬於「莖」（stem），其餘的屬於「葉」（leaf），莖葉圖可以洞悉資料的集中與分散情形。莖葉圖兼具數字與圖形的優點，並且具保留原始資料的特性，以下是間距為10時的莖葉圖。

Math Scores

Stem	Leaves	Fequency
0		
1		
2		
3		
4	345	3
5	56	2
6	0156889	7
7	01345555	8

Stem	Leaves	Fequency
8	03469	5
9	568	3
		28

當間距為5時的莖葉圖，則如下圖所示：

Math Scores

Stem	Leaves	Fequency
0		
0*		
1		
1*		
2		
2*		
3		
3*		
4	34	2
4*	5	1
5		
5*	56	2
6	01	2
6*	56889	5
7	0134	4
7*	5555	4
8	034	3
8*	69	2
9		
9*	568	3
		28

以下將介紹如何利用SPSS來製作莖葉圖，首先開啟資料檔（p2_1. sav），之後點選敘述統計→預檢資料，如下圖所示：

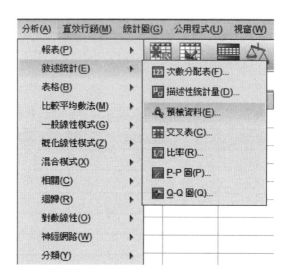

此時會出現預檢資料的對話視窗，請點選依變數（math）至依變數清單的對話框中。

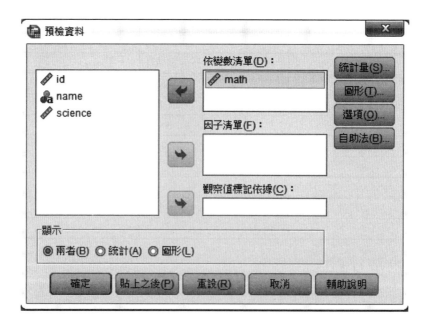

當點選圖形時，會出現預檢資料的圖形選項，如下圖所示：

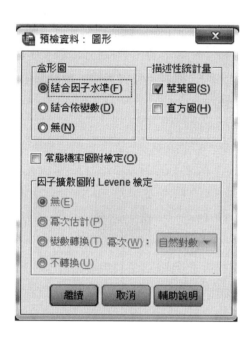

此時會發現莖葉圖為內定的圖形，點選繼續後，再點選確定，即會出現莖葉圖，結果如下所示：

math Stem-and-Leaf Plot			
Frequency	Stem	&	Leaf
3.00	4.		345
2.00	5.		56
7.00	6.		0156889
8.00	7.		01345555
5.00	8.		03469
3.00	9.		568
Stem width:	10.00		
Each leaf:	1 case(s)		

四、盒鬚圖

盒鬚圖（box-and-whisker plot）又稱為箱形圖（box plot），盒鬚圖乃依據五個彙整統計量數──最小值、第1四分位數、中位數、第3四分位數以及最大值──所畫出的一種表示資料特性的統計圖形。以下圖為例，總共呈現五個量數彙總圖內容。

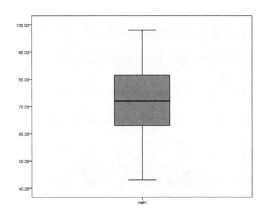

上圖的盒鬚圖中所代表的統計量數為：(1)中位數：72.00；(2)最小值：43.00；(3)最大值：98.00；(4)Q_1：62.00；(5)Q_3：82.25；(6)IQR = $Q_3 - Q_1$=82.25-62.00=20.25。其中最小的外圍值（lower outer fence）為 $Q_1 - 3 \times IQR$，最小的內圍值（lower inner fence）為$Q_1 - 1.5 \times IQR$，最大的內圍值（upper inner fence）為$Q_3 + 1.5 \times IQR$，最大的外圍值（upper outer fence）為$Q_3 + 3 \times IQR$，所以盒鬚圖判斷是否為極端值，是以是否大於$3 \times IQR$為判斷的依據。若觀察值落在內、外圍值之間，稱為平穩界外值（mild outlier），但若是觀察值落在外圍值之外，稱為極端界外值（extreme outlier）。以下將利用SPSS以及EXCEL來製作盒鬚圖。

(一)利用SPSS製作盒鬚圖

以下將介紹如何利用SPSS來製作盒鬚圖，首先開啟資料檔（p2_1. sav），之後點選敘述統計→預檢資料，如下圖所示：

此時會出現預檢資料的對話視窗，請點選依變數（math）至依變數清單的對話框中。

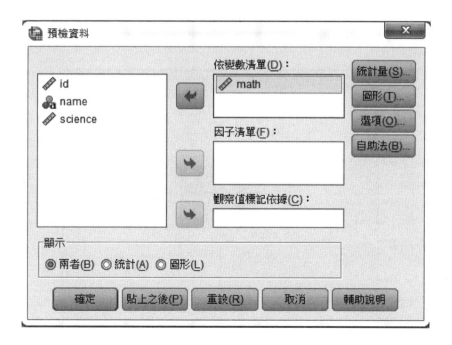

當點選圖形時，會出現預檢資料的圖形選項，如下圖所示：

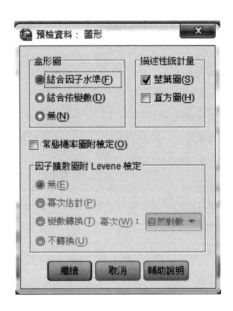

此時會發現盒形（鬚）圖為內定的圖形，點選繼續後，再點選確定，即會出現盒形（鬚）圖。

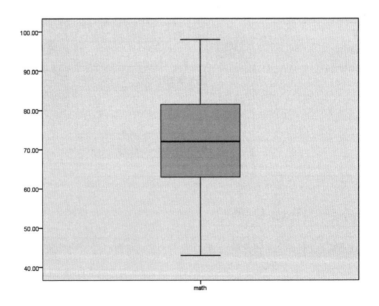

(二)利用EXCEL製作盒鬚圖

若要利用EXCEL來製作盒鬚圖，請先開啟資料檔（p2_2.xlsx），盒鬚圖中具有最小值、第1四分位數、中位數、第3四分位數以及最大值等五個統計量數，EXCEL中可以直接選擇繪製盒鬚圖即可，首先選擇繪圖的資料，如下圖並選取Math欄的資料：

D2	▼	× ✓ fx	94			
	A	B	C	D	E	F	G
1	id	name	math	science			
2	1	陳敬平	89	94			
3	2	王福景	75	68			
4	3	徐督君	74	72			
5	4	謝哲銘	84	77			
6	5	劉伊健	56	66			
7	6	許智文	80	68			
8	7	莊國祥	66	68			
9	8	鄭鵬宇	86	73			
10	9	鍾文長	68	73			
11	10	涂冠烈	98	86			
12	11	丁光嘉	65	78			
13	12	林振哲	44	60			

此時請點選功能表上的插入後再選擇圖表右下角的箭頭圖案，即會出現插入圖表的對話方框，此時請再點選所有圖表，即會出現盒鬚圖的選項了，如下圖：

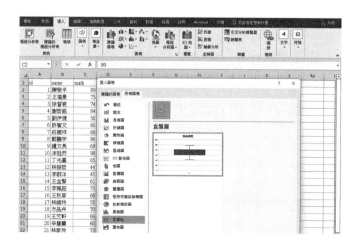

　　此時的盒鬚圖即大致完成，讀者可以選擇變更色彩，或者選擇EXCEL內定的圖表樣式，讓繪製的盒鬚圖更加美觀，如下圖所示：

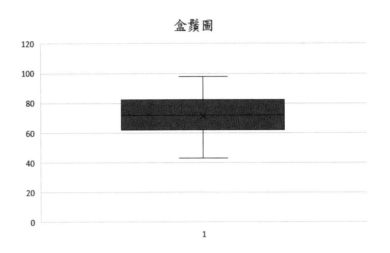

　　基本上，描述統計中的統計圖表還有圓餅圖、長條圖、點狀圖……，上述之盒鬚圖以及莖葉圖則是在統計圖表中，最具有統計訊息的圖表。

參、集中量數

　　描述性統計是利用集中趨勢、變異性等概念來解釋資訊的數字，並且能夠在溝通資料時更加精確、簡潔，在描述測驗分數的分布時，測量的集中趨勢及變異性則是兩個最具資訊性的特徵。集中量數是指描述群體中之個體的某一特性，其共同趨勢為何，而此共同趨勢之量數即稱為集中量數，亦即集中量數所代表的是一群資料所顯現的一般水準。集中量數能代表該群體的特性的平均表現，常見的集中量數以算術平均數、中數、眾數、幾何平均數以及調和平均數等為代表，以下將分別加以說明。

一、算術平均數

　　統計上常用的平均數有算術平均數（arithmetic mean, AM）、幾何平

均數（geometric mean, GM）以及調和平均數（harmonic mean, HM），其中又以算術平均數被大家所周知。算術平均數的定義是將所有觀察值相加再除以觀察值個數，簡稱平均數（mean, M）。未歸類資料可以利用原始分數直接計算、加權平均數以及相同分數合併等情況來計算平均數，而歸類資料計算平均數則可以利用組中點或者利用簡捷法來計算，以下公式即為算術平均數的計算公式：

$$M = \frac{\Sigma X}{N}$$

以下的範例中，有12名國小學童的體重分別為12,14,21,14,15,14,14,20,13,12,18,19公斤，試求這些體重的算術平均數，算術平均數可以計算如下：

$$M = \frac{\Sigma X}{N} = \frac{12+14+21+14+15+14+14+20+13+12+18+19}{12}$$

$$= \frac{186}{12} = 15.50$$

由以上的計算結果可以得知這12位國小學童體重的平均數為15.50公斤。若以上述28位同學的數學與自然的分數為範例（p2_2.xlsx），其數學的平均數為71.39，而自然的平均數則為71.25。若在EXCEL中輸入函數「AVERAGE()」，即可求算術平均數。

二、中位數

中位數（median, Md）是將資料排序，中間的那個數即為中位數，亦即中位數之前與之後的數目都占全體的一半。中位數在實務運用時，若某位老師發現此次數學科考試的分數分布範圍很廣，代表有極端分數，以平均數來代表學生的整體表現並不適合，此時中位數即是最佳的代表值，中位數與百分位數（percentile）50：P_{50}相同，亦與第2四分位數（Q_2）相等。若是以百分等級（PR）來看的話，第50百分等級亦為中位數，所以 $Md = Q_2 = PR_{50}$。中位數的計算方法是將所有的資料排序（遞增或遞減排序），若個數是奇數，選擇中間值；若個數是偶數，則選擇鄰近中間數兩

個數目的平均，即為中位數。以上述28位同學的資料為例（p2_2.xlsx），其數學的中位數為72，自然分數的中位數則為72.5。中位數也是百分等級50，若在EXCEL中輸入函數「MEDIAN()」，即可求中位數。

三、眾數

眾數（mode, Mo）是指出現次數最多的數值或最多人所得到的分數，一個資料中有時可能不是只有一個眾數出現，可能是雙眾數（bimodal）、三眾數（trimodal）或者是多眾數（multimodal）。舉例來說，若有12名國小學童的體重為12,14,21,14,15,14,14,20,13,12,18和19公斤，試求這些體重的眾數為何？由這12筆資料中，可以發現有4個人的體重是14公斤，出現的頻率最多，所以，這12名國小學童體重的眾數是14。若是歸類資料中計算眾數，是以次數最多一組之組中點來作為眾數，而且次數最多的這一組中分配必須符合均等的原則。以上述範例而言（第2章基本統計概念.xlsx），28位同學的數學分數其眾數為75，而自然分數的眾數則為68，眾數有時會有雙眾數以及多眾數的情形發生，若在EXCEL中輸入函數「MODE()」，即可求眾數。

四、幾何平均數

幾何平均數（geometric mean, GM）是求一組數值的平均數方法中的一種，它的意義為表示平均改變率、平均生長率和平均比率，其公式如下所示：

$$GM = \sqrt[N]{X_1 \cdot X_2 \cdot X_3 \cdots X_N} = \sqrt[N]{\prod_{i=1}^{N} X_i}$$

另外，亦可以利用下列公式來計算幾何平均數：

$$GM = anti\log \frac{\sum_{i=1}^{N} \log X_i}{N}$$

若要以EXCEL來加以計算幾何平均數時，可以採用GEOMEAN()函數來加以計算幾何平均數。

五、調和平均數

調和平均數（harmonic mean, HM）是求一組數值的平均數方法中的另外一種，一般是在計算平均速率時使用，調和平均數是將數值個數除以數值倒數的總和，若有一組數為$X_1, X_2 \cdots X_n$的調和平均數（HM），其計算公式如下所示：

$$HM = \frac{1}{\frac{1}{N}\left(\frac{1}{X_1} + \frac{1}{X_2} + \frac{1}{X_3} + ... + \frac{1}{X_N}\right)} = \frac{N}{\sum_{i=1}^{N}\frac{1}{X_i}}$$

調和平均數可以用在相同距離但速度不同時，平均速度的計算；例如：行駛一段路程，前半段時速60公里，後半段時速30公里（兩段距離相等），則其平均速度為兩者的調和平均數40公里，計算如下：

$$HM = \frac{1}{\frac{1}{2}(\frac{1}{60} + \frac{1}{30})} = 40$$

若要以EXCEL來加以計算調和平均數時，可以採用HARMEAN()來加以計算調和平均數。幾何平均數（GM）、調和平均數（HM）與算術平均數（AM）之間的關係，會呈現HM≦GM≦AM。

針對上述平均數與中位數適用時機的討論，其考慮的條件為當資料中有極端分數，並且資料筆數不夠多時，此時最佳的集中量數應該是中位數而不是平均數。若是資料中有極端分數，但是資料中的筆數夠多時，則仍然建議以平均數來代表此群資料的集中趨勢。

肆、變異量數

變異量數（measures of variation）主要的特性是可以表徵群體資料分散變異的情形，亦即變異量數所代表的是一群資料內的個別差異性。舉例說明：假如有甲乙兩班，讓張老師和李老師來選擇，其班級資料如下：甲班M = 80，張老師選擇了甲班；乙班M = 80，李老師選擇了乙班。而結果是張老師Happy，但李老師No Good，為何會有這樣的結果呢？主要是甲

班M = 80，學生成績分配79～81（學生成績很集中，資料變異的情形很小）；乙班M = 80，學生成績分配1～100（分數變異的情形很大）。因此，當看到平均數時，仍然無法真正地了解一群資料的變異情形，變異量數即是代表資料分散變異的情況。變異量數是表示個別差異大小的指標，亦即變異量數可以作為表徵群體中各分數分散情形之指標，它可以表示一群數值散布範圍，亦可反映平均數的代表性。常見的變異量數有：(1)全距（range, R）；(2)平均差（average deviation, AD）；(3)四分位數（quartile deviation, Q）；以及（4）標準差（standard deviation, S/SD）、變異數（variance, S^2），其中標準差以及變異數是最常用的變異量數，以下將說明常見的變異數如下。

一、全距

變異量數中最簡單的量數，即是全距（R），全距的計算方法，即為將蒐集的資料中的最大值減去最小值（R = Max－Min）。全距僅適用於等距變數，不適用於次序變數，全距很容易受兩極端分數所影響，是一種頗為簡易的變異量數。全距的計算公式為最大值－最小值，以上述資料為例（p2_2.xlsx），數學分數的全距為55（最大值 = 98，最小值 = 43），而自然分數的全距，則為94－47 = 47。若利用EXCEL中，則運用（=MAX()－MIN()）即可計算出全距。

二、平均差

平均差（average deviation, AD）其意義是指一群體中各數量減去算術平均數（離均差）絕對值的算術平均數，其值愈大，表示數量愈分散（變異程度大）；反之則否。

$$AD = \frac{\sum_{i=1}^{N}|X_i - \overline{X}|}{N}$$

若在EXCEL中，可以利用AVEDEV()函數計算出平均差。

離均差是原始分數與平均數之間的差距，離均差的總和一定為零，此

時若小明班上10位同學，小考的平均分數是10分，除小明外，其他7位同學10分，1位同學9分，1位同學7分，則此時小明的離均差分數則為4分，亦即小明一定是14分。

三、四分位數

若以資料中的第25百分位數、第50百分位數、第75百分位數這三個百分位數來定義四分位數，第25百分位數稱為第1四分位數，簡記為Q_1；第50百分位數稱為第2四分位數，簡記為Q_2，也就是中位數；第75百分位數稱為第3四分位數，簡記為Q_3。

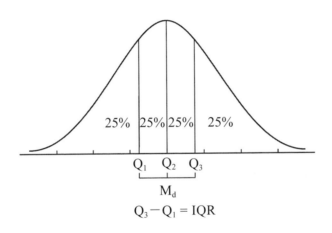

圖2-2　四分位數

Q_1、Q_2、Q_3在整體資料位置的分布情形如圖2-2，第3四分位數與第1四分位數的差（Q_3-Q_1）稱為四分全距（inter-quartile range, IQR），四分全距的一半即為四分位數。圖2-2中，其中四分全距（IQR）$=Q_3-Q_1$，而四分差（Q）$=(Q_3-Q_1)\div2=IQR\div2=$四分位數，第1四分位數$=PR_{25}$，第2四分位數$=PR_{50}=$中位數（Md），第3四分位數$=PR_{75}$。

四分位數亦可以表示成將一群統計資料的數據，依照其大小順序，由小到大排成一列，設中位數為Md。在此數列中，位在Md後段各數的中位

數,稱為第3四分位數,以Q_3表示;位在Md前段各數的中位數,稱為第1四分位數,以Q_1表示。

以上述28位同學的資料為例(p2_2.xlsx),數學分數的四分位數計算如下:

$Q_3 = 80.75$代表75[th]百分等級,EXCEL取函數PERCENTILE(C2:C29, 0.75)

$Q_1 = 64$代表25[th]百分等級,EXCEL取函數PERCENTILE(C2:C29, 0.25)

所以四分全距為IQR $= 80.75 - 64 = 16.75$,因此四分位數為8.375。至於自然分數的四分全距為11.5,因此四分位數為5.75。在EXCEL中計算百分等級可以利用PERCENTILE(Array, X),其中X $= 0.25, 0.50, 0.75$,即第1四分位數、第2四分位數、第3四分位數。而若需要計算百分位數,則利用PERCENTRANK(Array, X)來加以計算,其中的X代表原始分數。

四、變異數與標準差

變異數(S^2)係指一群數值與其算術平均數之差異平方和的平均數,而變異數開根號即為標準差(S)。群體中標準差愈小,即表示群體中大部分數量集中於平均數附近,則平均數代表性強;相反地,若標準差大則表示大部分數值比較分散,平均數代表性則比較弱。要計算變異數之前,需要先了解離均差平方和(sum of square of deviation from the mean, SS),計算公式如下:

$$SS = \sum (X - \overline{X})^2 = \sum x^2$$

變異數(S^2)計算公式如下:

$$S^2 = \frac{\sum (X - \overline{X})^2}{N} = \frac{\sum x^2}{N} = \frac{SS}{N} = \sigma^2$$

若要計算母群變異數,EXCEL要利用VARP()函數來加以計算。標準差(S)的計算公式如下:

$$S = \sqrt{\frac{\sum (X - \overline{X})^2}{N}} = \sqrt{\frac{\sum x^2}{N}} = \sqrt{S^2} = \sigma$$

若要計算母群標準差,EXCEL中要利用STDEVP()函數來加以計算。

推論統計時，當母群的性質不清楚，母群變異數（σ^2）或標準差（σ）的大小無法知道，必須自母群中抽取樣本大小為N的樣本來計算出不偏估計值，以估計σ^2或σ，所以其真正目的並不在描述樣本本身的分散情形，由於數學的推理證明要用樣本的變異數代替母群的變異數時，分母須除以N－1而不是N，才不會低估它，惟常以小寫 s 來表示，使容易辨別，此時計算母群的變異數的不偏估計值時，應使用下列公式：

$$s^2 = \frac{\sum(X - \overline{X})^2}{N - 1}$$

在EXCEL中，要計算樣本變異數，可以利用VAR()或者VARA()來加以計算。

$$s = \sqrt{\frac{\sum(X - \overline{X})^2}{N - 1}}$$

在EXCEL中，要計算樣本標準差，則可以利用STDEV()或者是STDEVA()來加以計算。計算標準差簡單來說有五個步驟，如下所述：(1)計算算數平均數；(2)計算所有資料的離均差；(3)平方所有的離均差；(4)加總所有離均差平方後，除以N－1，即為變異數；(5)變異數開根號之後即為標準差。

以下表的範例資料，來說明如何計算平均數以及標準差。

由上述的例子中，可以得知其總和為1 + 1 + 3 + 4 + 4 + 4 + 6 + 9 = 32，因為有8個數，所以其算術平均數則為32÷8 = 4.00。此時若要計算標準差，則要先計算離均差平方和，計算方法如下：

原始分數	離均差	離均差平方
1	$(1-4)=-3$	9
1	$(1-4)=-3$	9
3	$(3-4)=-1$	1
4	$(4-4)=0$	0
4	$(4-4)=0$	0
4	$(4-4)=0$	0
6	$(6-4)=2$	4
9	$(9-4)=5$	25
		48

因爲離均差平方和爲48，所以標準差爲平均離均差平方和的平方根，計算公式如下：

$$S = \sqrt{\frac{48}{8}} = \sqrt{6} = 2.45$$

$$s = \sqrt{\frac{48}{8-1}} = \sqrt{\frac{48}{7}} = \sqrt{6.86} = 2.62$$

上述兩種皆爲標準差，2.45爲母群的標準差，至於2.62則爲樣本的標準差，圖2-3所要說明的是平均數與標準差（變異數）的關係圖。

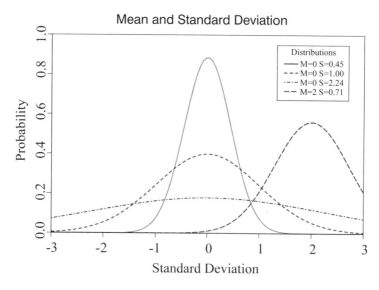

圖2-3　平均數與標準差關係圖

　　變異數應用於測驗與評量時，某些情況要特別加以注意，例如：在某次段考時，黃老師因爲覺得有半數同學不及格，決定每人都加15分，此時因爲相對地位未改變，所以在測驗得分統計時的測驗效度並不會做任何的改變。又例如：在某次段考的測驗中，有10個題目超出命題範圍，爲了避免爭議，命題老師決定一律給分，而這種做法會讓該班的平均數提高，而因爲每位同學間的分數差異變小，所以得分的標準差會縮小。

伍、相對地位量數

　　相對地位量數（measures of relative position）是指就某一特質來描述一個人在團體中所占地位的量數。相對地位乃是只與某一參照點比較起來，這一個人是站在什麼地位。百分等級以及四分位數即是相對地位量數的一種，以下將說明百分等級以及百分位數等相對地位量數。

一、百分等級

　　百分等級（percentile rank, PR）表示觀察值的分數在團體中的位置，亦即若是在一百個等級中，觀察值排在的等級位置。以下將說明如何計算百分等級。計算百分等級時可以將原始分數轉換爲等第或名次，之後再將等第轉換爲百分等級，可將換算的公式表示如下：

$$PR = 100 - \frac{100 \times R - 50}{N}$$

　　其中的R爲名次，例如：個別學生的百分等級計算中，45位學生中，第五名的小明其百分等級（PR）爲多少？計算過程如下：

$$PR = 100 - \frac{100 \times R - 50}{N}$$
$$= 100 - \frac{100 \times 5 - 50}{45}$$
$$= 90$$

　　上述的計算結果，代表小明的成績超過90%的學生，亦即若有100位學生，小明的成績超過90位學生。但若是一群學生，資料已經分組，可以利用累加次數（cf）加以計算，公式如下所示：

$$PR = \frac{cf}{N} \times 100$$

亦可以利用下列公式加以計算：

$$PR = \frac{100}{N} \times (cf - \frac{f}{2})$$

以下將有三種方法來計算已歸類資料的百分等級資料：

(一)計算百分等級資料方法一

計算百分等級的第一種方法，是計算累積次數（cf），之後利用下列公式計算所有的百分等級：

$$PR = \frac{\frac{1}{2} \times （此分數的次數）＋（低於此分數的次數）}{N} \times 100$$

分數	次數	累積次數（cf）	
36	1	25	$98 = \frac{0.5 + 24}{25} \times 100$
35	0	24	96
34	0	24	96
33	0	24	$96 = \frac{0 + 24}{25} \times 100$
32	1	24	94
31	1	23	$90 = \frac{0.5 + 22}{25} \times 100$
30	0	22	88
29	2	22	$84 = \frac{1 + 20}{25} \times 100$
28	4	20	72
27	5	16	$54 = \frac{2.5 + 11}{25} \times 100$
26	6	11	32
25	2	5	$16 = \frac{1 + 3}{25} \times 100$

分數	次數	累積次數（cf）	
24	1	3	10
23	0	2	$8 = \dfrac{0+2}{25} \times 100$
22	0	2	8
21	1	2	$6 = \dfrac{0.5+1}{25} \times 100$
20	0	1	4
19	0	1	$4 = \dfrac{0+1}{25} \times 100$
18	0	1	4
17	0	1	4
16	0	1	4
15	0	1	4
14	1	1	$2 = \dfrac{0.5+0}{25} \times 100$

(二)計算百分等級資料方法二

第二種計算百分等級的方法，是先計算出CP中點，之後計算CP百分比，此CP百分比四捨五入取整數，即為百分等級，計算過程以及結果如下：

分數	次數	累積次數	CP中點	CP百分比	PR
36	1	25	24.5	98	98
35	0	24	24.0	96	96
34	0	24	24.0	96	96
33	0	24	24.0	96	96
32	1	24	23.5	94	94
31	1	23	22.5	90	90
30	0	22	22.0	88	88
29	2	22	21.0	84	84

分數	次數	累積次數	CP中點	CP百分比	PR
28	4	20	18.0	72	72
27	5	16	13.5	54	54
26	6	11	8.0	32	32
25	2	5	4.0	16	16
24	1	3	2.5	10	10
23	0	2	2.0	8	8
22	0	2	2.0	8	8
21	1	2	1.5	6	6
20	0	1	1.0	4	4
19	0	1	1.0	4	4
18	0	1	1.0	4	4
17	0	1	1.0	4	4
16	0	1	1.0	4	4
15	0	1	1.0	4	4
14	1	1	0.5	2	2

(三)計算百分等級資料方法三

第三種計算百分等級的方法，是先計算出倒數的名次，亦即由下往上累積，之後計算原始勝率，將原始勝率乘以100後再除以個數，即爲百分勝率，此時有兩種百分等級的計算方法，第一種是將百分勝率視爲百分等級，另外一種方法則是當同分時，將所有相同分數的百分等級之平均百分等級視爲相同分數共同的百分等級，計算過程如下：

分數	名次	原始勝率	百分勝率	PR_1	PR_2
14	1	0.5	2	2	2
21	2	1.5	6	6	6
24	3	2.5	10	10	10
25	4	3.5	14	14	16

分數	名次	原始勝率	百分勝率	PR$_1$	PR$_2$
25	5	4.5	18	18	16
26	6	5.5	22	22	32
26	7	6.5	26	26	32
26	8	7.5	30	30	32
26	9	8.5	34	34	32
26	10	9.5	38	38	32
26	11	10.5	42	42	32
27	12	11.5	46	46	54
27	13	12.5	50	50	54
27	14	13.5	54	54	54
27	15	14.5	58	58	54
27	16	15.5	62	62	54
28	17	16.5	66	66	72
28	18	17.5	70	70	72
28	19	18.5	74	74	72
28	20	19.5	78	78	72
29	21	20.5	82	82	84
29	22	21.5	86	86	84
31	23	22.5	90	90	90
32	24	23.5	94	94	94
36	25	24.5	98	98	98

二、百分位數

　　百分位數（percentile point, PP），亦稱為百分位分數，與百分等級同是屬於相對地位量數的一種，百分位數係指在樣本中某一個等級觀察值的分數，亦即若是在100個人的團體中，贏過多少百分比的人，則其分數

必須得到多少分的分數稱爲百分位數。例如：百分位數30等於60，即表示該團體中有30%的樣本低於60，因此若中位數（PR$_{50}$）等於60，即表示有50%的人比60分還低，此時即可稱第50百分位數爲60，表示成P$_{50}$ = 60。此時若是要利用EXCEL來計算百分等級可以利用PERCENTRANK()，至於百分位數則可利用PERCENTILE()來計算。

百分等級（PR）以及百分位數（PP）兩者的數學關係可以表示爲百分等級是將原始分數轉化爲等級（百分比），百分位數則是由某一等級來推算原始分數。至於百分等級與百分位數的計算中樣本數少時，將資料依序排列，算出累積百分比，即可對應出每一分數的百分等級，亦可從百分等級推算出各特定百分位數。樣本數大時，百分等級的計算必須以分組資料的方式來整理資料，百分等級的換算，必須以公式來計算之。

$$PR = \left[cf_L + \left(\frac{PP - PP_L}{k} \right) \times f_{PP} \right] \times \frac{100}{N}$$

上述百分位數轉換爲百分等級的換算公式中，PP表示百分位數，PP$_L$表示百分位數所在組別的眞正下限，cf$_L$表示百分位數所在組別前一組的累積人數，k表示組距，f$_{pp}$表示百分位收所在組別的人數，N表示總人數。

三、標準分數

標準分數（standard scores），利用線性轉換的原理，將一組數據轉換成不具有實質的單位與集中性的標準化分數。不同的標準分數，其共通點是利用一個線性方程式y = bx + a進行集中點的平移與重新單位化，使得不同量尺與不同變項的測量數據具有相同的單位與相同的集中點，因此得以相互比較。

Z分數的定義，指原始分數（X）減去其平均數（M），再除以標準差（S）後所得到的新分數。

$$Z = \frac{X - M}{S}$$

　　Z分數是表示該原始分數是落在平均數以上或以下幾個標準差的位置
上。Z分數中任何一組資料經過Z公式轉換後，均具有平均數為0，標準差
為1的特徵，Z分數可以作為分配內與跨分配間的比較。因為Z分數僅是將
原始分數進行線性轉換，並未改變各分數的相對關係與距離，所以，Z分
數轉換並不會改變原始資料次數分配的形狀。

陸、相關

　　相關係數在測驗與評量結果中扮演著相當重要的角色，尤其是相關係
數主要是探討兩個變項之間互相的關係，以下將介紹利用散布圖來表徵變項
之間的關係、積差相關係數的意涵、等級相關係數及點二系列相關的意涵。

一、散布圖表徵變項關係

　　相關在統計上的重要特徵，包括：(1)相關係數是兩個變項之間的關
係，包括強度（0～1）以及方向（正＋／負－）；(2)相關係數的範圍是介
於－1.00至1.00之間；(3)相關中可以利用觀察變項（X）來預測另外一個
變項（Y），此時的相關又可以稱為簡單迴歸；(4)相關是假設在所有變項
中，是存在著線性的關係。
　　散布圖有助於研究者對於相關意義的解釋，以下為相關的種類，主
要分別是正相關、負相關及零相關等三種，若嚴格細分則可分為完全正相
關、正相關、零相關、負相關、完全負相關等五種，圖2-4則是三種正相關
的散布圖。

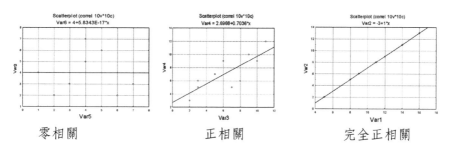

　　　零相關　　　　　　　　正相關　　　　　　　完全正相關

圖2-4　正相關與零相關的散布圖

二、積差相關係數

兩個連續變數的線性關係，可以利用相關（correlation）的概念來描述，用以描述相關情形的量數，稱為相關係數（coefficient of correlation）。

(一)變異數與共變數

對於某一個具有N個觀察值的樣本，變異數的不偏估計值是將離均差平方和（SS）除以N−1而得，亦即求取以平均數為中心的離散性的單位面積。

$$s^2 = \frac{\sum(X-\overline{X})^2}{N-1}$$

現在若要以一個統計量數來描述兩個連續變數X與Y的分析情形，則因為兩個變數各有其不同的離散情形，故需各取離均差X−$\overline{X}$與Y−$\overline{Y}$來反應兩者的離散性，兩個離均差相乘之後加總，得到積差和（sum of the cross-product），除以N−1後所得的離散量數，即為兩個變數的共同變化不偏估計值，即共變數（Cxy）。

$$C_{xy} = \frac{\sum(X-\overline{X})(Y-\overline{Y})}{N-1} = \frac{SP_{xy}}{N-1}$$

(二)積差相關係數

共變數就像變異數一樣，是帶有單位的量數，其數值沒有一定的範圍，會隨著單位的變化而變化。積差相關係數是以兩個變數的標準差作為分母，將共變數除以兩個變數的標準差，即得標準化的關聯係數。

$$r = \frac{C_{xy}}{S_x S_y} = \frac{\sum(X-\overline{X})(Y-\overline{Y})}{\sqrt{\sum(X-\overline{X})^2(Y-\overline{Y})^2}} = \frac{SP_{xy}}{\sqrt{SS_x SS_y}}$$

亦可將兩個變數轉換為標準Z分數來求得係數值。

$$r = \frac{\sum Z_x Z_y}{N-1} \left(\because Z_x = \frac{X-\overline{X}}{S_x}, \quad Z_y = \frac{Y-\overline{Y}}{S_y}\right)$$

(三)積差相關的計算

　　以下將利用一個範例來計算積差相關係數，以下資料為10位國中學生的國中畢業成績（X）以及會考成績（Y）。首先計算出國中畢業成績以及會考成績的平均數、標準差，之後利用公式計算出每個學生國中畢業成績與國中會考成績的Z分數，接下來計算Z分數相乘的累加後，再除以個數，即為這兩個分數的積差相關係數，計算過程以及結果如表2-3所示。

表2-3　積差相關計算範例一覽表

學生	國中畢業成績			國中會考成績			
	X	X^2	Z_x	Y	Y^2	Z_y	$Z_x Z_y$
A	11	121	1.547	12	144	1.846	2.856
B	10	100	1.211	9	81	0.692	0.838
C	6	36	-0.135	9	81	0.692	-0.093
D	5	25	-0.471	7	49	-0.077	0.036
E	3	9	-1.144	5	25	-0.846	0.968
F	7	49	0.202	5	25	-0.846	-0.171
G	3	9	-1.144	6	36	-0.462	0.528
H	8	64	0.538	6	36	-0.462	-0.248
I	9	81	0.874	10	100	1.077	0.942
J	2	4	-1.480	3	9	-1.615	2.391
	64	498		72	586		8.046

　　國中畢業成績與國中會考成績之相關，計算公式如下所示：

$$r_{xy} = \frac{\Sigma Z_x Z_y}{N-1}$$

$$= \frac{8.046}{9} = 0.894$$

　　相關係數亦可以利用以下的運算公式來加以計算：

$$r_{xy} = \frac{\sum XY - \dfrac{\sum X \sum Y}{N-1}}{\sqrt{\sum X^2 - \dfrac{(\sum X)^2}{N-1}} \times \sqrt{\sum Y^2 - \dfrac{(\sum Y)^2}{N-1}}}$$

若是利用EXCEL，可以使用CORREL()這個函數來計算積差相關係數。

(四)積差相關係數的特性

積差相關係數的值介於-1與+1之間，其特性主要有以下幾項：

1.當積差相關係數大於0時，表示兩變項之間呈現正相關，反之若積差相關係數小於0時，則為負相關。

2.當積差相關係數的絕對值等於1時，表示兩變項之間為完全線性相關，亦即為函數關係。

3.當積差相關係數的值等於0時，表示兩變項之間無線性相關的關係。

4.當積差相關係數的絕對值介於0與1之間時，表示兩變項之間具有一定程度的線性相關，而且積差相關係數的絕對值越接近1時，兩變項之間的線性關係則是越密切；當積差相關係數的絕對值越接近0時，則表示兩變項的線性相關越弱。

表2-4主要是說明積差相關係數的強度大小與其意義，若相關係數為1.00，則代表其關聯程度是完全相關，相關係數介於0.70至0.99之間則為高度相關，0.40至0.69之間則稱為中度相關，0.10至0.39之間為低度相關，相關係數低於0.10以下則稱為微弱或者是無相關。

表2-4　相關係數的強度大小與意義

相關係數範圍（絕對值）	變項關聯程度
1.00	完全相關
0.70～0.99	高度相關
0.40～0.69	中度相關
0.10～0.39	低度相關
< 0.10	微弱或無相關

三、等級相關係數

　　等級相關係數適用描述於兩個連續變數的線性關聯情形，斯皮爾曼等級相關係數（spearman rank correlation coefficient）應用於順序量尺線性關係之描述。例如：有N個學生參加口試，他們的名次資料是由1到N的數值，此時的順序資料有類似於等距尺度的固定單位，因此可利用等級相關係數仿照積差相關的原理，來計算出兩個順序量尺的關聯性，計算公式如下：

$$r_s = 1 - \frac{6\sum D_i^2}{N(N^2 - 1)}$$

　　N為人數，D為兩個變數上的名次差距$R(X_i) - R(Y_i)$。r_s係數的計算原理是取每一個觀察值在兩個順序變數配對的差異分數來分析關聯性，數值介於-1到1之間，愈接近±1，表示關聯性愈高。

四、點二系列相關

　　當X與Y兩個變數中，一為連續變數，另一為二分類別變數（如性別），兩個變數的相關係數稱為點二系列相關（point-biserial correlation, r_{pb}）。點二系列相關係數的計算公式如下：

$$r_{pb} = \frac{\overline{X}_p - \overline{X}_q}{s_t} \sqrt{pq}$$

　　r_{pb}的係數數值介於0與1之間，以二元計分為例p代表答對的可能性，q則是答錯的可能性，所以p + q = 1，點二系列相關的絕對值愈大，表示兩個變數的關係愈強。當r_{pb}係數為正時，表示二分變數數值大者，在連續變數上的得分愈高；當r_{pb}係數為負時，表示二分變數數值小者，在連續變數上的得分愈高。當p與q數值為愈接近0.5時，r_{pb}的數值才有可能接近1.0，點二系列相關係數可以應用於測驗的試題分析中，當點二系列相關係數值愈大，則代表試題的鑑別度愈大，愈有區辨性。

　　基本統計概念對於測驗與評量的解釋，具有相當的助益性，因此，學

習測驗與評量的過程中，適時地運用基本統計的概念來了解測驗評量結果的意涵，如此才能真正運用測驗與評量於教學之中。

自我評量

01. 請說明統計分析的主要功能。

02. 請說明編製次數分配的主要原則及步驟。

03. 請說明判斷次數分配類型的規則。

04. 請說明統計圖表中，莖葉圖的特色。

05. 盒鬚圖中，包含哪些統計量數？

06. 請列舉常見的集中量數。

07. 請列舉並說明常見的變異量數。

08. 請列舉常見的相關類型。

第三章　測驗編製

　　教育測驗根據教育目標來加以分類，可分成認知測驗、情意測驗和動作技能測驗三種，其中在教學上使用最廣的評量工具即屬認知測驗中的成就測驗，成就測驗多半以紙筆方式來進行，因此成就測驗亦有紙筆測驗的稱呼。由於成就測驗是目前使用最廣的評量工具，所以無論是各級學校教師、學者或測驗編製專家，都應該知道如何編製一份成就測驗，如此也才能創造出一份適當的評量工具，以用來評量學生或受試者的學業成就。成就測驗可以是標準化的、教師自編的或實驗性測驗，也可以是常模參照的或效標參照的測驗，但不論如何，它的編製過程都分享了一套共同的原理原則，以下將說明成就測驗編製的流程。

　　余民寧（2022）提出教師自編成就測驗的步驟主要為：(1)根據測驗目的來準備測驗編製計畫，亦即編擬雙向細目表來作為測驗編製計畫；(2)編擬測驗試題，依照命題原則以及雙向細目表來加以編擬測驗試題；(3)試題與測驗的審查，審查試題與測驗是否符合命題原則；(4)試題與測驗的分析，將測驗所獲得的資料進行質性與量化的資料分析，試題分析主要是以試題的難度與鑑別度為主，而測驗分析中包括測驗的信度與效度等測驗訊息；(5)編輯新測驗，測驗編製流程的最後一個階段為進行試題的安排以及組卷，依組卷原則來進行新測驗的編輯。

　　Miller、Linn與Gronlund（2012）提出班級測驗編製的步驟包括：(1)決定評量目標；(2)發展評量用的雙向細目表；(3)選擇適當的題型以及評量作業；(4)準備相關的作業；(5)組卷及印刷；(6)施測及計分；(7)審查及評鑑；(8)善用評量的結果；(9)達成改進學習與教學的目標。

　　Crocker與Algina（2008）提出測驗編製的步驟包括：(1)確認測驗分數使用的目的；(2)確認測驗內容所表徵的行為；(3)準備測驗的雙向細目表；(4)編擬試題；(5)審查試題；(6)進行測驗的組卷；(7)進行測驗的預試；(8)計分；(9)試題與測驗分析；(10)撰寫測驗指導語、計分說明，以及描述測驗分數的意義。

　　綜合上述學者對於測驗編製步驟的說明，本章將採用Crocker與Algina（2008）所提出的測驗編製步驟，並綜合其他學者所提出的內容，歸納成以下測驗編製的步驟，並且說明如下：

壹、確認測驗的目的

　　確認測驗分數使用的目的，是測驗編製流程中首先需要確認的工作，在確認測驗的目的後，即可以開始建構測驗內容所表徵的行為內涵，依照編製目標、測驗類型與內涵來編製測驗藍圖，亦即編製雙向細目表，以下將確立測驗目標的意涵說明如下。

　　不同教學歷程所使用測驗的特性與功能亦有所不同，若以教學歷程階段來區分測驗的類型，可以將測驗分為：安置性、形成性、診斷性、總結性測驗等。教育測驗依教學歷程中不同的階段，所進行測驗的特性與功能說明如下：

一、安置性測驗

　　安置性測驗具測量學習前所需的背景知識與獲知已達成課程目標程度的安置功能，主要的目的在於了解學生是否具備有學習前應具備之知識技能。

二、形成性測驗

　　形成性測驗具提供教師改進教學與幫助學生獲得學習進步情形的回饋功能，形成性測驗主要的功能在於提供即時補救的教學資訊。

三、診斷性測驗

　　診斷性測驗具有找出學生學習困難原因的診斷功能，並且提供事後補救的教學處方訊息。

四、總結性測驗

　　總結性測驗具有決定成績等第與證明精熟教材程度的評定功能。

　　多元評量上的專業多元，即是希望教學者所編製的測驗需要掌握精準的教學目標，而藉由教學者的專業判斷來進行兼顧認知、技能與情意的教

學評量。由上述可以獲知不同教學階段所進行的測驗目標應有所不同，而測驗編製者需要根據不同的測驗目的來加以編製測驗。

貳、確認測驗內容所表徵的行為

　　測驗編製第一個步驟主要是決定測驗的主要目的為何？接下來即是探討測驗內容的具體行為，成就測驗主要是以教學及課程內容為主，所以接下來即是探討測驗所需要具體表徵的教學目標之類型及其內涵。

　　教學目標是指教師為達成教學任務、學習者要實現學習目的所必須了解的學習方向和指標，亦即是學習者完成指定的學習內容後，所應具備的知識、技能與情意態度的描述。Bloom、Engelhart、Furst、Hill、Krathwohl（1956）提出將教學目標分為認知（cognitive）、情意（affective）與技能（psychomotor）等三個分類，並且提出認知領域的教學目標分類；Krathwohl、Bloom與Masia（1964）提出情意領域的教學目標分類；Simpson（1972）則提出技能領域的教學目標分類，詳細內容說明如下：

一、認知領域

　　Bloom等人（1956）將教育目標的認知領域分成：基本知識記憶及較高層次的知能與技巧兩大部分，並將之分為六個類別，其中的基本知識記憶是屬於記憶力的表現，為知識（knowledge）層次；知能與技巧屬於批判性、反省式或問題解決的思考能力，區分為：理解（comprehension）、應用（application）、分析（analysis）、綜合（synthesis）、評鑑（evaluation）等，合計共六個層次，說明如下：

(一)知識

　　知識（knowledge）即是針對各種名詞、事實、定理和原理原則等的記憶能力，例如：記憶花卉的組成部分、識別昆蟲的部分、列出武昌起義的原因為何等，皆是屬於知識的認知層次。

(二)理解

理解（comprehension）是表示了解所學過的知識或概念，例如：分析自己所說的話語中概念的意義、找出甲蟲種類的真正範例、找出火成岩地層中岩石與礦物的範例等。

(三)應用

應用（application）是將學習的原理原則應用於新情境，並且類化解決策略，例如：利用學習的過程知識進行新的科學實驗、從目前的學習領域中進行調查與蒐集資料的工作等。

(四)分析

分析（analysis）是指分析概念的成分，或者找出其概念相關的部分，例如：說明科學的原理如何應用在冰箱的設計中、從政治的演說中，說明不同的成分為何等，皆是屬於分析的認知層次。

(五)綜合

綜合（synthesis）的認知層次是將片斷概念、原理原則或事實，進行歸納或合併，例如：確定哪些規則是從多次實驗或調查的成果中獲得的、比較2位兒童發展學家其學說相似的部分等。

(六)評鑑

評鑑（evaluation）是最高層次的認知能力，評鑑主要在於依據標準來做成判斷以及決定，例如：利用研究規準來評估研究發現結論的價值性。

Anderson與Krathwohl（2001）針對Bloom等人（1956）認知層次提出修正，強調課程、教學與評量三者間的連結，在目標分類結構方面分成：(一)知識向度以及；(二)認知歷程向度，分別說明如下：

(一)知識向度

知識向度（knowledge dimension）分為：事實性知識、概念性知識、程序性知識以及後設認知知識等四種知識來源。

1. 事實性知識

事實性知識（factual knowledge）是指學生學習科目或解決問題必須知道的基本元素，包括術語的知識（knowledge of terminology）以及特定

細節和元素的知識（knowledge of specific details and elements）。

2. 概念性知識

概念性知識（conceptual knowledge）是指以基本元素解釋較高層的結構，並能與功能結合。包括：(1)分類和類別的知識（knowledge of classification and categories）；(2)原理和通則的知識（knowledge of principles and generalization）；(3)理論／模式／結構的知識（knowledge of theories, models, and structures）。

3. 程序性知識

程序性知識（procedural knowledge）是指有關如何完成某事流程、探究方法以及使用技巧、演算、技術和方法的規準，包括：(1)特定學科的技能和演算知識（knowledge of subject-specific skills and algorithms）；(2)特定學科技術與方法知識（knowledge of subject-specific techniques and methods）；(3)運用規準的知識（knowledge of criteria for determining when to use appropriate procedures）等。

4. 後設認知知識

後設認知知識（metacognitive knowledge）是指對認知的認知、對思考的思考，比原來所認知者高出一層的認知。若原來的認知是「知其然」，後設認知就是「知其所以然」。因此，後設認知知識係指監控、控制與規範認知的知識（張春興，2013）。後設認知係指認知和知覺的知識，及對自己認知的知識。Flavell（1985）指出後設認知知識可分成三種知識：(1)知人的知識，能認識自己、了解別人；(2)知事的知識，對事情難易度的判斷與對事理對錯之辨識的知識；(3)知術（方法）的知識，能隨機應變、採取適當的方法解決問題。因此修正版本的後設認知知識包括：(1)策略知識（strategic knowledge）；(2)認知任務知識（knowledge about cognitive tasks）以及(3)自我知識（self-knowledge）。

(二)認知歷程向度

認知歷程向度（cognitive process dimension）包括記憶、了解、應用、分析、評鑑與創造等六個向度，說明如下：

1. 記憶

記憶（remember）的認知歷程所指的是從長期記憶中提取相關知識，包括再認與回憶等兩種認知歷程。

2. 了解

了解（understand）的認知歷程所指的是從課堂、書本的口語、書面與圖形等教學訊息中建構意義（construct meaning），建立所學新知識與舊經驗的連結，其中了解的認知歷程包括詮釋、舉例、分類、總結、推論、比較與解釋等。

3. 應用

應用（apply）所指的是善用程序來執行作業或解決問題，應用的認知歷程包括執行與實行等兩個部分。執行部分是給予作業於學生已經知道採用哪些程序的任務，是一種偏重例行作業取向的任務，也是應用程序於已熟悉的工作。實行部分則是所給予的問題是事先不知道採用哪些程序的任務，是一種偏重解決問題取向的任務，也是應用程序於陌生的工作。

4. 分析

分析（analyze）所指的是將整體分解成局部，指出局部之間與對整體結構或目的的關聯，分析的認知歷程包括區辨、組織、歸因等。

5. 評鑑

評鑑（evaluate）的認知歷程是指根據規準（criteria）與標準（standards）作判斷（judgement）的歷程，其中的規準表示的是品質、效果、效率或一致性等，標準則是表示量夠多或者是品質是否夠好，判斷未必就是評鑑，有明顯的規準與標準才是評鑑。評鑑的認知歷程包括檢查與批判，檢查的認知歷程是使用內在規準與標準，至於批判的認知歷程則是使用外在規準與標準。

6. 創造

創造（create）所指的是要求將各個元素組裝在一起，形成一個完整且具功能的整體。創作目標係要求學生重組元素或重組局部，使成一個過去鮮少出現的組型或結構，創作的認知歷程涉及協調個人過去的學習經

驗，雖然創作需要學生具創造思考能力，但創作並非是沒有限制的自由創作，創作可為綜合個人學習的資訊與材料，創作強調獨特性以及原創性，創作包括表徵問題、解答規劃以及執行計畫等三個階段，創作的認知歷程包括擴散生產、聚斂計畫以及建構製作等歷程，圖3-1為Anderson等人（2001）與Bloom等人（1956）的架構對照圖。

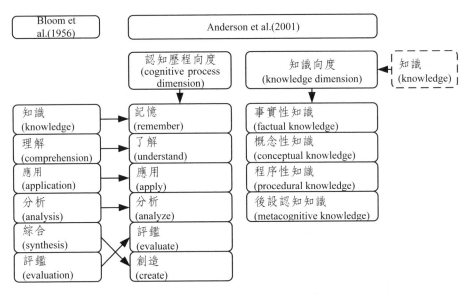

圖3-1　認知教學目標分類比較圖

資料來源：Anderson, Krathwohl, Airasian, Cruikshank, Mayer, Pintrich, Raths, & Wittrock (2001). *A Taxonomy for Learning, Teaching, and Assessing: A Revision of Bloom's Taxonomy of Educational Objectives* (p. 268). NY: Addison Wesley Longman, Inc.

　　表3-1則是Anderson等人（2001）修訂Bloom等人（1956）的分類表，其中知識向度包括事實性知識、概念性知識、程序性知識與後設認知知識，至於認知歷程向度則是包括記憶、了解、應用、分析、評鑑與創造等向度內涵。

表3-1　修訂Bloom分類表

知識向度	認知歷程向度					
	記憶	了解	應用	分析	評鑑	創造
事實性知識						
概念性知識						
程序性知識						
後設認知知識						

資料來源：Anderson, Krathwohl, Airasian, Cruikshank, Mayer, Pintrich, Raths, & Wittrock (2001). *A Taxonomy for Learning, Teaching, and Assessing: A Revision of Bloom's Taxonomy of Educational Objectives* (p. 28). NY: Addison Wesley Longman, Inc.

二、情意領域

　　情意領域包括態度、興趣、信仰、價值觀以及情感上的風格，Krathwohl、Bloom與Masia（1964）將情意目標分為：接受（receiving or attending）、反應（responding）、評價（valuing）、重組（organization）、內化（value system）等五大階層，此分類是連續、螺旋型的結構，較低層次是單純、具體而特殊的行為，層次愈高愈屬於普遍、抽象、一般化的行為。

(一)接受

　　接受（receiving）是指針對某些現象和刺激，進行接觸、傾聽、知覺、感受、體會和選擇性注意的能力。

(二)反應

　　反應（responding）是指主動的注意、積極的參與活動和參與活動中獲得滿足的能力。例如：學生會依照教師以及父母的期待參加志工服務，即是屬於反應的情意向度。

(三)評價

　　評價（valuing）是指對接觸的事物感到其價值存在，進而表現出接納、偏好、承諾等積極態度。

(四)重組

重組（organization）是指分析有價值內涵，歸納出推論的價值，建立並發展個人的價值體系。

(五)內化

內化（value system）是指將價值體系內在化，使其成為個性的一部分，個人並依據其內在化價值體系行事，並且達到一致性的能力。

情意是一種心理狀態或情緒傾向，可能是正面讚許的態度表示，也可能是負面反感的反應，在教學目標的認知、情意與技能三種領域中，情意領域是屬於最抽象的表達。

三、技能領域

技能領域（psychomotor domain）包括具體可見的外在動作或行為，Simpson（1972）將技能領域的教學目標分為：知覺（perception）、準備狀態（set）、引導反應（guided response）、機械化（mechanism）、複雜性的外在反應（complex overt response）、適應（adaption）以及創作（origination）等七個層次，說明如下：

(一)知覺

知覺（perception）指的是注意外在現象、感官刺激來源或各種關係等過程，包括感官刺激、選取線索以及轉換等能力。

(二)準備狀態

準備狀態（set）是指針對上述的感知經驗，在心理上、身體上和情緒上作預備適應的能力。

(三)引導反應

引導反應（guided response）是指在有系統的教導下，學習、模仿或進行嘗試錯誤的能力。

(四)機械化

機械化（mechanism）是指將動作技能在模仿階段後，達到非常純熟的程度。機械化的技能表現，即是不加思索而能立即正確反應的表現。

(五)複雜性的外在反應

複雜性的外在反應（complex overt response）是指可以操作高難度和複雜的反應行為，且其操作已達高度效率和熟練的程度，包括解決不確定事項以及自動化的行為表現等能力。

(六)適應

適應（adaption）是指面對內容不明或者是初次嘗試的項目，具有重組或者修正改變行為，以因應新問題情境的能力。

(七)創作

創作（origination）是指依所習得的動作技能，進而創新出新動作和處理新技術的能力。

除了Simpson（1972）技能領域的七個層次之外，另外Gronlund（1970）與 Saylor（1970）提出知覺（perception）、心向（set）、模仿（imitation）、機械化（mechanism）、複雜反應（complex response）和創造（creation）等六個層次。Harrow（1972）提出的反射動作（reflex movements）、基礎動作（basic-fundamental movements）、知覺能力（perceptual abilities）、肢體能力（physical abilities）、技能動作（skilled movements）、表達動作（non-discursive communication）等六個層次。Golderger（1980）提出的反射動作（reflexive movement forms）、一般動作（universal movement forms）、技能動作（skilled movement forms）、功能性的動作（functional movement forms）、擴展性的動作（expansive movement forms）等五個層次。上述幾種關於技能領域的歷程，皆可以提供擬定動作技能目標時的參考。

參、設計測驗的雙向細目表

設計雙向細目表是重要的測驗藍圖，在設計時可以將教學目標置於橫軸，教材內容置於縱軸，若能據此計畫來編擬試題，則該試題即能作為教學評量的優良工具，且能促進「教學」與「評量」之間的連貫性，教師根

據教學預期達成目標、實際進行教學時所強調的教材內容、課程內容的難易屬性和重要性以及測驗的目的等因素，來決定雙向細目表中的題數和比重，但也可以視實際教學情況，適當的增減雙向細目表中的教學目標和教材內容以及預擬的試題數目。設計雙向細目表後，即可以根據雙向細目表來加以命題，而此種程序即是在確認試題的內容效度。前述討論測驗的分類中，若依測驗編製流程的嚴謹程度，測驗可以分為：標準化測驗、實驗性測量以及教師自編測驗，其中以教師自編測驗的嚴謹程度最為鬆散，亦即在信度與效度的考量中並未如標準化測驗來得嚴謹可信。但若教師自編測驗的編製過程中，利用訂定教材內容和認知層次的雙向細目表，來作為命題的藍圖，則可以有效地提升教師自編測驗的內容效度。

設計雙向細目表的基本原則包括有下列幾項：(1)目標具體明確陳述；(2)教材範圍必須是教過的；(3)雙向細目表邊緣細格中的數字不可為0；(4)教師可針對習慣，加入題型（例如：選擇題、是非題等）。表3-2為雙向細目表範例，圖3-2則為三向細目表範例。

表3-2　雙向細目表範例

知識向度	認知歷程向度（教學目標）						小計
	1.記憶	2.了解	3.應用	4.分析	5.評鑑	6.創造	
A.事實性知識	3、5	9	7、28	8			6
B.概念性知識	1、12、20	2、4、17、20	6、13、18		26		11
C.程序性知識	10		16、27	11、14		21	6
D.後設認知知識			15、23	19、22		24、29、30	7
小計	6	5	9	5	1	4	30

圖3-2為PISA（2015）中，關於科學素養架構的三向細目表，其中可以包括知識、能力與知識深度等三個層面，其中的知識包括學科知識、程序性知識與認知觀知識，能力則是包括解釋科學現象、理解科學探究與詮釋科學證據，知識深度則是包括低、中、高等內涵。

		能　力			知識深度		
		解釋科學現象	理解科學探究	詮釋科學證據	低	中	高
知識	學科知識						
	程序性知識						
	認知觀知識						

圖3-2　三向細目表範例

資料來源：OECD (2015). *PISA 2015 Science Framework* (p. 42). Paris: Author.

肆、編擬試題

編擬測驗試題時，主要需要考慮測驗的題型以及編擬試題的原則，以下即針對這兩個部分加以說明。

一、決定測驗的題型

測驗試題的題型常見的包括選擇反應以及建構反應的試題。選擇反應的試題又被稱為客觀題型，而建構反應題型的試題又稱為論文題型，以下將針對這兩種題型的內涵加以說明：

(一)選擇反應試題

選擇反應試題（selection response items）又稱為客觀測驗（objective test），包括：(1)選擇題（multiple-choice items）；(2)是非題（true-false items）；(3)配合題（matching items）以及(4)解釋性習題（interpretive exercise items）等。

(二)建構反應試題

建構反應試題（constructed response items）包括填充題以及申論題，其中申論題又稱為論文題型（essay test）。申論題包括：(1)限制反應的論

文題（restricted response essay items）、(2)擴散反應的論文題（extended response essay questions）。限制反應的論文題亦稱為簡答題，而擴散反應的論文題亦稱為問答題。

選擇反應試題，主要的測量能力在於知識、理解、應用與分析等能力，至於認知層次中較高的評鑑與創造的能力則較不容易達成。至於建構反應試題，則是較適合測量認知層次較高的分析、評鑑與創造的能力。

在內容取樣方面，選擇反應試題所涵蓋的內容範圍較大，並且可以使用大量的試題，內容的取樣方面較具有代表性。至於建構反應試題因為僅可以使用較少量的試題，所以涵蓋的內容範圍較小，因此內容的取樣方面較不具有代表性。

在編製的過程方面，選擇反應試題，在準備優良的試題上較難且費時，不過在評分上比較容易且客觀。至於建構反應試題，在評分上較難且常常會被質疑其評分者的主觀性。

在學習的影響方面，選擇反應試題可以促進學生記憶、理解與分析的能力，而建構反應試題則是可促進學生在統整與表達的能力，並且鼓勵學習者創造力的發展。

二、編擬試題的原則

命題原則對於教學現場的教學者是相當重要的，它可以有效且明確地說明該如何撰寫適宜的測驗試題，而題目編寫一般原則如下（王文中、呂金燮、吳毓瑩、張郁雯、張淑慧，2004；余民寧，2022；Miller, Linn, & Gronlund, 2012）：

(一)試題之擬定，應兼顧記憶、理解、應用、分析、評鑑、創造等能力之測量，並盡可能往高層次應用、分析、評鑑方向命題，以提升試題品質。

(二)試題之難易及分量，應考量試題題型及應試時間後再決定。

(三)酌情提供參考答題的資料，但避免對正確答案提供明顯的暗示。

(四)避免採用單一或個人研究的結果。

(五)試題之用字遣詞力求簡明扼要，避免抄襲及使用模稜兩可之文字。

(六)圖、表、照片應力求清晰，並有適當的說明。

(七)試題文字應加標點符號。

(八)題幹中除了否定的用詞需加底線強調外，其餘一律不加（包括人名、校名等）。

(九)評量重要的學習結果。

編擬測驗試題之命題原則，除了上述一般性原則外，尚有針對各種題型需要注意的命題原則，詳細的說明將會在下一章的命題原則中，予以說明。

伍、審查試題

測驗編製中撰寫試題之後所要進行的階段，即是將所編製的試題進行審查，余民寧（2022）指出試題的審查包括邏輯的審查以及實證的審查，其中「邏輯的審查」主要在評閱試題與教學內容之間的關聯性，又稱「形式審查」，而「實證的審查」則是評閱學生作答反應組型是否符合期望，又稱「客觀審查」。

邏輯的審查主要是希望測驗能有一致性，主要關心重點為：(1)試題是否能代表所要測量的行為目標？(2)試題是否與教學目標一致？(3)試題是否與教學的呈現方式一致？其中在邏輯的審查中，可以利用試題與目標一致性指標（item objective congruence, IOC）來進行審查。IOC指標是Rovinelli和Hambleton（1977）提出一種邀請專家的意見來加以計算試題與目標是否相配的指標，以作為評估測驗試題與目標間是否具有一致性的參考依據。一般而言，IOC指標的值介於-1與+1之間，指標愈接近+1，即表示試題與目標的關係愈一致；反之，若指標的值愈接近-1，則表示試題與目標之間愈缺乏一致性，亦即試題愈無法測量到所要測量的目標。Berk（1984）認為IOC指標的值大於80%是可以接受的標準。

另外，在試題的審查中，可以進行測驗適當性的審查，項目可包括

試題的格式、問題陳述的品質、試題內容、題數與範圍是否遵照雙向細目表、試題類型是否依命題原則、題意是否清楚表達、作答說明是否適當、試題是否為所測行為目標之代表等,進行測驗內容試題適當性的審查。

至於在測驗編製中實證的審查,主要可以依:試題分析、教學敏感度分析等兩個部分做說明。透過分析,能獲得較客觀的量化數據,藉此作為判定試題品質以及挑選試題的參考。

測驗中的試題分析,包括難度指標、鑑別度指標等,若是選擇題型的話,則可以進行試題的誘答力分析。試題經過分析後,教師可根據測驗目的和解釋測驗結果的方式,挑選具適當特徵指標的試題。另外,在試題實證的審查中,亦可以進行測驗的教學敏感度分析,教學敏感度指標(instructional sensitivity index, ISI)主要是由Haladyna與Roid(1981)所提出,教學敏感度指標是將教學前後的表現差異,當成是教學效能的一項指標,而這個指標便稱之為教學敏感度指標。其中前後差異指標(pre-to-post difference index, PPDI)即是一種教學敏感度指標,而PPDI = 後測的難度指標-前測的難度指標,它的值位於正負1之間,正常表現的前後差異指標大約是位於0.1到0.6之間。若是0表示試題太簡單或太難,而0.6則表示是符合教學期望,假如是負值的話,表示教學可能顯現一種負向的教學效果。

陸、進行測驗的組卷

試題經過審查的步驟之後,即可以進行測驗的組卷。新測驗的編輯可以依測驗的長度、試題的難度、試題的排列、測驗指導語等部分,考慮測驗的編排以及組卷。

一、測驗的長度

在編排測驗時,測驗題數的多寡是一個重要的考慮因素,而決定測驗的長度,可以依據測驗的目的、試題的類型、信度的高低、學生的年齡、學生的能力以及作答的時間等因素,來加以決定測驗長度。測驗的目的部

分，測驗的編輯中，若爲客觀試題、選擇反應題型，宜較論文題型、建構反應題型的試題數爲多；若需要提高測驗的信度水準，測驗中相同品質的題數應該增加；受試者的對象中，年齡較大的學生所適用的測驗應該比年齡較小的測驗題數爲多；受試者的能力，若能力較高學生的測驗題數，應該較能力較低學生的測驗題數爲多。

二、試題的難度

　　測驗試題的難度取決於進行測驗的目的，爲了發揮測驗的區別功能，往往傾向使用「難易適中」的試題。但若是效標參照測驗的試題，則是以設定的通過率來作爲取決試題難度的標準。

三、試題的排列

　　當決定測驗的長度和試題難度後，即需決定如何對試題作最佳的安排。試題的排列中，所需要考慮的因素主要有：試題難度、試題類型、教材內容、教學目標或所測量的能力來加以排列。在試題難度部分，將簡單的題目排列在困難的試題之前；試題類型中，相同類型的試題排列在一起，例如：將是非題放在一起，選擇題排列在一起較爲恰當，不建議將是非題或者是選擇題混合排列；在教材內容部分，若是屬於同一學習內容或者相同單位的內容，儘量排列在一起；若依認知的教學目標排序，較簡單的認知題目宜排列在前，困難的試題則排列在後面。

柒、進行測驗的預試

　　測驗預試的目的，在於蒐集學生對於各個試題的可能反應，並進行統計分析處理，以深入理解各試題的特徵，作爲選擇試題的參考。命題者應該先做初步預試，即以所編擬的試題對一小群施測對象來進行施測，並把它當作試題編擬與修訂的一部分。這種施測是非正式的，沒有時間的控制，試題也不需要打字排版，受試者可以隨時與試題編製者交換意見。初步預試不僅讓命題者可以聽取受試者對於試題的寶貴意見，還同時提醒測

驗編製者有關作答說明、試題遣詞用字、答題所需時間及試題難易度等可能問題，因為初步預試的受測人數很少，且不具代表性，所以通常不做統計分析。

除了初步預試外，測驗編製者還需要舉行類似正式測驗的預試，這時試題要組成與正式測驗相同的格式，受測人數也比較多，且應具有代表性，並以接近正式測驗的程序進行。此時在類似正式測驗的預試階段，其預試樣本數可以用該試題的三倍人數，來作為本研究之預試樣本。另外Gorsuch（2014）則建議樣本數最少為試題數的五倍，且要大於100，才能進行因素分析。簡單來說，測驗試題有10題，預試時則需要至少有30位受試者填寫，而正式施測的預試時，則至少要蒐集到50位受試者資料或者100位以上來進行因素分析，這樣才不會使誤差過大。實務上，測驗編製很難達到完美境界，因為試題中或多或少會有它的一些限制，但試題編製者必須從這些測驗編製的過程中不斷地去學習，才能讓測驗的編製工作達到更為理想的程度。

詳細針對預試的實施方式可以有三種，分別是：(1)以預試題目來進行正式測驗，此時的方式實際上只舉行一次正式測驗，但是它先將考生的作答反應拿來做試題分析，經過統計分析及篩選試題後，只就可以保留的試題來計算個人測驗分數；(2)將預試題目合併在正式測驗中，此方式是將預試題目合併在已被認可的正式測驗題目中，考生雖然被告知有某些題目不計分數，但卻不知道是哪些題目才是預試題目。測驗時使用許多不同的版本，每一版本都有夾藏著不同的試用題目，以確保日後有足夠的題目可供使用；(3)事先單獨舉行預試，此方法是在正式測驗之前單獨舉行預試。這時可以蒐集到大量的試題，獲得良好預試的可能性也較大，並且不用顧慮它會干擾到正式測驗。

最後談到預試的試題題數部分，因為要透過試題分析淘汰部分不良試題，所以預試時要使用比正式測驗的試題還要多，至於要準備多少百分比的試題並沒有一個普遍的規定，最常用的比例是增加50%。

捌、計分

　　計分方面，需要加以規範的項目包括：(1)答錯有無扣分；(2)猜題是否使用校正公式；(3)若有實作表現的試題時，其計分標準為何？這些問題都是在測驗的計分中，需要加以考慮的問題。許多學者（Diamond & Evans; Lord, 1964）針對防止猜測提出消極校正公式來重新計分，以下即為消極校正的公式：

$$S = R - \frac{W}{K-1}$$

　　上述公式中，S代表的是消極校正後的公式，R則是答對題數，W為答錯題數，K則是試題選項數目。例如：4選1的選擇題，其K則為4，是非題的K則是為2。然而上述的消極校正公式只能消極地防止學生猜測而已，若是要達到真正校正分數的目的，則是可以改用積極的校正公式，下述即為積極的校正公式：

$$S = R + \frac{M}{K}$$

　　上述公式中，S、R和K與消極校正公式所代表的涵義相同，至於M則是代表缺失（missing）的題數。

　　一般的測驗計分中，通常答對給1分，答錯不給分，空白算答錯不給分。另外在選擇題部分，若是4選1時則答對給4分，答錯不給分，空白給1分。亦可以在4選1時，計分規則為答對給1分，答錯扣1/4分，空白不給分。以下為測驗計分的說明範例，提供參考。

　　選擇題部分，所有單選題每題3分，一律不倒扣。多選題每題3分，各選項獨立計分，每答對一個選項，可得0.6分，每答錯一個選項，倒扣0.6分，完全答對得3分，整題未作答者，不給分亦不扣分。在選項外畫記者，一律倒扣0.6分，倒扣至本大題之實得分數0分為止。非選擇題部分，答錯不倒扣，各計分或扣分標準，則標示於試題本上。

玖、試題與測驗分析

　　試題與測驗分析可以視試題的編製者和使用對象不同，而單獨分開進行。一般來說，教師自編成就測驗可以不必經過此分析就可以使用，但是標準化成就測驗就必須經過嚴謹的分析才能使用。

一、試題分析

　　測驗的試題分析部分，一般來說包括難度以及鑑別度的分析。若是選擇題型的話，則需要進行誘答力分析。另外，若進行學生問題反應表分析，可進行試題的注意係數分析。

二、測驗分析

　　測驗分析主要進行信度與效度的分析，若進行學生問題反應表的分析，則可以計算其差異係數指標，了解整份測驗的差異情形。測驗的信度分析主要包括重測信度、複本信度。在內部一致性係數部分，則包括折半信度、庫李係數、α係數等。效度分析部分，則可進行效標關聯效度的分析、內容效度、結構效度以及專家效度等。

拾、撰寫測驗指導語

　　編排完試題的排列順序後，需要適當的指導語來提醒作答者對於測驗的注意事項。測驗指導語是引導受試者作答的說明，因此指導語務必清楚明確，受試者才能正確無誤的作答。一般而言，指導語包括測驗的目的、作答時間、如何計分等，以下為一般在紙筆測驗中的撰寫試題指導語的項目：

　　1. 測驗的目的為何？
　　2. 作答時間的長短為何？
　　3. 如何計分、配分以及總分為何？
　　4. 是否列出計算過程？

5. 如何作答？

6. 是否倒扣？

7. 必要時應告知可以攜帶哪些物品應試，例如：教科書、講義、計算機、尺、圓規等。

8. 試卷共幾張幾面？

9. 試卷作答完是否要繳回？

10. 答案寫在哪裡？

11. 答案紙與試題本是否分開作答？分別交卷？

12. 學生是否可在答案紙或試題本上註記或補充說明事項？

13. 測驗途中是否可以發問？

14. 測驗包括幾大部分？

15. 以何種筆、何種顏色作答？

16. 試卷、答案紙是否可打草稿？

17. 其他，例如：作文是否寫在作文答案卷上，否則不計分。

指導語可以分成：整份試卷注意事項、選擇題指導語、整合測驗題指導語三個部分，以下是測驗指導語的範例：

(一)整份試卷注意事項

1. 本學科試題一張兩面，必須與答案紙一併繳交。

2. 每題都有A、B、C、D四個選項，其中只有一個選項是正確的，請將正確答案選出。試題答錯，一律不倒扣。

3. 作答時必須使用2B黑色鉛筆，將正確答案畫記在規定的答案卡上，否則不予計分。

4. 本試題紙空白處，可供草稿使用，答案卡絕對不可打草稿。

5. 本學科試卷分成兩部分：(1)選擇題；(2)整合測驗題，共60題，合計120分。

(二)選擇題指導語

選擇題：共44題，第1-14題，每題1分；第15-30題，每題2分；第31-44題，每題3分；共88分。

(三)整合測驗題指導語

　　　整合測驗題：共16題，第45-60題，每題2分，計32分。

　　　測驗的編製是一項繁重的工作，編製過程中需要考慮的因素也相當多，但即使它是一項繁重的工作，測驗編製仍然需要不厭其煩且細心地依照編製的流程，逐一地完成，如此才能保證測驗的最高品質。

自我評量

01.請說明編製安置性測驗的主要目的。

02.請列舉出認知領域的層次。

03.請列舉出情意領域的層次。

04.請列舉出技能領域的層次。

05.請說明設計雙向細目表的基本原則。

06.常見的選擇反應題型為何？

07.測驗組卷中，試題排列的原則為何？

第四章 命題原則

　　十二年國教牽動的考試變化，引發社會的集體焦慮，大家所關心的是會考是不是變難了？考非選擇題怎麼辦？是不是該去補習班多練習PISA或PIRLS的模擬試題？以上等等社會大眾所提出的問題，完全是一種被考試和標準答案制約的價值觀，往往大家都還沒有搞清楚「題目」背後的邏輯，就急著尋求「標準答案」的捷徑。因此，對於題目的類型及其特徵有必要進行深入的了解，評量的改革有其急迫性，但是「題目」的背後，牽涉的不只是命題技術，而是社會看待「人才」的價值觀，到底我們希望考出什麼樣的學生和老師，我們應該培養出更多的命題者，而不只是反覆訓練熟悉技巧的解題者，所以，命題的能力遠比解題更為重要，本章即是以命題原則為主要的探討內容。

壹、試題類型與內涵

　　編擬試題是測驗編製的重心，一份測驗是否具有良好的特徵（信度、效度、參照性、客觀性等），試題編擬品質的好壞占了絕大部分的核心。編擬試題時，除了應遵守編擬測驗試題的一般共同原則外，還應該對於各種題型所獨有的命題原則有所了解，如此一來，才能編製出品質優良的試題。

　　試題的類型主要可以分成：選擇反應題型以及建構反應題型，其中則以是非題、選擇題、填充題、配合題以及問答題最為大眾所熟悉，選擇題包括單選題、複選題、多選題以及選擇是非題等，選擇反應題型對知識評量的客觀性較佳。建構反應題型包括限制反應題以及擴展反應題。

　　另外一種分類方法將題型分為：開放以及封閉式試題，其中的封閉式試題主要與選擇反應題型類似，而開放性試題則是以建構反應題型為主，PISA題型中的封閉問答題則是類似於限制反應題。

　　封閉式問題的主要優點在於：(1)通常都有標準答案；(2)應答者可由答案中確認題意；(3)可以減低無關答案的可能；(4)可處理較敏感的問題（薪資、居住地區）以及(5)應答時間短，應答者不需思索字句即可回答。至於開放式問題的優點則是在於：(1)應答者可能出現意想不到或不知道的

答案；(2)釐清應答者之意思；(3)可處理選項太多的困擾；(4)可處理複雜問題以及(5)讓應答者發揮創造力。其中題型的安排與選擇，則主要在於受試者決定測試的目的為何而加以決定。以下將說明各種題型的一般命題技巧後，再依序就各題型特有的命題技巧做說明。

貳、一般命題原則

命題原則對於教學現場的教學者是相當重要的，它可以有效且明確地說明該如何撰寫適宜的測驗試題，試題之擬定應兼顧記憶、理解、應用、分析、評鑑、創造等能力之測量，並盡可能往高層次應用、分析、評鑑方向命題，以提升試題品質，以下為題目編寫一般原則（王文中等人，2004；余民寧，2022；Miller, Linn, & Gronlund, 2012），說明如下：

一、試題之難易及分量，應考量試題題型及應試時間

試題編寫時，其難易度與題數，命題者應該要慎重考慮時間的長短以及試題的題型類別。若是補充題型題數不應過多，或者是速度測驗應該以選擇題型為主。

二、避免採用單一或個人研究的結果

命題時，題目的內容應該避免以單一或者是個人研究結果為主，應考慮具有普遍性認同的內容為主，以免日後對於結果的認定有所爭議。

三、試題之用字遣詞力求簡明扼要，避免抄襲

命題時，試題之用字遣詞應該以簡明扼要為原則，並且為了公平起見，試題的內容應該要避免抄襲。

四、圖、表、照片應力求清晰，並有適當說明

試題內容若包含圖表照片，除了要確保圖表是應試者答題時重要的資訊來源外，務必要力求印刷清晰，且需要針對圖表與照片有適當地說明。

五、試題文字應加標點符號

　　命題時其試題文字應該要有適當的標點符號，以免造成答題者對於試題內容的解讀產生錯誤。

範例4-1（不佳試題）

（　　）鋒面所在的位置就是冷暖氣團交界的地方，這個地方的天氣容易產生變化。

說明：上述問題中的冷暖氣團是指冷氣團與暖氣團兩氣團，所以應以頓號分開，才不致造成描述上的錯誤。

範例4-2（修正試題）

（　　）鋒面所在的位置就是冷、暖氣團交界的地方，這個地方的天氣容易產生變化。

六、題幹中除了否定的用詞需加底線強調外，其餘一律不加

　　命題中若有否定的用詞時，試題需要加底線或者粗體字強調，以提醒答題者注意。

範例4-3（不佳試題）

（　　）下列何者不是在日治時代臺灣經濟發展的重要工作？
(1)建造公路等基礎建設
(2)開發煤礦、金礦等自然資源
(3)設立農業改良場
(4)招募漢人來臺灣開墾

說明：上述問題中部分名詞下的底線建議要予以刪除，避免造成干擾。

範例4-4（修正試題）

（　　）下列何者不是在日治時代臺灣經濟發展的重要工作？
(1)建造公路等基礎建設

(2)開發煤礦、金礦等自然資源

(3)設立農業改良場

(4)招募漢人來臺灣開墾

七、評量重要的學習結果

出題須針對重要的學習目標。雖然評量個體對領域中特定知識的了解常是一項適當的測驗目標，但若不是學習的重點，則應予避免，不宜強調。

八、避免題目逐字不變的摘自教材

直接抄錄課本的文句或僅改變其中的一、二個字（例如：將肯定改為否定）均會鼓勵學生強記或死背課本教材，因此，最好將課本的材料重新加以組織命題。

教材原文：北極熊數量的減少，與近年來愈趨嚴重的全球暖化有關。

範例4-5（不佳試題）

（×）北極熊數量的減少，與近年來愈趨嚴重的全球暖化無關。

說明：上述問題與原教材的重複性太高，建議要將題目予以修改。

範例4-6（修正試題）

（×）近年來全球暖化的情形愈來愈嚴重，但此不是造成北極熊數量
　　　減少的原因之一。

九、避免措辭含糊不清的題目

試題的陳述及用語需明確，以免措辭含糊使考生閱讀後難以了解題意，因而失去題目的客觀性。亦即試題應以具體的字句來陳述，以免因措辭含糊不清而忽略了題目的客觀性。

範例4-7（不佳試題）

小明和妹妹一同上學，從家裡到學校共500公尺，他們來回共走了幾

公尺？

答：$500 \times 2 = 1000$，所以答案是1000公尺，但若是$500 \times 2 \times 2 = 2000$公尺，是否也是可以呢？到底是要分開算還是合起來看，題目若是有兩種不一樣的想法，會讓人不清楚所要求的是路程還是路徑。

範例4-8（不佳試題）

甲重70公斤，乙重80公斤，誰最重？

上述問題中，若是兩個物品做比較，應該使用「比較」的用語，而三個（或以上）物品比較才會使用「最」，所以上題應該修正為甲重70公斤，乙重80公斤，誰「比較」重？

範例4-9（修正試題）

甲重70公斤，乙重80公斤，誰「比較」重？

十、題目中清楚界定問題

試題中所陳述的問題應使學生閱讀後，即可了解題意，而不應題目界定不清而導致一些爭議。

範例4-10（不佳試題）

媽媽買了一個大餅，小佳比小玲多吃$\frac{1}{9}$個，小佳和小玲各吃了幾分之幾個大餅？

答：$1 - \frac{1}{9} = \frac{8}{9}$，$\frac{8}{9} \div 2 = \frac{4}{9}$，$\frac{4}{9} + \frac{1}{9} = \frac{5}{9}$，所以答案是小佳吃了$\frac{5}{9}$個，而小玲則是吃了$\frac{4}{9}$個。但是仔細想一想，題目中並無說明整個餅都是小佳和小玲吃的，只說明小佳比小玲多吃了$\frac{1}{9}$個，所以答案應該不只一個，只要小佳比小玲多吃$\frac{1}{9}$個，兩人吃的總和不超過1，都可以成立。

範例4-11（修正試題）

　　媽媽買了一個大餅，小佳比小玲多吃 $\frac{1}{9}$ 個，小佳和小玲各吃了幾分之幾個大餅，把這一個大餅吃完？

十一、簡潔陳述試題

　　盡可能簡潔的陳述題目，省略多餘、不必要的字詞，在不影響答案的情況下，題目要盡可能的簡潔，題目中含括愈多不重要的文字，等於愈是強迫學生浪費時間在閱讀無關的訊息上。

範例4-12（不佳試題）

　　哥哥的年終獎金是27,000元，是每月月薪的60%，請問月薪是幾元？

　　上述問題中月薪就是指每個月的薪水，所以上面敘述中「每月」兩字，則不須再多說明一次，應該修正如下：

範例4-13（修正試題）

　　哥哥的年終獎金是27,000元，是月薪的60%，請問哥哥月薪是幾元？

十二、避免題目的敘述提供答題線索

　　所謂作答線索，是即使學生不知道正確答案，也可以藉由線索找到正確答案。在題目中的用語「哪些」，會暗示考生正確答案的所在，往往考生可藉由題幹的敘述猜測出正確答案，故建議宜修改。

範例4-14（不佳試題）

　　用一條20公分的繩子圍成一個邊長5公分的正方形，請問這個正方形的周長為多少？

說明：上述問題中「用一條20公分的繩子」即是正方形的周長，答案過於明顯，因此建議要予以刪除「20公分」的敘述。

範例4-15（修正試題）

用一條繩子圍成一個邊長5公分的正方形，請問這個正方形的周長為多少？

十三、編寫只有一個正確或清楚標準答案的題目

有時命題者會寫出同時具有兩個或兩個以上正確答案的題目，則學生會因題目的計分方式而產生爭議。另外為了提高選擇題中選項的誘答力，誘答項要有似真性，在編寫題目時仍需要有一個較佳選項的答案為宜。

範例4-16（不佳試題）

（3）下列哪一項是男生、女生都會發生的現象？

(1)懷孕

(2)長鬍子

(3)長牙齒

(4)哺乳

說明：一般大多數人都會(3)長牙齒，其實女性也會長鬍子，體毛不分男女都會長，不過女生的「鬍子」一般稱為「汗毛」，通常是軟軟細細的。男生則由於經常修剪，比較硬也比較粗，叫「鬍子」！所以這題題目的答案應該是(2)長鬍子、(3)長牙齒都可以，因此建議要予以修正為只有一個正確答案的題目。

十四、確定該題型為最適合的題目型式

試題的編寫應考慮與所欲評量之觀念是否相互配合，使各題型均能作最適切的運用。一般而言，填充題的評分比選擇題要花更長的時間，同時也更困難。如果速度和評分的簡易性是重要的，可以考慮選擇其他題型。在數學科的各類題型中，應用題的計分負荷較大，它較適用於高層次學習結果的測量，如以應用題型測量學生的計算能力，便無法發揮應用題題型最大的功能。

範例4-17（不佳試題）

明玉從家裡到學校，走路要13分42秒，如果騎車只要3分28秒，相差多少時間？

說明：上題並未涉及時間的進退位計算，在段考或成就測驗中顯得過於簡單，因此，建議改為計算題。但若安排在「時間計算」的單元測驗中，則符合單元目標即可。

十五、使閱讀難度適合預定一般考生的能力

問題的陳述要簡單、明瞭，任何人只要具備了該試題所欲測量的知識，就能夠正確回答。複雜的句型結構，不僅徒增學生閱讀的時間，且使試題額外包含閱讀理解能力的測驗，而干擾原測量的目的，應儘量避免。例如：試題差異功能（difference item function, DIF）探討試題是否因為種族、文化之不同而產生不同的功能，而此種情況即表示試題並不具有公平的特徵，存在偏差（bias）的情形。

十六、考慮情境是否錯誤

命題時必須注意情境是否錯誤，是否不符合生活狀況，以下將以幾個例子作為說明。

範例4-18（不佳試題）

在一條長27公里的道路兩旁種樹，每900公尺種1棵，頭尾都種，共可以種幾棵樹？

答：27公里 = 27000公尺，27000÷900 = 30，30 + 1 = 31，31×2 = 62，所以答案為62棵。

說明：想想看，上述問題與答案有什麼問題？其實上述的問題中與實際生活的情境有所差距。想想看，樹與樹之間相距900公尺，以臺灣這樣的地區來說，太遠太誇張了，相隔100公尺就很奇怪了。

範例4-19（修正試題）

　　在一條長1公里的道路兩旁種樹，每20公尺種1棵，頭尾都種，共可以種幾棵樹？

範例4-20（不佳試題）

　　阿輝跑步的速度是0.9公里／分，若換成時速，他跑步的速率是幾公里／時？

答：0.9公里／分＝(0.9×60)公里／時＝54公里／時，所以，答案是54公里／時。想想看，上述的問題中，若依照題意來解答是沒有錯誤的，但是哪裡有問題呢？其實若把時速0.9公里換算成秒速幾公尺看看就會發現，0.9公里／分＝(0.9×1000)÷60＝15公尺／秒，所以表示阿輝100公尺只要6.6秒，這樣的速度是破世界紀錄太多了，所以不符實際生活情境的狀況，命題時要多加以留意。

範例4-21（不佳試題）

　　東市到西市距離2970公尺，每隔270公尺設一個公車站牌，兩端都不設，共要設置幾個站牌？

答：2970÷270＝11，11－1＝10，所以答案為10個。想想看，哪裡有問題？生活中，公車站一定會在頭尾兩站都設立，不可能車站在頭尾沒有設站的，所以這樣的題目已脫離現實生活狀態了。

範例4-22（不佳試題）

　　小嚴畫了一個七角形，在七邊形內有五個角是直角，另外兩個角的角度相等。這個七邊形最大的角是幾度？

答：180×5＝900，90×5＝450，900－450＝450，450÷2＝225，所以答案為225度。想想看，哪裡有問題？

　　上述為成就測驗中，各種題型一般共同的命題原則，以下將針對是非題、選擇題、配合題、解釋性習題、填充題及申論題等，依序做說明。

參、是非題命題原則

是非題又被稱為對立反應試題（alternative-response items），它的試題特性是一種非對即錯的答題類型。是非題（true-false items）多半用來測量辨別事實的敘述是否正確的能力，它是一種測量較低層次認知能力的題型，比較適用於年齡層次較低的學生。

一、是非題的類型

是非題的題型類別非常地多，一般而言可以分為：(1)單純概念的是非題；(2)關鍵字畫線的是非題；(3)要求更正的是非題；(4)要求回答理由的是非題；(5)叢集式是非題；(6)合併式是非題；(7)鑲嵌式是非題；(8)系列是非題以及(9)選擇是非題等，以下將分別舉例說明之：

(一)單純概念的是非題

作答說明：下列的敘述若是對的就在括弧內打○，錯的就打×。

範例4-23

（　　）在沒有光線的地方就看不見影子。

(二)關鍵字畫線的是非題

作答說明：請判斷畫線的部分與整句的關係是對還是錯，若是對的就在括弧內打○，是錯的就打×。

範例4-24

（　　）本草綱目於明代刊行，是中醫師必讀的一本書。

(三)要求更正的是非題

請以○表示「對」，以×表示「錯」，若你答「×」，請把括弧內的字更正並寫在橫線上。

範例4-25

( ) ＿＿＿＿ 當你面向南方時，你的左手邊是（西）方。

( ) ＿＿＿＿ 在各種題型中，以（是非題）最容易受猜測的影響。

(四)要求回答理由的是非題

請以○表示「對」，以×表示「錯」，若你答「×」，請把理由寫在橫線上。

範例4-26

1.( ) 狗、豬、羊、兔、虎、熊都是家畜。

＿＿＿＿＿＿＿＿＿＿＿＿＿＿＿＿＿＿＿＿＿＿＿＿

2.( ) 長方形是線對稱圖形，也是點對稱圖形。

＿＿＿＿＿＿＿＿＿＿＿＿＿＿＿＿＿＿＿＿＿＿＿＿

(五)叢集式是非題

作答說明：下列動物若是屬於家禽的就打○，不是的打×。

範例4-27

1 ( ) 貓　　2 ( ) 馬　　3 ( ) 雞　　4 ( ) 牛
5 ( ) 鴨　　6 ( ) 鵝　　7 ( ) 狗　　8 ( ) 豬

(六)合併式是非題

下列試題各有兩個敘述句，你要先分別判斷這兩個敘述句是對還是錯，然後再判斷這兩個敘述句合起來是否構成正確的因果關係。請用○表示對，用×表示錯，每題應答三個答案。

範例4-28

		事實敘述	因果關係
1.	醫學實驗結果說明多吃蛋類、肥肉，易患動脈硬化。	（○）	
	（因為）蛋類、肥肉含有高量膽固醇。	（○）	（○）
2.	颱風起源於熱帶海面。	（　）	
	（因為）熱帶海面常有移動性高氣壓。	（　）	（　）

(七)鑲嵌式是非題

請判斷下面一段文字中，畫線部分是否正確，若正確則在括弧內打○，若不正確則打×。

範例4-29

Most tests in science measure your ability to apply[(1)] your knowledge at[(2)] the solution of problems. That's[(3)] why science tests usually have drawings, graph[(4)], charts, and so forth[(5)].

1. （　）　　2. （　）　　3. （　）　　4. （　）　　5. （　）

(八)系列是非題

下列是一個學生解代數題的步驟，請判斷每一個步驟是否相當於範例試題中解題的步驟。

如果該公式等於上一個公式，則在括弧內打○。

如果該公式不等於上一個公式，則在括弧內打×。

範例4-30

若$(4X-3)(3X+8) = (3X+4)(3X+6)$，求 X 的值。

（×）1. $12X^2 - 24 = 9X^2 + 24$

（○）2. $3X^2 = 48$

（○）3. $X^2 = 16$

（×）4. $X = 8$

(九)選擇是非題

選擇題的題型，但選項只有兩個選項，稱為選擇是非題。

範例4-31

（　　）1.清晨時你背向太陽，則影子在你的何處？

(1)前面

(2)後面

（　　）2.兩變項間有因果關係，則兩變項間的關係為何？

(1)高

(2)低

二、是非題的優點與限制

是非題的主要優點之一即是高效率，其他的優點包括命題方式簡單、可適用所有教材、計分容易、客觀、容易從課程資料中取得廣泛的樣本，閱讀能力的影響較不受限，適合用來測量只有兩種可能的概念學習，如果配合解釋性習題使用，也可以用來測量複雜的學習成果。

是非題最嚴重的限制，在於它大部分僅能測量知識領域的學習結果，高於知識領域層次，是非題是很難編擬的。作答和計分方式都容易受到猜測及作弊因素的影響，比起選擇題而言，是非題的難度值偏高、鑑別度值偏低，易造成信度係數值較低，錯誤的試題無法提供學生了解什麼就是正確的證據，錯誤的答案無法提供診斷性的訊息，容易制約學生養成自動「答對」或「答錯」的反應傾向。

三、是非題的命題原則

下列為是非題重要的命題原則（余民寧，2022；Miller, Linn, & Gronlund, 2012）：

(一)避免使用一些具有暗示答案線索的特殊字詞

是非題命題時，應該要避免使用一些具有暗示答案線索的字詞，例如：「通常」、「一般」、「經常」、「有時」，當出現這樣的字詞時，

是非題的答案應該是對的。另外若是絕對性的字詞，例如：「總是」、「從未」、「所有」、「一點也沒有」、「只有」，當出現這些絕對性的字詞，是非題的答案應該是錯的。

範例4-32（不佳試題）

　　（○）在進行賽跑時，我們通常會將成績較優異的選手排在中間賽道。

說明：上述問題中「通常」為是非題中具有暗示答案線索的字詞，因此建議要予以修改敘述。

範例4-33（修正試題）

　　（○）在進行賽跑時，我們會將成績較優異的選手排在中間賽道。

(二)避免不重要的敘述

　　是非題的敘述中，若題目的敘述並不是學習的重點時，會造成學生直接將注意力放在記憶的細節，而忽略了較重要的知識與理解。

範例4-34（不佳試題）

　　（○）十六世紀宗教改革運動發生後，發展出許多新的教會組織，其中對我國民末清初的中西文化交流有很大貢獻的是耶穌會。

說明：上述問題中「十六世紀宗教改革運動發生後，發展出許多新的教會組織」並非絕對重要的字詞，因此建議要予以刪除精簡題目。

範例4-35（修正試題）

　　（○）耶穌會於民末清初時，對促進中西文化交流有很大貢獻。

(三)避免使用否定敘述，尤其是雙重否定

　　學生答題時容易忽略否定敘述，例如：「沒有」或者「不是」，而雙重否定會使是非題的敘述更加含糊不清。當在是非題命題時，一定要使用

否定敘述時，應該在否定詞的下方標示底線或者加粗字體提醒學生，讓學生不會忽略它。

範例4-36（不佳試題）

（×）長×寬=120的式子中，長和寬的數字<u>不是</u>成<u>反比</u>。

說明：上述問題中「不是」與「反比」皆為否定用語，因此有雙重否定用語的情形，建議要予以修改敘述。

範例4-37（修正試題）

（×）長×寬=120的式子中，長和寬的數字是成正比。

(四)避免冗長而複雜的敘述，力求簡潔、明確

簡潔且明確地敘述的做法是去除沒有作用的敘述，並且重新敘述主要的概念，若不可行時，為了避免複雜的敘述，可選擇另一種題目形式（例如：選擇題或者問答題）來呈現。

(五)如果不是測量因果關係，應避免兩個以上的概念在同一題出現

是非題中若同一題有兩個以上的概念出現時，學生可能會以錯誤的訊息來回答題目，因為第一個命題可能是對或錯，而第二個命題也可能是對或者是錯，而這兩個命題間的關係亦可能有對錯之分，所以當學生回答時，無法確定他們所反應的是上述的哪一種情形，最好的解決之道，即是使用對的命題，然後要求判斷命題間關係的對錯，或者是每一個題目只包含一個概念。

(六)除非測量辨識能力，否則在使用意見性的敘述時，需說明來源

意見性的敘述往往沒有對錯，所以期待學生將意見性的陳述當作事實性的陳述來作答，是不恰當的。

(七)「對」與「錯」的敘述，長度應大致相等

由於對的敘述往往為了達到其正確性，必須準確地說明，自然地會使用較長的敘述，但是如此較長的敘述可能為正確答案提供線索，所以對與錯的敘述，長度應大致相等。

(八)「對」與「錯」的題數，數量應大致相等

是非題中調整對與錯的題數大致相等，可以防止反應心向不當地提高學生的分數。

(九)辨認敘述句的因果時，結果敘述是對，原因則可對可錯

在辨認敘述句的因果關係時，對於結果的敘述必須是對的，而對於原因的敘述，則可對可錯。

肆、選擇題命題原則

選擇題（multiple-choice item）是由一個問題以及一組答案選項所組成，學生必須從多項選項中挑選一項正確選項的試題類型，一般它是被視為最基本、使用最廣、影響最深遠以及好處最多的一種題型，因為它可以有效地測量單純的學習結果，也可以測量知識、理解甚至是應用領域中種種複雜的結果，因為它富有彈性，若再加上高品質的題目，使用選擇題是成就測驗中被廣泛而大量地使用。以下將針對選擇題的構造、優點與限制以及命題原則等，分別說明如下：

一、選擇題的構造

選擇題的構造一般來說，包括指導語（direction）、圖（graphic）、內文（text）、題幹（stem）、誘答項（distractors）以及正確答案（correct response）等，如圖4-1所示。廣泛來說，若將選擇題分為題幹以及答案選項等兩個部分時，除了誘答項以及正確答案之外，其餘部分皆被視為題幹。因為選擇題是由一個問題以及一組答案選項來加以組成，而這個問題被稱為題幹，它可能是一個問句，而這個問句可能是一個直接的問句或者是一個未完成的敘述句；選擇題另外一部分的答案選項，通常是字詞、數字、符號或者是片語。每個題目中，正確的選項就是答案，而其餘答案選項則被稱為誘答項。

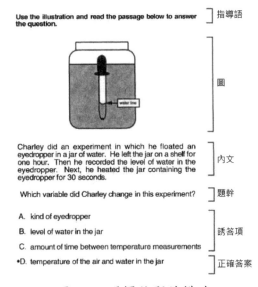

圖4-1 選擇試題的構造

資料來源：Osterfind (2006). *Modern Measurement: Theory, Principles, and Applications of Mental Appraisal* (p. 217). Upper Saddle River, NJ: Person Prentice Hall.

　　圖4-2是試題構造的說明圖，圖中主要包括以下幾項：(1)撰寫明確的方向來引導受試者作答；(2)文本的陳述必須精確且簡潔，正確的文法；(3)提供適當的圖形來說明文本，而且沒有提供額外的訊息；(4)題幹的敘述具有合乎邏輯的說明（題幹的敘述不只是重述而已）；(5)誘答項必須是合理的，並且具有一個清楚明確的正確答案。

Read the passage and use the illustration to answer the question.

In the nineteenth century, Louis Pasteur performed an experiment in which he bent the necks of flasks into "S" shapes, leaving their ends opened. Then he boiled broth in the flasks to force air out and kill any microbes inside. After the flasks cooled, he left some of them upright for observation. Before setting aside others to observe, he tilted them so that the broth moved up into the bent necks and then back into the flasks. After the flasks had been prepared, he watched them for signs of microbial growth.

撰寫明確的指導語

陳述文本精確且簡潔，並且文法正確

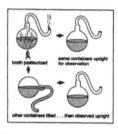

broth pasteurized　　　some containers upright for observation

other containers tilted . . . then observed upright

適當的圖形來說明文本，並且未提供額外的訊息

Which hypothesis was Pasteur testing in this experiment?

題幹的敘述合乎邏輯

A.　Flasks with bent necks would cause microbes to grow in the broth.

B.　Cooling broth in the flasks would cause microbes to grow in the broth.

C.　Heating broth in the flasks and then cooling it would cause microbes to grow in the broth.

D.　Contact of the broth with something in the necks of the flasks would cause microbes to grow in the broth.

誘答項須合理，並且具有一個清楚明確的答案

圖4-2　選擇題試題構造的說明

資料來源：Osterfind (2006). *Modern Measurement: Theory, Principles, and Applications of Mental Appraisal* (p. 216). Upper Saddle River, NJ: Person Prentice Hall.

　　題幹敘寫時，可以分為直接或者是不完全的敘述句等兩種方式，前者係由一直接問句所構成，如「臺灣地區雨量？」，後者係由一不完全敘述句所構成，題幹附加若干選項，方可構成一完全之敘述句，如：「臺灣地區平均年雨量為：」後面附四或五個選項，即成完整的測驗式試題。直接敘述的方式撰寫容易，對於較低年級的學生來說比較自然並且明確，另外不完全的敘述句則是比較精簡，但若是不注意會省略了重要的訊息，所以一般的程序是在開始撰寫選擇題的題幹時，將它寫成直接的問句，並且在能夠保留問題清晰明確的條件之下，且因需要更精簡時才將之轉成不完全的敘述句。

　　答案選項主要是提供數種可能是問題答案的選擇，答案選項在撰寫

時，教師可以利用學生容易產生的迷思概念寫成誘答選項，而誘答選項是否撰寫得有創意且具區辨力，是一個優良品質選擇題的重要指標。根據正確答案選項的種類，可以分為正確答案形式的選擇題，以及最佳答案形式的選擇題。正確答案是指答案選項只有唯一的標準答案，而最佳答案則是指答案選項是與其他選項相較之下比較適合的答案選項，最佳答案形式的選擇題比正確答案的選擇題困難，最佳答案需要更細緻的辨識力，因此最佳答案形式的選擇題可以利用於測量較複雜的學習結果。

二、選擇題的優點與限制

選擇題是在所有成就測驗中應用最廣的一種測驗題目，其中選擇題的優點包括以下幾點：(1)可以有效地測量各種不同的知識型態與複雜的學習結果，比起是非題，選擇題可以讓學生無法單憑知道一個不正確的選項就能得分，學生還必須要知道什麼是正確答案；(2)若是使用最佳答案形式的選擇題可以防止一種是非題常見的困難 —— 無法決定題目的敘述是對或者是錯的，這個優點可以讓選擇題測量問題答案並非絕對正確或者絕對錯誤；(3)選擇題比是非題有較高的試題信度；(4)選擇題與是非題相較下，選擇題可以避免反應心向；(5)試題建構出高品質測驗題目，較其他形式來得容易。綜而言之，選擇題可以廣泛測量到各層次的認知能力目標，亦即選擇題只要透過精心設計的誘答選項，是可以提供非常有價值的診斷訊息。

談到選擇題的限制具有以下幾點：(1)選擇題與其他紙筆測驗一樣，只能測量到語文的學習結果；(2)選擇題要求正確的答案，所以並不適合用來測量科學的問題解決技巧；(3)選擇題中，若要編製出具有良好誘答的答案選項並不容易。

三、選擇題的命題原則

選擇題能夠以簡單的回答方式來有效的測驗出受試者的學習結果，選擇題的彈性與適應性，使得選擇題被廣泛地使用在紙筆測驗中。以下將針對選擇題中主要的命題原則，分別說明如下：

(一)題幹本身應具有意義，而且應限於「一個明確的問題」

　　一個適當的選擇題，題幹所呈現的應具有意義，題幹之中不應該包括選項，而且題幹中應限於只有一個明確的問題。

(二)答案選項的敘述力求簡短，必要或相同的敘述宜放在題幹中

　　選擇題的選項敘述宜力求簡短，必要或相同的敘述字詞宜放在題幹中。若將每一個選項中重複的字詞放在題幹中，將使題意清楚，變得更容易閱讀。另外題幹的敘述宜保持完整，避免被選項分割成兩個部分；若題幹的敘述被選項分割成兩段，容易造成題意被干擾或誤解。

範例4-38（不佳試題）

　　他們之間的（(1)糾合　(2)糾正　(3)糾紛　(4)糾舉）不是我們能解決的。
說明：選項將題幹分成兩個部分，容易造成題意誤解，因此宜修正如範例
　　　　4-39。

範例4-39（修正試題）

　　他們之間的＿＿＿＿不是我們能解決的。請問句中空格處適當的語詞為下列何者？(1)糾合　(2)糾正　(3)糾紛　(4)糾舉。

(三)題幹中儘量使用肯定句，避免使用否定句

　　選擇題題幹的敘述，儘量使用肯定句，如果必須使用否定句敘述時，宜特別強調否定句的字眼或字詞。學生習慣選擇正確答案而不是錯誤答案，並且肯定較具教育意義，如果題幹中使用否定陳述，要明顯地畫底線或加上引號來加以強調。

(四)答案選項的文法必須與題幹一致

　　選擇題撰寫中，答案選項與題幹在文法結構、長度、複雜度以及內容形式上都要一致，答案選項間愈同質，學生就必須愈清楚，才能選擇出正確答案。

範例4-40（不佳試題）

（1）叔叔十分□□，已為自己累積了一筆可觀的財富。

(1) 勤儉

(2) 出勤

(3) 內勤

(4) 殷勤

說明：上述答案空格中的詞性應為「形容詞」，但選項中誘答項(2)與(3)的
詞性為「名詞」，與題幹的文法並無一致性，建議修正。

範例4-41（修正試題）

（1）叔叔十分□□，已為自己累積了一筆可觀的財富。

(1) 勤儉

(2) 清廉

(3) 慷慨

(4) 殷勤

(五)題目應該只包含一個正確或最佳答案

命題者在建構選擇題時，務必要注意題目應該只包含一個正確或最佳
的答案，正確答案或者最佳答案的來源，應該要取自於該領域權威人士的
一致同意，確保答案確實是最佳的一個。

(六)測量理解的題目情境必須新穎

選擇題中建構測量理解的題目時，情境必須新穎，但要避免過於新
奇，並且要避免錯誤選項中，有學生可能不知道的字或太專業化的名詞，
如果錯誤選項中，有學生可能不知道的字或太專業化的名詞，那麼它的誘
答力就會相對地減少。

範例4-42（不佳試題）

（2）小英想要查詢天氣狀況，可以撥打下列哪一個電話號碼？

(1) 116

(2) 117

(3) 119

(4) 168

說明：選項中的電話號碼並不是每個人都知道，而在現今社會中，許多人
　　　會直接利用網路查詢，而不是運用電話的方式，因此此題的情境不
　　　夠新穎，建議可以加入網路查詢的選項。

(七)答案選項中，錯誤選項應具似真性或合理性

　　答案選項中所有錯誤選項的敘述，應該具有與題幹相關的似真性，以
發揮應有的誘答功能。若錯誤選項缺乏似真性，錯得過於離譜則會喪失誘
答力。另外，應該避免正確選項明顯的比錯誤選項長或短，部分學生在無
法找到答案時，常有選擇較長或較短選項的偏好，如果可能的話，以邏輯
性或順序的方式來安排選項。

範例4-43（不佳試題）

　　（ 2 ）下列關於颱風與天氣的敘述，哪一項是錯誤的？

(1) 颱風經過的地方，通常會帶來狂風暴雨

(2) 中度颱風增強後，會形成輕度颱風

(3) 臺灣的雨量主要由梅雨及颱風帶來

(4) 颱風的命名與強度無關

說明：選錯誤選項過於離譜，缺乏誘答力，「中度」颱風「增強」之後，
　　　不可能變成「輕度」颱風，因此，正確答案缺乏合理性。

(八)避免使用一些具有暗示答案線索的特殊字詞

　　選擇題的答案選項，避免出現「總是」、「一定」、「絕對」、「從
來」、「所有」、「必然」等特殊語詞。

範例4-44（不佳試題）

　　（ 1 ）老師問：「小朋友，你們知道什麼樣的地方才能算是名勝或古蹟

呢？」請問哪一個人說錯了？

(1) 小靜：「只要是古老的建築都算是古蹟。」

(2) 里夫：「古蹟是必須經過政府審查認定的。」

(3) 文平：「擁有自然美景的地方會成為名勝。」

(4) 品川：「經人文開發的著名景點屬於名勝。」

說明：上述答案選項中，出現「只要」的特殊語詞，容易造成作答者猜測
　　　的可能，建議加以修正。

範例4-45（修正試題）

（1）老師問：「小朋友，你們知道什麼樣的地方才能算是名勝或古蹟
　　　　　呢？」請問哪一個人說錯了？

(1) 小靜：「古老的建築就算是古蹟。」

(2) 里夫：「古蹟是必須經過政府審查認定的。」

(3) 文平：「擁有自然美景的地方會成為名勝。」

(4) 品川：「經人文開發的著名景點屬於名勝。」

(九)避免答案選項的相對長度成為答案的線索

選擇題中答案選項的各選項的字數宜相近，若無法一致時，請依由短
而長排列，避免字數多寡造成答案的線索，亦即避免讓學生從選項的長短
來預測答案。

範例4-46（不佳試題）

（4）狹長的智利，南北氣候溫差大，南部不利農業發展的因素為何？

(1) 氣候乾熱

(2) 高溫高濕

(3) 夏乾冬雨

(4) 緯度較高，冰河地形顯著

說明：上述答案選項中，答案(4)的字數較其他選項明顯較多，容易造成作
　　　答者猜測的可能，建議加以修正。

範例4-47（修正試題）

（4）狹長的智利，南北氣候溫差大，南部不利農業發展的因素為何？

(1) 氣候較為乾熱

(2) 高溫而且高濕

(3) 夏季乾冬季雨

(4) 冰河地形顯著

(十)正確答案選項位置之排列，宜均衡分布

　　部分教師經常將正確答案選項置於中間，使得第一個及最後一個出現正確答案選項的機率相對降低，容易讓部分學生猜題得分，因此，正確答案選項的位置應排列均衡，並且以隨機的順序排列。

(十一)儘量避免使用「以上皆非」等特殊選項

　　若使用「以上皆是」或「以上皆非」的答案選項，容易造成學生只要具備部分知識即可猜題，當有上述選項時，例如：學生只是知道有一不正確選項，即不會選擇「以上皆是」，這時候其他誘答選項的誘答功能全部喪失。另外當正確答案是「以上皆非」時，只能知道學生能辨識不正確答案，但不能因此了解學生是否知道正確的答案，所以除非必要，儘量避免使用「以上皆是」或「以上皆非」的答案選項。

範例4-48（不佳試題）

（4）下列何者不是線對稱圖形？

(1) 菱形

(2) 半圓形

(3) 長方形

(4) 以上皆非

說明：上述答案選項中，出現「以上皆非」的選項，這讓孩子對線對稱圖形沒有清楚的概念，依舊是模糊不清的概念，建議加以修正。

範例4-49（修正試題）

　　（4）下列何者<u>不是</u>線對稱圖形？

(1) 菱形

(2) 半圓形

(3) 長方形

(4) 平行四邊形

範例4-50（不佳試題）

　　（4）下列何者屬於四維八德中的八德？

(1) 忠

(2) 孝

(3) 仁

(4) 以上皆是

說明：上述答案選項中，出現「以上皆是」的選項，讓本題的答案產生不唯一的情況，建議加以修正。

伍、配合題命題原則

　　配合題的構造與特性中，是由兩個並排的欄位所構成，其中一個欄位中的每一個字詞、數字或符號，可以和另一欄位中的某一字詞、數字或符號互相配對。其中搜尋配對的欄位稱為前提項，另外構成選擇的欄位則稱為反應項。學生作答時即根據指示，辨識有關聯的題目加以配對。配合題最適合運用在學習結果強調辨識兩件事物之關係的能力，若是在可以取得足夠數量同質性的前提項與反應項時，配合題是測量這種簡單知識結果的一種有效的方法。

範例4-51

請連接下列各宗教與其起源地：

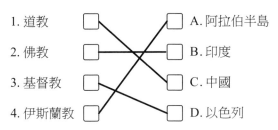

1. 道教　　　　　　　　　A. 阿拉伯半島

2. 佛教　　　　　　　　　B. 印度

3. 基督教　　　　　　　　C. 中國

4. 伊斯蘭教　　　　　　　D. 以色列

　　上述範例中，前提項是各個宗教，而反應項是起源地，例如：道教起源地的正確答案應該是中國。配合題的類型中，除了可以運用文字當作反應項以及前提項之外，也可以使用繪圖，利用圖形與文字產生相關，或者是地圖、圖表或圖示上的辨識位置，無論呈現的形式如何，基本上，學生的配合題任務即是將前提項與反應項中有某種邏輯基礎的相關項連結起來。

一、配合題的優點與限制

　　配合題最主要的優點在於：(1)形式簡潔清晰，可在短時間之內測量大量具有相關的事實項目；(2)題目建構容易；(3)閱讀與作答反應時間短；(4)計分容易、客觀且可靠。另外，配合題的限制在於：(1)若過度使用配合題，會過分強調簡單相關的記憶；(2)與其他類型試題相較，配合題容易提供更多無關的線索；(3)配合題只能測驗記憶的事實訊息；(4)不容易獲得足夠重要且同質的內容。

二、配合題的命題原則

　　配合題雖然大部分只能測量到記憶性的學習結果，但是使用配合題時，仍然應該要注意移除配合題中的無關線索，讓學生在作答時，能夠快速而沒有混淆的情形發生，以下將針對配合題的命題原則，說明如下：

(一)儘量使用同質性資料

　　配合題中無論是前提項或者是反應項，都必須要注意到配合題命題原

則中最重要的編寫原則，資料必須符合同質性的原則。

(二)前提項和反應項的數量不宜相等或對稱

配合題中的前提項和反應項的數量，在編寫時不宜相等或對稱，並且不用限制每個反應項被選的次數，而如此將使所有的反應項都有可能成為每個前提項的選項，也能夠降低猜測的可能性。在大多數的配合題中，不完全的配合可能是反應項數量比前提項數量更多或者更少的情形，但無論是哪一種情形，命題者都應該在指導語上說明，提示學生每個反應項的使用次數。

(三)前提項和反應項的敘述應保持簡短

前提項和反應項的敘述應保持簡短，前提項應在左邊，反應項在前提項的右邊，每個配合題大約有四到七個選項為宜，最多應不要超過十個以上。把敘述較短的反應項放在右邊，有助於更有效能的進行測驗，此時會使學生先閱讀較長的前提項，然後快速掃描反應項。

(四)以邏輯次序安排反應的順序

配合題中的反應項應該要採有系統（邏輯、時間、數字或字母順序）的方式來加以排列，以邏輯次序安排反應的順序時，學生在搜尋正確答案時，能輕鬆地掃描出正確答案，也可以防止學生從反應項的排列中察覺可能的線索。

(五)作答方式宜在測驗指導語中清楚說明

將配合題如何作答的方式清楚說明時，可以避免模糊與混淆，另外還可以節省測驗的時間，因為學生可以不需要將全部的前提項與反應項都看完才推理出配對作答的方式。

(六)同一個配合題，所有的題項要放在同一頁

同一個配合題，將所有的前提項與反應項放在同一頁時，可以加快學生作答的速度，不用花費翻頁的時間。

陸、解釋性習題命題原則

解釋性習題（interpretive exercise）亦稱為分類題（classification

exercise）、關鍵類型題（key-type item）或精熟列表題（master-list item），解釋性習題是由一系列客觀式題目所組成的題組題，此時相同系列的題目內容需要一份引言資料，此引言資料的形式可能是文字、表格、圖表、地圖等。系列相關的試題則可以採用各種試題，例如：選擇題、是非題、填充題或簡答題。因為呈現給學生的引言資料是多變化的，所以，解釋性習題可以測量到各式各樣複雜的學習結果。解釋性習題試題特性可以包含以下：(1)可以測量到較高層次認知能力的測驗試題；(2)測驗方式是指給予學生一份引言資料，然後要求學生根據該共同資料所提供或隱含的訊息，在一連串事先編擬好的問題上作答；(3)可以測量到各類題型所能測量到的認知能力目標；(4)解釋性習題的主要關鍵，在於教師所提供的引言資料，而這引言資料可能是一篇短文、圖表、表格、地圖等。

範例4-52
以下為解釋性習題的範例：

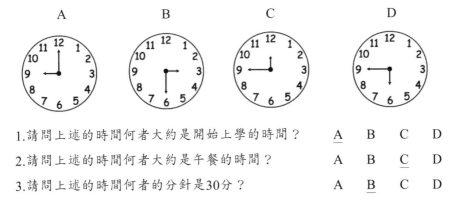

1.請問上述的時間何者大約是開始上學的時間？　　A　B　C　D
2.請問上述的時間何者大約是午餐的時間？　　　　A　B　C　D
3.請問上述的時間何者的分針是30分？　　　　　　A　B　C　D

一、解釋性習題的類型

　　解釋性習題與其他的客觀題型相同，具有許多的形式與用途，主要的類型是以導論性文章與不同的反應方式，構成解釋性習題的極大彈性，主要的類型可包括：(1)認知推論的題型；(2)認知判斷的題型；(3)認知假設的題型；(4)重要認知訊息的題型；(5)應用原則的題型；(6)圖示提示的題

型等類型（Linn & Miller, 2005），分別說明如下：

(一)認知推論的題型

此題型經常需要從已知的事實中來加以推論，以下即為解釋性習題中認知推論的題型。

範例4-53

說明：

假設以下資訊是真的，可以使用本短文中的事實作為推理的基礎以建立其他論據，此即稱為作出推論。不過，當然要從任何陳述中作出適當的推論，其論據類型的數量是有限的。

請在所提供的空格中寫出適當的符號。如果一項陳述是根據短文內已知的資訊作出適當的推論，那麼請指出此一陳述是真。如果文中提供的資訊意味著它是假的，則請指出此項陳述為不正確。如果這項陳述不能以某些方法來據以推論，則請指出此一陳述是無法推斷的，請僅以短文中所提供的資訊來作為反應的依據。

請使用以下的符號來寫出答案：

T→ 如果該項陳述可被推斷為真。

F→ 如果該項陳述可被推斷為假。

N→ 如果無法從短文中作出有關此項陳述的推論。

短文A：

在十三世紀末，歐洲成立了幾所知名的大學，當然它們與現代大學非常不同，在這些大學中，最早創辦也是最廣為人知的即是波隆那大學（University of Bologna）。那裡的學生來自各個國家，希望能在羅馬律法的學習上得到最佳的訓練。而有志於哲學與神學的學生，則會前往巴黎大學（University of Paris）。想要研習醫學的學生，則會前往蒙貝利葉（Montpellier）或薩萊諾（Salerno）大學。

短文A的問題：

(T)01.在那個時期，人與人之間有時會有法律訴訟。

(N)02.教授的薪資待遇不佳。

(F)03.中世紀的人沒有興趣接受教育。

(T)04.那個時期的歐洲就有書籍。

(N)05.這些中世紀大學的教學大多是十分貧乏的。

(N)06.當時沒有地方可供學生學習。

(F)07.那個時期的歐洲沒有醫生。

(F)08.中世紀期間沒有方法可以旅行。

(T)09.如果某個學生想要成為神職人員，他可能會去讀巴黎大學。

(N)10.十三世紀以前，歐洲沒有大學。

(N)11.那個時期歐洲只有一種語言。

資料來源：U.S. Department of Education (1971). Selected Items for the Testing of Study Skills. *Bulletin, 15*, p. 66.

(二)認知判斷的題型

此類型的解釋性習題主要是評量學生決定哪些結論是資料所支時的、哪些結論是資料所駁斥的，以及哪些結論是資料既不支持也不駁斥的能力。資料型式可能是表格、圖形，而測驗題目可能為是非題或者是選擇題，以下即為認知判斷題型的範例。

範例4-54

1995年大型工業化國家25至34歲之間不同性別完成中等與高等教育的人口百分比。

國家	男性		女性	
	中等教育	高等教育	中等教育	高等教育
加拿大	82.4	19.2	85.4	19.7
法國	87.3	13.7	83.8	14.3
德國	91.0	13.7	86.7	11.3
義大利	46.9	7.8	51.2	8.6
日本	89.3	34.2	91.8	11.5
英國	87.5	16.3	84.7	13.1

| 美國 | 86.1 | 25.1 | 88.2 | 24.9 |

資料來源：U.S. Department of Education (1971). Selected Items for the Testing of Study Skills. *Bulletin, 15*, p. 66.

說明：

以下敘述參考了上面表格中的資料，請閱讀每一項敘述，並且根據以下關鍵題解來標示你的答案。

圈選：

S 表格中的資料支持該項陳述

R 表格中的資料駁斥該項陳述

N 資料既不支持也不駁斥該項陳述

S	R	N	1.	美國跟任何其他列舉出來的國家相比，25至34歲之間的男女完成高等教育的百分比差異最小。
S	R	N	2.	大學入學政策給予男性申請者的優惠待遇多於女性。
S	R	N	3.	在德國，進入大學比在日本更加困難。
S	R	N	4.	將男性與女性合併的話，美國25至34歲的年輕成人完成中等教育的人口比例最高。

(三)認知假設的題型

認知假設的題型是確認構成一個結論或行動所需要，但卻未明確說明的假設。

範例4-55

研究顯示字彙與犯罪之間具有相關，當人們的字彙發展不佳者，犯罪率會較高；而字彙發展良好者，犯罪率則較低。過去的研究亦顯示，學習拉丁文的年數和個人的字彙多寡與準確性有相關。結論：透過學校重新推動拉丁文學習，可以降低犯罪率。要得到如此的結論，下列哪一項假設是必要的？

A.這些關係是使用相關法來確定的。

B.這些相關結果在統計上是顯著的。

C.如此的相關意指因果關係。

D.拉丁文學者的犯罪率低。

(四)重要認知訊息的題型

重要認知訊息的題型是一種對所有科目領域都很重要的一種學習結果，並且可以測量所有程度。

範例4-56

比爾在上學途中遺失了靴子。他想要在公布欄上貼一張告示，讓其他兒童幫助他尋找失物。下列哪些敘述有助於兒童們尋找靴子？

說明：

如果該項敘述有所幫助，請圈選YES；如果該項敘述沒有幫助，請圈選NO。

YES	NO	1.	靴子是黑色的。
YES	NO	2.	它非常保暖。
YES	NO	3.	它是穿在右腳上的。
YES	NO	4.	它是一件聖誕節禮物。
YES	NO	5.	它很好看。
YES	NO	6.	它有一條拉鍊。
YES	NO	7.	它有一層灰色的內襯。

(五)應用原則的題型

應用原則的題型可以用許多不同方式來表現。下列範例是要求填答者可以辨別出解釋某個情境的原則，並要求學生指認出某個原則的範例。

範例4-57

瑪莉安希望她的玫瑰叢快速成長，她施下的化學肥料是建議量的兩倍之多，並且每天晚上給玫瑰叢澆水，大約一個月之後，她注意到玫瑰叢漸漸枯死。

說明：

解釋玫瑰叢為何枯死，下列哪些原則是必要的？如果此原則是必要的，請圈選YES；如果此原則是不必要的，請圈選NO。

YES	NO	1.	某一化合物在吸收了水分之後，會變成其他的化合物。
YES	NO	2.	半滲透的薄膜可容許液體通過。
YES	NO	3.	水在冷卻後會凝結。
YES	NO	4.	當不同濃度的兩種溶液以一個滲透板相隔，它們的濃度會趨於均等。

(六)圖示提示的題型

解釋性習題中，圖示題材具有兩種用途，第一：圖示題材有助於測量多樣化的學習結果，如同先前已經討論過的，只要單純地以圖示的呈現來取代文書或表格資料。這種方式特別適用於年幼的學生，以及當圖示形式可以更清楚地表達想法時。第二：圖示題材也可測量學生解釋圖形、漫畫、地圖及其他圖示題材的能力，在許多學科中，這些本身即是重要的學習結果。

範例4-58

下圖是1990年到1991年各國13歲學生平均一年上學的天數。

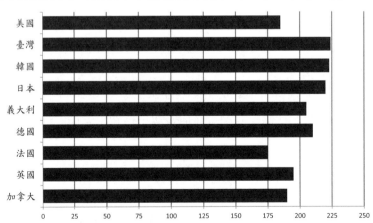

資料來源：NCES (1993). *The Condition of Education*. Washington, DC: National Center for Education Statistics.

說明：

以下的陳述判斷將參考上圖中所提供的資料，並請使用以下的符號來選出答案。

圈選：

T – 如果上圖的資料被推論為真時。

F – 如果上圖的資料被推論為假時。

N – 如果上圖的資料無法作出有關陳述的推論時。

T	F	N	1.	美國每年學生的上學天數少於所顯示的任何其他國家／地區。
T	F	N	2.	三個亞洲國家的平均上學天數高於其餘六個國家。
T	F	N	3.	美國學生在學校的學習時間少於日本學生。

二、解釋性習題的優點和限制

解釋性習題的優點在於：(1)引言資料（例如：導論性文章），可以使解釋性習題測量文字、圖表、地圖、圖片，以及其他在日常生活情境中經常接觸媒體的解釋力；(2)相較任何單一客觀式題目，解釋性習題更能測量到複雜的學習結果；(3)藉由一系列依據一組共同資料設計的相關題目，可測量更深入、更廣泛的智能表現；(4)在複雜學習結果的測量上，解釋性習題可以使用無關的事實資訊將影響減至最小；(5)可以診斷複雜學習結果的過程知識；(6)使用引言資料，可以提供作答及評分的共同標準；(7)可以變化各種不同題型；(8)如同其他選擇反應試題一樣，計分容易、公平且可靠（余民寧，2022；Miller, Linn, & Gronlund, 2012）。

解釋性習題的限制在於：(1)適當的引言資料不易尋找，因此建構解釋性習題較困難；(2)題目建構過程耗時，並且需要比建構單一客觀式試題更高的技巧；(3)要求學生的閱讀能力；(4)解釋性習題對於學生問題解決能力所提供的診斷觀點，與申論題的整體觀點是不同的；(5)解釋性習題通常使用選擇題，所以比較侷限於認知方面的學習結果。

三、解釋性習題的命題原則

建構解釋性習題主要有兩個任務，首先需要選擇適當的引言資料，其次是建構一系列依引言資料發展而成的測驗題目，以下將就解釋性習題的命題原則，分別說明如下（余民寧，2022；Miller, Linn, & Gronlund, 2012）：

(一)選擇適切的引言資料

解釋性習題需要範圍廣大的引言資料來達成符合特定教學結果的目標，因此若引言資料過於簡單，此時的解釋性習題可能就會變成一種簡單閱讀技巧的測量而已，但若引言資料過於複雜或無關於教學目標，則可能會變成一般推理能力的測量，所以引言資料應該符合課程目標，並且其所具備的複雜程度應該足以引起課程目標所具備之心智反應。

(二)選擇適合學生課程經驗與閱讀程度的引言資料

解釋性習題所具備的引言資料的形式應該是學生所熟悉的，如此才不會妨礙學生展現其複雜的學習結果表現。

(三)選擇對學生有新穎性的引言資料

引言資料若與教學中使用的材料相同，則無法確保解釋性習題可以測量到記憶以外的學習結果，但太過於新穎也要避免，最合乎要求的引言資料應該是類似於教學中所使用的材料，但在外表特徵或者結構形式上作少許的變化。

(四)選擇簡短而有意義的引言資料

當解釋性習題在測量複雜的學習結果時，為了將閱讀技巧的影響降至最低，是盡可能將引言資料保持簡短，並且仍保有其原有的意義性。

(五)修訂引言資料，使其清楚、簡潔，並具有更大的解釋價值

多數挑選的引言資料，仍然需要修改才會符合測量的目標，因此引言資料的修訂需要符合相關一系列測驗試題的建構，並且相互依賴。

(六)建構需要分析與解釋引言資料的測驗題目

建構解釋性習題時，下列兩種情形會造成測量無效：(1)問題的答案可直接從引言資料中獲得；(2)問題的答案無需引言資料亦可以回答。因此要將解釋性習題發揮既有的效果時，題目的建構需選擇要求學生閱讀引言資

料後，才能回答的題目。

(七)使用題目的數量與引言資料的長度大致成正比

　　建構解釋性習題的題目時，在其他各方面都相同的情況下，引言資料的長短與題目的數量應該大致成正比。

(八)建構解釋性習題的題目時，應遵守建構客觀式題目的一切原則

　　解釋性習題的一系列題目可以搭配選擇反應或者是建構反應的試題，因此建構解釋性習題的題目時，應該要遵守建構題目的一切原則。

(九)建構關鍵類型題的題目時，要使關鍵題的類型同質與互斥

　　關鍵類型的解釋性習題的題目，它是一種改良性的選擇題形式，其中包括了共同的選項，而此共同的選項應該是要與配合題編製原則相同，保持同質的特性。另外，每一個選項都應該有類似的判斷類別，即保持互斥的特性，這樣才會有明確的分類。

(十)建構關鍵類型題的題目時，應儘量發展可應用的標準關鍵類型試題

　　關鍵類型題的解釋性習題的普及，可以提高教師使用解釋性習題的意願，因此，若可以在不同內容中重複利用關鍵類型題的試題，可以簡化關鍵類型題的建構，提高解釋性習題的使用率。

柒、填充題命題原則

　　填充題是國中小學教師命題常常採用的題型之一，分為直接問句以及語句完成的填充題。填充題通常是使用不完全敘述句來加以命題，填充題的基本命題格式是從一個完整的敘述句中刻意省略重要的字詞、片語或關鍵性概念，再由學生根據其回憶填寫進去，完成原來的完整敘述句，以下為填充題的範例。

範例4-59

請各位同學選擇下列方框中的語詞填入空格中：

> 五花八門　易如反掌　心滿意足
> 五十步笑百步　伸手不見五指

1.這張試卷對我來說實在是太容易了，要拿滿分簡直是（　　　　）。
2.這件事雖然棘手，但能夠聽到你如此感謝，我就已經（　　　　）。
3.沙塵暴來襲常會造成視線不佳的情況，嚴重時可能會（　　　　）。

一、填充題的優點與限制

　　填充題的優點在於以下幾點：(1)適合低年級層的學生；(2)容易計分；(3)可以測量廣泛的知識成果；(4)比起是非及選擇題，較不會發生猜題行為。

　　填充題的限制在於：(1)計分不易客觀，因此必須事先規劃如何計分；(2)容易流於瑣碎事實性記憶；(3)很難只產生一個正確答案；(4)字跡美醜、錯別字等因素會影響計分的客觀與公正性；(5)不適合測量高層次的學習結果。

二、填充題的命題原則

　　下述為填充題主要的命題原則，說明如下：

(一)答案簡短明確且具體

　　填充題的每個空格答案只有一個，並且這個答案愈簡短、明確且具體愈好。

(二)待填的空格不宜太多

　　填充題中待填的空格不宜太多，並且應避免過於空泛，而使題意無法表達清楚，完整性被破壞，流於記憶的能力。

(三)待填空格儘量在句尾

　　各題待填的空格，宜盡可能放置在末端，使問句較為完整，而且容易計分。

(四)不可照抄課文來命題

若題目逐句抄自課文，未加以改寫，容易造成學生死背強記課文的不良習慣，因此若將題目以不同文句相同句意的問題形式呈現，可以增加學生思考與轉化的空間。

(五)儘量用直接問句命題

填充題的命題，用直接問句會比不完全敘述句爲佳，尤其是對於低年級的學生而言，同時也可以避免教師命題時抄錄課文的原文原句。

(六)避免提供答題的線索

填充題命題時，有些可能會提供學生答題的線索應該要儘量避免，例如：待填空格的長短必須要一致，若依填入空格的字數多少來決定長度，容易提供學生答題的線索，最好是每個待填空格預留最大的空間，讓學生有充足的作答空間。

(七)答案與數字有關時，應提供單位

答案若與數字有關時，應該要提供單位以免學生造成困惑。另外若是使用數字的答案，則應該清楚標明所要作答的精確度。答案若爲小數，需要計算至小數第幾位。

(八)空格必須是重要概念

填充題所要填寫的字詞必須是重要的概念，而非毫無關聯的零碎知識。

捌、申論題命題原則

申論題的特色來自於學生面對試題的反應自由度，因爲學生作答時，可以不受拘束地建構、關聯以及提出自己的構想，所以一般會將申論題定位於複雜成就測量的用途。但也因爲這種自由度，導致申論題的評分上產生困難。測量事實知識可以藉由客觀性的試題來更有效地測量，申論題應使用於客觀性試題無法測量的學習結果上。

一、申論題的類型

　　選擇題優於申論題主要在於可測量更廣泛的學習內容，而申論題優點在於較易於編製，並且可評量理解、應用、分析與綜合高層次認知的學習結果，亦即申論題型可以測驗較高層的認知能力。余民寧（2022）、李茂興譯（2002）將申論題分為選擇性回憶題、評估性回憶題、單一基礎比較題、廣泛性比較題、決策題、因果題、解釋題、摘要題、分析題、關係陳述題、舉例題、分類題、應用題、討論題、目的陳述題、批判題、簡述題、事實重組題、提出新問題、新方法設計題、推論思考題等21種申論題的題型。申論題的反應自由度並不是一種全有或全無的情況，它是程度上的問題，申論題可以將其反應的限制像客觀性簡答題一般，只能用一或兩個句子來回答問題；也可以將申論題建構成幾乎完全自由地反應，其論述可以達數頁之多。

　　綜合上述的論述，若申論題依作答的自由反應程度可以分為：(1)限制反應申論題（restricted-response questions）以及(2)擴展反應申論題（extended-response questions）。

(一)限制反應申論題

　　限制反應申論題又稱為簡答題，限制反應申論題通常會對於內容與反應加以限制，內容上的限制一般是限定討論的主題範圍，而在反應形式的限制則是會在問題中提出。因此，若是測量某特定領域中，需要解釋與應用資料的學習結果中最具效益。

(二)擴展反應申論題

　　擴展反應申論題又稱為問答題，擴展反應申論的反應自由度則不加以限制，亦即學生可以自由地選擇自認為重要的任何事實資訊，並且依照自己的最佳判斷來整合組織答案。擴展反應申論題可以使學生能夠展現分析、組織、論證、創作以及表達的高層次認知能力。

二、申論題的優點和限制

　　申論題的主要優點在於：(1)可以測量高層次的學習結果；(2)強調思

考與問題解決技巧的整合與應用；(3)申論題建構容易；(4)鼓勵有效學習的活動。

至於申論題的限制在於：(1)評分主觀且不一致；(2)評分花費大量時間；(3)內容取樣有限，無法涵蓋教材內容的全部；(4)評分容易受到作答技巧的影響；(5)筆跡、錯別字、文法結構的表達，會影響評分的公正性。

三、申論題的命題原則

申論題的命題原則中，主要需把握幾個原則，如下所述：

(一)適用高層次學習結果的評量

申論題應用於高層次學習結果的評量，當評量學生有關組織、整合、創造以及表達想法之複雜學習結果時，申論題的評量功能才能充分發揮。

(二)應測量定義明確之教學結果

申論題應該測量定義明確的教學結果，因此無論是使用限制反應申論題或者是擴展反應申論題，建構申論題的問題應該要儘量與所測量的學習結果有所關聯。

(三)用詞明確指示學生問題內容

申論題的問題內容如果有模糊不清的用詞，將導致問題之目的沒有確實傳達給學生，學生對於問題的解釋不同，將導致反應不一，結果將無法測量學生在教學目標上的符合情形，因此，申論題應明確地敘述問題，務必使學生都清楚了解問題的要求內涵。

(四)申論題命題時提示作答時限

建構申論題時，應估計回答一個滿意的反應所需的時間，並且提供較寬鬆的時間限制而給予學生充分的作答時間，並且提示每一個問題所配置的作答時限。

(五)避免任意選擇要回答的問題

申論題的回答時，應不允許學生可以選擇其中幾題來作答，如果學生選擇了不同的題目來回答，等於接受了不同的測驗，如此即沒有評量的共同基礎，即無法提供測量的對照基礎。

四、申論題的評分原則

申論題的評分往往會被視為較主觀，常被認為依閱卷者的特質而有不同的評分結果，其實若是申論題評分之前召開閱卷會議，或者命題者陳述該申論題的命題要旨、所欲評量的能力等命題方向供閱卷者參考，甚而參與閱卷訓練來建立共識，則會讓申論題的評分之客觀性大為提高。以下將說明申論題的評分之一般原則：

(一)事先妥善擬定評分要點

申論題評分之前應先擬定一份評分要點，作為評閱時的評分標準，其中應包括主要重點、需要評量的答案特徵、需要分配給每個答案特徵的分數。提供一個評分要點，不僅可以作為評量學生答案時提供共同的基礎，並且在評分過程中對於每個申論題的評分標準具有保持穩定的功能。

(二)使用最適當的評分規準

申論題包括分析型及整體型的評分規準。分析型的評分規準對於提供學生學習結果的具體回饋特別有效果，而整體型的評分規準則是當評量注重整體內容的理解時，則是有其效果。無論是分析型或者是整體型的評分規準，申論題的評分應根據評量目的選擇最適當的評分規準。

(三)根據預期學習結果評量

申論題的評分應該要依據所預期的學習結果來評分，避免受無關因素影響評分的客觀性，評分過程中，也許會有一些因素並非是直接的評量目的，但卻會影響評分結果，例如：字跡美醜、錯字、文法結構、標點符號以及整潔等因素。評分時應儘量不要讓此類因素影響到評量目的所反映的學習結果。

(四)一次僅可評閱一個問題

評閱申論題時，應該評閱完所有學生第一個問題的反應後，再依照此方式進行下一個問題的評閱，評閱者宜在同一段時間內評完所有試卷，避免中途停頓或被打斷，造成評分標準的不一致。

(五)評閱時不可查看學生名字

評閱申論題的答案時，盡可能不要查看學生的名字，避免因為對於學

生的一般印象，產生評分時的偏見來源，例如：月暈效應，評分時若沒有匿名，往往會從學生其他的表現來類推目前的表現，而這會造成評分時的偏誤，或者對於學生的初步印象（包括優點或缺點）擴散解釋而造成評分偏誤。若情況許可，應該隱藏學生的身分，直到評閱完所有的答案，排除任何類似的評分偏見。

(六)盡可能兩位以上評分者

評閱申論題，如果可能的話，由兩位以上評分者獨立評閱每一個問題，藉以提高評分結果的客觀性。

由以上針對申論題的說明可以得知，申論題容易編製，但是評分上是比選擇反應的題型需要更多的計分規準以及策略，才能客觀地評閱受試者的表現。申論題在命題中有各種類型，測驗編製者應針對不同的評量目的來加以選擇不同的申論題型。在申論題的答題中若要獲得閱卷者較高的評分表現，答題技巧是不可忽視的，例如：作答前謹慎審題，掌握答題的重點及範圍，並且注意關鍵字的釋義，以及答題時能緊扣主題，作出準確而清晰的論述，作答時必須清晰表達論點，突顯立場，切忌搖擺不定，模稜兩可；作答時必須有所論據，並援引史實佐證，切忌憑空臆測，所舉的論據和史實必須充分明確，以增強論述的說服力；作答時必須有主從分別，按論點、事件的重要性順序排列，或層層遞進，務求做到分析細密、條理清晰、層次分明，如此掌握申論題的答題技巧必能獲得更好的表現。

綜上所述，命題原則在試題編寫中扮演著相當重要的角色，若在試題編製中，都能依循命題原則來加以撰寫試題，日後在試題與測驗分析中更能了解分析結果的真正原因。

自我評量

01.請列舉開放性試題的優點。

02.請說明選擇題構造中，包括的項目為何？

03.請說明配合題主要的優點。

04.解釋性習題的試題特性為何？

05.填充題命題上的限制為何？

06.請提出申論題的評分原則為何？

第五章　試題分析

　　試題分析的功能在於了解題目的品質，刪掉或修改品質不佳的題目，進而改善題目的品質。試題分析在整個測驗編製過程中，扮演著一個相當重要的角色，它不僅能夠提供客觀的試題特徵指標，供測驗使用者參考，以作為評鑑測驗優劣、驗證測驗效度和增進命題技巧外，還可以協助教師作為改進教學和診斷學生學習困難所在，以作為補救教學之依據。

　　試題分析的重要性主要是試題分析可以針對試題內容進行品質分析，而品質分析可由試題的內容審查、有效命題原則以及教學目標等評鑑工作來進行，並且針對試題的統計特徵進行量化分析。量化分析中主要是分析每個試題所具備的難度以及鑑別度等統計參數。試題分析的主要功能可以讓任課教師作為改進學生學習的參考、實施補救教學的依據、修改課程建議的憑據以及增進教師編製測驗的經驗，還有增進測驗題庫運用的效能。針對測驗本身可縮短測驗長度，節省測驗時間，提高測驗本身的信度與效度。以下將針對常模參照測驗以及效標參照測驗等兩種測驗類別，來說明試題分析的主要內涵。

壹、常模參照測驗的試題分析

　　常模參照測驗試題分析的程序，主要包括三個部分：首先是轉換原始作答資料矩陣為二元化計分資料矩陣，其次是依序排列學生得分的高低，最後則計算並依序排列試題答對人數的多寡，詳細說明如下。

　　試題分析中主要的步驟如下：(1)首先根據學生原始得分排列，並且；(2)區分高、中、低分組，若人數較多時可採用25%為分組的標準，否則採用33%為分組的依據，而一般會以27%為分組的依據（Kelly, 1939）；(3)計算各分組的通過率，其中高分組的通過率 $P_{iH} = \dfrac{R_{iH}}{N_{iH}}$，低分組則為 $P_{iL} = \dfrac{R_{iL}}{N_{iL}}$；其中$R_{iH}$代表高分組中通過試題的人數，$R_{iL}$代表低分組中通過試題的人數，$N_{iH}$代表高分組的總人數，$N_{iL}$代表低分組的總人數；(4)接下來計算試題的難度指標，$P = \dfrac{P_H + P_L}{2}$以及鑑別度指標D ＝ $P_H - P_L$，鑑別度指標愈大，代表區辨力愈好；最後(5)若是選擇題型的話，則可以計算選擇題型中錯

誤選項的選答人數，亦即誘答力分析。上述所談到分組的標準上，Kelly（1939）提出當測驗分數是常態分配時，以27%分組試題的鑑別力最可靠。當百分比低於27%時，可靠性較低，而百分比太大時，會影響題目的鑑別作用。一般而言，合理的分組百分比可在25%到33%之間。

接下來將針對常模參照測驗中的難度以及鑑別度的計算，加以詳細地說明。

一、難度指標的分析

難度指標的分析（item difficulty index）中，以答對百分比法、范氏試題分析表法等兩種方法，說明如下：

(一)答對百分比法

答對百分比法（number correct ratio）是描述試題難易的指數，表示全體受試者答對或通過該題的百分比，因為是以通過該題的百分比，因此亦可以稱之為試題易度。假如期末考試試題分析結果，測驗的題目平均難度值是0.90，則該測驗特徵表示大部分同學得分都很高的結果。又例如：某次期中考試試題分析結果發現，測驗的平均難度為0.37，假設該測驗的滿分為100，及格分數為60，則此測驗的結果表示很多同學不及格。

利用答對百分比來計算試題難度的方法主要有二：分別是分組的計算以及全體受試的資料來加以計算等。

$$P_i = \frac{R_i}{N} \times 100\%$$

例如：全班人數58人，成就測驗第7題通過55人，則該題的難度值＝$\frac{55}{58} \times 100\% = 0.95$

$$P_i = \frac{P_{iH} + P_{iL}}{2}$$

例如：全班人數40人，成就測驗中的第5題高分組10人中有8人答對，低分組10人中有2人答對，則該題的難度值＝$\frac{\frac{8}{10} + \frac{2}{10}}{2} = \frac{1.00}{2} = 0.50$

上述兩項式子所算出來的數字會有些許的差異,但基本上這兩項計算公式所計算出的結果,大致會呈現正相關的關係。

利用答對百分比法來計算試題的難度,其優點是簡單易行,答對百分比表示難度,其數值愈大,題目愈簡單。另外若使用次序量尺時,可以指出題目的等級順序或相對難度。缺點則是無法顯示試題區別功能,到底是高分組答對較多或低分組的問題並未獲得解答,亦即無法指出各難度間差異大小,並且單位並不相等,即 $P_1 - P_2 \neq P_2 - P_3$。

例如:甲、乙第一次分別考了40分、60分,第二次分別考了60分、80分,兩次考試因為困難程度不一樣,所以不能有效地區辨出學生的能力。

因為古典測驗理論中的難度值是表示試題的容易程度,所以若忠孝國小五年三班要選取班級中數學成績較差的15%同學參加學習扶助,實施標準化測驗篩選,此成就測驗的試題難度值則應設定為0.85較為適當,而不是0.15。

(二)范氏試題分析表法

范氏試題分析表法(Fan's item analysis table)是美國教育測驗服務社(Educational Testing Service, ETS)所發展出的試題分析方法,可以改善答對百分比法只是次序量尺(ordinal scale)的特性。范氏試題分析表法具有相等單位的等距量尺(interval scale),是以常態分配機率(圖5-1)為基準來加以計算,其公式為 $\triangle = 13 + 4Z$,因為Z值一般是介於-3與3之間,所以 $\triangle$ 的值域是介於1與25之間,平均難度為13,以下的範例,說明答對百分比與標準分數及Delta係數之間的換算關係。

P	Z	$\triangle$
0.9987	-3	$13 + 4 \times (-3) = 1$
0.9772	-2	$13 + 4 \times (-2) = 5$
0.8413	-1	$13 + 4 \times (-1) = 9$
0.5000	0	$13 + 4 \times (0) = 13$
0.1587	1	$13 + 4 \times (1) = 17$
0.0228	2	$13 + 4 \times (2) = 21$
0.0013	3	$13 + 4 \times (3) = 25$

　　△係數的意義是數字愈大，代表題目愈困難。至於若是運用在等距量尺上，難度是可以直接進行比較。

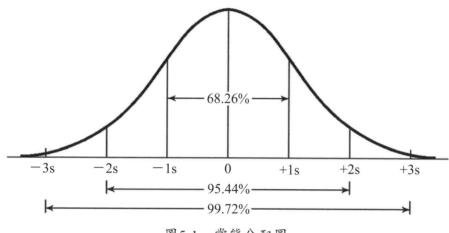

圖5-1　常態分配圖

　　下述為常態分配高度的計算公式，由下述公式即可以計算出常態分配下的曲線高度，其中μ代表平均數，σ則是標準差。

$$f(x) = \frac{1}{\sqrt{2\pi}\sigma} e^{-\frac{1}{2}(\frac{x-\mu}{\sigma})^2}$$

　　因為常態分配的平均數為0，標準差為1，所以上述常態分配高度的公式，可以簡化成下列公式：

$$f(x) = \frac{1}{\sqrt{2\pi}} e^{-\frac{1}{2}x^2}$$

二、鑑別度指標的分析

　　分析試題鑑別度指標的主要目的，在於想要明瞭該試題具有區別學生能力高低的功能為何，以下將常見的三種鑑別度指標，說明如下：

(一)鑑別度指數

　　試題分析的鑑別度指標中，最簡單的方式即為鑑別度指數（index of discrimination, D），計算公式即將所有受試者分為高分組與低分組，而計算高分組與低分組的通過率的差，即為鑑別度指數。鑑別度計算時最簡單的公式為$D = P_H - P_L$。鑑別度指數是一種內部一致性分析的方法，而內部

一致性分析的方法，主要是以探討個別試題得分和整個測驗總分之間的一致性為主，目的在於使測驗的內部一致性變得更大。其分析可以改進內容效度（content validity）及建構效度（construct validity），但無法增進效標關聯效度。內部一致性方法中，最基礎的公式即為$D = P_H - P_L$。例如：李老師任教班級共有100名學生，考完某測驗後，依得分歸為高、低兩組各25人，其中有一題，高分組有15人答對，低分組有3人答對。因為高分組的通過率為$15 \div 25 = 0.60$，低分組的通過率為 $3 \div 25 = 0.12$，所以此題的難度值為（$0.60 + 0.12$）$\div 2 = 0.36$。若要計算此題的鑑別度，則是沿用上例高分組的通過率是0.60，低分組的通過率是0.12，所以此題的鑑別度則是$0.60 - 0.12$為0.48。

內部一致性方法的計算結果是介於-1與1之間，若是$D = 0$表示試題無鑑別度，可能的情況有兩種：(1)試題太簡單，高分組與低分組學生全部答對（$P_H - P_L = 0$）；(2)試題太困難，高分組與低分組學生全部答錯（$P_H - P_L = 0$）。若是$D = 1$時，表示高分組學生全部答對，低分組學生全部答錯（$P_H = 1$，$P_L = 0$），反映出命題很成功。若是$D = -1$時，表示低分組學生全部答對，高分組學生全部答錯（$P_H = 0$，$P_L = 1$），反映出命題非常失敗，命題者需要再檢視命題的內容。

利用鑑別度與難度來挑選常模參照測驗的試題原則，是先挑選D大於.25之後的題目，再挑選P大約.50的試題。鑑別度指數的判斷依據，Ebel與Frisbie（1991）指出，鑑別度指數其判斷依據，可以如下所示：(1)假如D>=.40，試題的功能相當地穩定，非常優良；(2)假如.30<=D<=.39，試題優良，但仍需要些許的修正；(3)假如.20<=D<=.29時，試題尚可，但需要局部的修正；(4)假如D<=.19，表示試題需要完全地修正，或者刪除該試題（表5-1）。

表5-1　Ebel與Frisbie（1991）鑑別度的評鑑標準

鑑別度指標	試題評鑑結果
0.40以上	非常優良
0.30-0.39	優良，但可能需要修改
0.20-0.29	尚可，但須作局部修改
0.19以下	劣，需要刪除或修改

圖5-2爲試題的難度與鑑別度的關係圖。

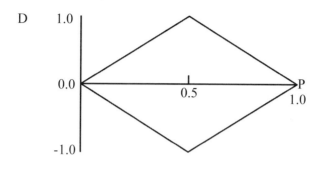

圖5-2　難度與鑑別度的關係

由圖5-2及表5-2中，難度與鑑別度的關係圖及表中可以得知，當在常模參照的試題時，難度愈接近0.5（0.33-0.67）時，其鑑別度的值會達到最大。

表5-2　難度與鑑別度的關係一覽表

P值	D最大值
1.00	0.00
0.90	0.20
0.70	0.60
0.50	1.00
0.30	0.60
0.10	0.20
0.00	0.00

試題難度與鑑別度的關係亦可以公式加以證明，試題的鑑別度即是試題變異數愈大、愈有代表性，亦即變異數的大小亦可作爲鑑別度的指標之一，而難度在何值時該題的變異數會最大呢？可由下列公式的推導之中得到證明。

假若以二元計分的題目為例：

$$S^2 = p \times q = p \times (1-p) = p - p^2$$

將S^2針對p求偏導數，則可以得到下列結果：

$$\frac{dS^2}{dp} = 1 - 2p$$

令$\frac{dS^2}{dp} = 0$，因為$\frac{dS^2}{dp} = 0$時，S^2會有極值。

$$1 - 2 \times p = 0$$

$$p = 0.5$$

上述證明的結果，即代表p = 0.5時，S^2有極值，亦即其鑑別度最大。

範例5-1　計算鑑別度指標

　　表5-3中的資料是10位受試者在全部測驗30題中，三個選擇題上的反應結果，並且在本範例中，嘗試利用此表的資料來計算試題的鑑別度。

表5-3　10位受試者在三個選擇題上的反應結果

題號	受試者									
	1+	2+	3-	4+	5	6	7	8-	9	10-
1	0	1	1	1	0	1	1	0	1	0
2	1	1	1	1	0	0	0	1	0	1
3	1	1	1	1	0	1	1	1	1	1
...										
小計	25	27	15	24	20	18	16	14	22	10

註：+：Upper 30%（高分組）
　　-：Lower 30%（低分組）
　　其餘為中分組

表5-4　計算試題鑑別度的過程說明$\mu = 19.10$，$\sigma_x = 5.17$

題號	p	$\mu+$	鑑別度指數
			$D = P_H - P_L$
1	0.60 = 6/10	20.33	0.67－0.33 = 0.34
2	0.60 = 6/10	19.17	1.00－1.00 = 0.00
3	0.90 = 9/10	19.00	1.00－1.00 = 0.00

$\mu+$的計算
題1：$(27 + 15 + 24 + 18 + 16 + 22) \div 6 = 20.33$
題2：$(25 + 27 + 15 + 24 + 14 + 10) \div 6 = 19.17$
題3：$(25 + 27 + 15 + 24 + 18 + 16 + 14 + 22 + 10) \div 9 = 171 \div 9 = 19.00$

(二)點二系列相關係數

　　外在效度分析法是以分析學生在試題上的反應與其在效標上的表現之間的關係為主，目的在求試題反應與測驗的外在效度變得更大，用來增強效標關聯效度。外在效度分析旨在檢驗題目是否具有預定的某種鑑別作用，外在效度分析法如：關聯性指數中二系列相關、點二系列相關（依據學生在某個試題作答結果的對或錯，與其測驗總分間求相關係數而得，並以此相關係數值來表示該試題的鑑別度指標）以及Φ相關等，都是外在效度分析的方法。以下將說明點二系列相關係數（r_{pb}）的計算方法。

　　點二系列相關適用於試題為二分變項的情況，公式如下所示：

$$r_{pb} = \left(\frac{\overline{X}_p - \overline{X}_q}{S_t} \right) \times \sqrt{pq}$$

亦可以利用下列公式加以計算點二系列相關係數：

$$r_{pb} = \left(\frac{\overline{X}_p - \overline{X}_t}{S_t} \right) \times \sqrt{\frac{p}{q}}$$

　　其中p為答對率、q為答錯率，所以p + q = 1，$\overline{X}_p$代表答對題的平均數，$\overline{X}_q$代表答錯題的平均數，$\overline{X}_t$代表所有答題的平均數，S_t則是代表所有題數的標準差。

範例5-2　計算點二系列相關係數

　　利用上述範例5-1中的資料來加以計算點二系列相關係數，下列的範例中，主要是在利用上述點二系列相關係數的公式來加以計算，其中 $\mu+$ 的計算方式與範例5-1相同，計算結果如表5-5所示。

表5-5　點二系列相關係數的計算過程一覽表

題號	p	$\mu+$	點二系列相關
			$r_{pb} = \left(\dfrac{\overline{X_p} - \overline{X_t}}{S_t} \right) \times \sqrt{\dfrac{p}{q}}$
1	0.60 = 6/10	20.33	$\dfrac{20.33 - 19.10}{5.17} \times \sqrt{\dfrac{0.6}{0.4}} = 0.290$
2	0.60 = 6/10	19.17	$\dfrac{19.17 - 19.10}{5.17} \times \sqrt{\dfrac{0.6}{0.4}} = 0.016$
3	0.90 = 9/10	19.00	$\dfrac{19.00 - 19.10}{5.17} \times \sqrt{\dfrac{0.9}{0.1}} = -0.060$

(三)二系列相關法

　　二系列相關法（r_{bi}）適用於學生在試題上的作答反應表現是呈常態分配時，但為了某些理由，常以人為方式將其分為答對與答錯兩種情形，公式如下所示：

$$r_{bi} = \left(\frac{\overline{X_p} - \overline{X_q}}{S_t} \right) \times \frac{pq}{y}$$

　　其中，y指的是常態分配的高度值，亦可以利用下列公式來計算二系列相關係數：

$$r_{bi} = \left(\frac{\overline{X_p} - \overline{X_t}}{S_t} \right) \times \frac{p}{y}$$

　　二系列相關與點二系列相關的關係，可由下列方程式加以表示：

$$r_{bi} = \frac{\sqrt{pq}}{y} r_{pb}$$

<u>範例5-3</u>　計算二系列相關係數

　　利用上述範例5-1中的資料來加以計算二系列相關係數。首先經由常態分配機率表可以查得題1與題2的難度值為0.6，查林清山（2011）附錄A之常態分配表中，概率0.5987之常態分配高度為0.3867，0.6026之高度為0.3857，經由內插法計算得常態分配的高度值為0.3867，題3的難度值為0.9，常態分配的高度值由上述計算方法為0.1754。

表5-6　二系列相關係數的計算過程一覽表

題號	p	μ +	二系列相關 $r_{bi} = \left(\dfrac{\overline{X_p} - \overline{X_t}}{S_t} \right) \times \dfrac{p}{y}$
1	0.60 = 6/10	20.33	$\dfrac{(20.33 - 19.10)}{5.17} \times \dfrac{0.60}{0.3867} = 0.370$
2	0.60 = 6/10	19.17	$\dfrac{(19.17 - 19.10)}{5.17} \times \dfrac{0.60}{0.3867} = 0.021$
3	0.90 = 9/10	19.00	$\dfrac{(19.00 - 19.10)}{5.17} \times \dfrac{0.90}{0.1754} = -0.100$

　　由表5-7的比較一覽表中可以得知，三種鑑別度的係數有其一致性，無論是鑑別度指數（D）或者是點二系列相關（r_{pb}），還是二系列相關（r_{bi}），題1的鑑別度都是最好的，其次是題2，題3的鑑別度則是不佳。

表5-7　比較鑑別度指數（D）、點二系列相關（r_{pb}）、二系列相關（r_{bi}）三者一覽表

題號	P	鑑別度指數（D）	點二系列相關（r_{pb}）	二系列相關（r_{bi}）
1	0.60	0.34	0.290	0.370
2	0.60	0.00	0.016	0.021
3	0.90	0.00	−0.060	−0.100

　　表5-8爲利用試題分析結果對於測驗的修正提供相關的訊息，題號有標示 - 者，代表其鑑別度是不佳的試題；而題號有標示*者，則爲鑑別度可接受的試題。

　　第22、23、28、29、32、34以及35題的題目鑑別度是可接受的程度，至於第21、24、25、26、31、33題的試題鑑別度，則是呈現不佳的情形。比較難度與鑑別度的情形亦可以發現，當試題的難度大約是中等難度時，其鑑別度是最佳的情形。若是難度太難或者是太簡單時，試題的鑑別度則大部分會發生不佳的情形。

表5-8　50位受試者的試題分析結果（第21題到35題）

題號	1	2	3	4	答案	缺失	P	D	r_{pb}
21-	24	4	52	16	4	4	0.16	0.00	-0.06
22*	4	40	56	0	3	0	0.56	0.67	0.48
23*	0	76	12	12	2	0	0.76	0.50	0.45
24-	4	28	28	32	2	8	0.28	−0.17	−0.12
25-	16	12	0	72	4	0	0.72	−0.17	−0.29
26-	0	4	52	44	4	0	0.44	0.00	−0.11
27	92	0	8	0	1	0	0.92	0.33	0.45
28*	8	68	0	20	2	4	0.68	0.83	0.61
29*	24	12	56	8	3	0	0.56	0.50	0.46
30	88	0	0	8	1	4	0.88	0.17	0.31
31-	68	12	4	16	1	0	0.68	0.17	0.15
32*	20	20	8	52	4	0	0.52	1.00	0.73
33-	8	16	60	16	3	0	0.60	0.00	0.06
34*	20	20	8	52	4	0	0.52	0.83	0.59
35*	80	0	0	4	1	16	0.80	0.50	0.43

資料來源：Crocker & Algina (2008). *Introduction to Classical & Modern Test Theory* (p. 325). Cengage Learning.

- ：鑑別度不佳的試題
* ：鑑別度可接受的試題

(四)Φ相關法

Φ相關法（phi correlation）也是計算試題鑑別度指標的一種方法，適用於試題與效標均是二分變項的情況，計算公式如下所示：

$$\Phi = \frac{BC - AD}{\sqrt{(A+B) \times (C+D) \times (A+C) \times (B+D)}}$$

將利用以下的範例來加以說明Φ相關係數的計算過程。

範例5-4　計算Φ相關

以下為25位學生在試題以及效標試題上得分的情形，其中有10位學生在該試題與效標試題皆答錯，8位學生試題答對、效標試題答錯，5位學生試題答錯、效標試題答對，2位學生試題與效標試題皆答對，資料如下所示：

效標　＼　試題	錯（0）	對（1）
錯（0）	10人（A）	8人（B）
對（1）	5人（C）	2人（D）

因此，利用Φ相關的計算公式計算如下：

$$\Phi = \frac{40 - 20}{\sqrt{18 \times 7 \times 15 \times 10}} = \frac{20}{137.48} = 0.15$$

由上計算結果可知，Φ相關係數為0.15，計算結果表示試題與效標的相關（0.15）是屬於低度相關，亦即試題的鑑別度不佳。

(五)內部一致性效標法（CR）

試題分析中的鑑別度分析可以利用CR值來加以判斷，即是在求出每一題項的「決斷值（critical ratio, CR）」，又稱臨界比。CR值的求法是將所有受試者在預試量表的得分總和依高低排列。得分前25%至33%者為高分組（一般取27%），得分後25%至33%者為低分組（一般取27%）。CR值

是根據高分組與低分組兩組在每個題項的平均差異顯著性，其原理與獨立樣本的 t 考驗相同。如果題項之CR值達顯著水準（$p < 0.05$、$p < 0.01$或$p < 0.001$），即表示這個題項能鑑別不同受試者的反應程度。CR值為試題是否具有發揮區辨高分組與低分組兩者的效能，另外一種檢視的方法為判斷 $CR > 3$（陳新豐，2015）。

(六)因素負荷量判斷法

因素分析是想將為數眾多的變數濃縮成為少數幾個有意義因素，而又能保存原有資料結構所提供的大部分資訊。因素分析是想以少數幾個因素來解釋一群相互之間有關係存在的變數之數學模式，所以若是因素負荷量 > 0.70，而且累積總解釋量 $> 50\%$時，代表測驗具有一定程度的解釋力（陳新豐，2015）。

(七)題目與總分之相關

計算每一個項目與總分的簡單積差相關係數，校正項目與總分的相關係數，相關愈高，題目愈佳，一般建議題目與總分之相關需 > 0.30以上才較為適合。

三、選項誘答力的分析

誘答力選項分析的原則，主要包括下列兩項：(1)低分組學生在每個不正確選項上的選答人數百分比值不可以為零；(2)低分組學生選答不正確選項的人數百分比值，不可以低於高分組學生選答不正確選項的人數百分比值。

四、常模參照試題分析範例（EXCEL）

以下將利用EXCEL來進行常模參照的試題分析，依序說明如下：

(一)開啟原始資料（p5_1.xlsx）

	A	B	C	D	E	F	G	H	I	J	K	L	M
1	答案	2	3	4	2	1	2	1	3	4	4	4	2
2	01	2	3	4	2	1	3	2	3	4	4	2	2
3	02	2	3	4	2	1	2	1	3	4	4	4	2
4	03	2	3	4	2	1	2	1	3	4	4	4	2
5	04	2	3	4	4	2	1	2	1	4	4	4	2
6	05	2	3	1	4	1	2	2	3	4	4	4	3
7	06	2	2	1	2	3	3	1	1	4	4	2	4
8	07	2	3	4	2	1	2	2	3	4	4	4	2
9	08	2	3	1	2	1	2	1	3	4	4	1	2
10	09	2	3	1	2	1	2	2	4	1	4	2	2
11	10	2	3	1	3	1	2	1	1	4	4	4	2
12	11	2	3	4	2	1	2	1	3	4	4	4	2
13	12	2	3	1	4	2	2	4	3	4	4	4	1
14	13	2	3	2	1	2	1	2	1	4	4	4	2
15	14	2	3	4	2	1	2	1	1	2	4	4	2
16	15	2	3	4	2	2	2	1	3	4	4	3	2
17	16	2	3	1	2	3	1	1	3	4	4	4	2
18	17	2	3	1	2	1	2	1	3	4	4	4	2

(二)根據學生原始得分排列（依總分由高至低，或由低至高）

1. 計分（利用IF(LOGIC_TEST,TRUE,FALSE)）

B2 = `=IF(data!B2=data!B$1,1,0)`

	A	B	C	D	E	F	G	H	I	J	K	L	M
1	題號	1	2	3	4	5	6	7	8	9	10	11	12
2	01	1	1	1	1	1	0	0	1	1	1	0	1
3	02	1	1	1	1	1	1	1	1	1	1	1	1
4	03	1	1	1	1	1	1	1	1	1	1	1	1
5	04	1	1	1	0	0	0	0	0	1	1	1	1
6	05	1	1	0	0	1	1	0	1	1	1	1	0
7	06	1	0	0	1	0	0	1	0	1	1	0	0
8	07	1	1	1	1	1	1	0	1	1	1	1	1
9	08	1	1	0	1	1	1	1	1	1	1	0	1
10	09	1	1	0	1	1	1	0	0	0	1	0	1
11	10	1	1	0	0	1	1	1	0	1	1	1	1
12	11	1	1	1	1	1	1	1	1	1	1	1	1
13	12	1	1	0	0	0	1	0	1	1	1	1	0
14	13	1	1	0	0	1	0	1	0	1	1	1	1
15	14	1	1	1	1	1	1	1	0	0	1	1	1
16	15	1	1	1	1	0	1	1	1	1	1	0	1
17	16	1	1	0	1	0	0	0	1	1	1	0	1

2. 排序（依得分由高至低排序）

請點選排序與篩選→從最大到最小排序。

出現排序警告的對話框時，請點選將選取範圍擴大。

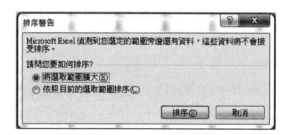

下圖為排序的結果：

	M	N	O	P	Q	R	S	T	U	V	W
1	12	13	14	15	16	17	18	19	20	總分	
2	1	1	1	1	1	1	1	1	1	20	
3	1	1	1	0	1	1	1	1	1	19	
4	1	1	1	1	1	1	1	1	1	19	
5	1	1	1	1	1	1	1	1	1	19	
6	1	1	1	1	1	1	1	1	1	19	
7	1	1	1	1	1	1	1	1	1	19	
8	1	1	1	1	1	1	1	1	1	19	
9	1	1	1	1	1	1	0	1	1	18	
10	1	1	1	1	1	1	0	1	1	18	
11	1	0	1	1	1	1	1	1	1	18	
12	1	1	1	1	1	1	1	0	1	18	
13	1	1	1	1	1	1	0	1	1	18	
14	1	1	1	0	1	1	0	1	1	17	
15	1	0	1	1	1	1	1	1	1	17	
16	1	1	1	1	1	0	1	1	1	16	
17	1	1	1	1	0	1	1	0	1	16	

3. 區分高、中、低分組

到底要取多少百分比的受試者，可由資料分析者決定，只要能夠將學生總數區分成三段，以區別出高、中、低三種不同程度的學生，並且每段約略以獲得整數值的人數為判斷的原則即可。本例有42位受試者，取25%，亦即高分組42×0.25 = 10.5≈11位，所以取低分組11位，中分組20位受試者。

高分組應有11位，但12名亦同為18分，所以高分組再增1位，為12位。低分組則應有11位，但是倒數第12名與倒數第11名同為12分，所以低分組為12位。

4. 計算各分組的通過率

分別計算各題各分組的通過率，亦即試題的難度指標。例如：第1題其高分組的通過率為1.00，低分組的通過率為0.92，所以此題的通過率則為(1.00+0.92)÷2=0.96。另外亦可以將題目中所答對的人數加總起來除以全部的人數，亦是通過率，例如：第1題，42人中，總共有41人答

對，因此其通過率為 = 41÷42 = 0.98。若是在EXCEL中，則是可以利用 = SUM(B2:B43)/42 = 0.98，其餘各題則是依此原則加以計算即可。

	A	B	C	D	E	F	G	H	I	J	K	L	M
29	24	1	1	0	1	1	1	1	1	1	1	0	1
30	29	1	1	1	0	0	0	1	0	1	1	0	0
31	20	1	1	1	1	1	1	1	0	1	1	0	1
32	06	1	0	0	1	0	0	1	0	1	0	1	1
33	12	1	1	0	0	0	1	0	1	1	1	1	0
34	21	1	1	1	0	0	1	0	1	1	1	1	1
35	04	1	1	1	0	0	0	0	0	1	1	1	1
36	33	0	1	0	1	1	1	0	1	1	0	1	1
37	41	1	0	1	1	1	0	0	0	0	0	0	1
38	16	1	1	0	1	0	0	1	0	1	1	0	1
39	32	1	0	1	1	0	1	1	0	1	1	0	1
40	18	1	0	0	0	0	0	1	0	1	1	0	0
41	13	1	1	0	0	0	0	0	0	1	0	1	1
42	36	1	1	1	0	1	1	1	1	0	0	0	0
43	37	1	0	1	0	0	0	0	0	1	0	0	0
44													
45	難度值	0.98	0.81	0.62	0.71	0.67	0.67	0.60	0.64	0.86	0.76	0.62	0.86
46	高分組	1.00	1.00	0.67	1.00	1.00	0.92	0.75	1.00	1.00	1.00	0.83	1.00
47	低分組	0.92	0.58	0.50	0.42	0.25	0.42	0.42	0.25	0.75	0.50	0.50	0.67
48	難度值	0.96	0.79	0.58	0.71	0.63	0.67	0.58	0.63	0.88	0.75	0.67	0.83
49	鑑別度	0.08	0.42	0.17	0.58	0.75	0.50	0.33	0.75	0.25	0.50	0.33	0.33

5. 計算鑑別度指標

下圖是計算鑑別度指標的結果，將高分組在各題的通過率與低分組在各題的通過率的差即為鑑別度，例如：第1題高分組的通過率是1.00，低分組的通過率是0.92，所以第1題的鑑別度是1.00－0.92 = 0.08，其餘各題則是依此原則計算，下圖中最好的鑑別度是第5題以及第8題，其鑑別度的值為0.75，最不好的試題鑑別度則是第1題，鑑別度的值為0.08。

	A	B	C	D	E	F	G	H	I	J	K	L	M
29	24	1	1	0	1	1	1	1	1	1	1	0	1
30	29	1	1	1	0	0	0	1	0	1	1	0	0
31	20	1	1	1	1	1	1	1	0	0	1	0	1
32	06	1	0	0	1	0	0	1	0	1	0	1	1
33	12	1	1	0	0	0	1	0	1	1	1	1	0
34	21	1	1	1	0	0	1	0	1	1	1	1	1
35	04	1	1	1	0	0	0	0	0	1	1	1	1
36	33	0	1	1	0	1	1	0	1	1	0	1	1
37	41	1	0	1	1	1	0	0	0	0	0	1	1
38	16	1	1	0	1	0	0	1	0	1	1	0	1
39	32	1	0	1	1	0	1	0	1	1	1	0	1
40	18	0	0	0	0	0	0	1	0	1	1	0	0
41	13	1	1	0	0	0	0	0	0	1	0	1	1
42	36	1	0	1	0	1	1	1	0	0	0	0	0
43	37	1	0	1	0	0	0	0	0	1	0	0	0
44													
45	難度值	0.98	0.81	0.62	0.71	0.67	0.67	0.60	0.64	0.86	0.76	0.62	0.86
46	高分組	1.00	1.00	0.67	1.00	1.00	0.92	0.75	1.00	1.00	1.00	0.83	1.00
47	低分組	0.92	0.58	0.50	0.42	0.25	0.42	0.42	0.25	0.75	0.50	0.50	0.67
48	難度值	0.96	0.79	0.58	0.71	0.63	0.67	0.58	0.63	0.88	0.75	0.67	0.83
49	鑑別度	0.08	0.42	0.17	0.58	0.75	0.50	0.33	0.75	0.25	0.50	0.33	0.33

6. 計算誘答力

計算選擇題型各選項的選答人數，亦即誘答力分析，可以EXCEL中利用COUNTIF(RANGE,CRITERIA)函數來計算各非答案選項的選答比率，此即爲誘答力。例如：第1題第2個選項的誘答力則可利用 = COUNTIF(B\$2:B\$43,2)/42，計算的誘答力爲0.98，其餘各題各選項的誘答力則是依此原則加以計算即可。

B47 = `=COUNTIF(B$2:B$43,2)/42`

	A	B	C	D	E	F	G	H	I	J	K	L	M
25	24	2	3	1	2	1	2	1	3	4	4	2	2
26	25	2	3	4	2	1	2	1	3	4	4	4	2
27	26	2	3	1	2	1	2	4	3	4	4	4	2
28	27	2	3	1	2	1	2	1	3	4	4	4	2
29	28	2	2	4	2	3	4	2	3	4	4	4	2
30	29	2	3	4	1	2	4	1	1	4	4	2	1
31	30	2	3	4	4	3	2	1	3	4	1	4	2
32	31	2	3	2	2	1	2	4	3	4	4	4	2
33	32	2	2	4	2	2	2	1	1	2	4	1	2
34	33	1	3	1	2	1	2	2	3	4	1	4	2
35	34	2	3	1	2	1	4	1	3	4	4	4	2
36	35	2	3	1	2	1	2	2	3	4	4	4	2
37	36	2	3	4	3	1	2	1	4	1	2	3	3
38	37	2	1	4	3	4	1	3	4	4	3	1	3
39	38	2	3	4	2	1	4	1	3	4	4	4	2
40	39	2	3	4	2	2	2	1	1	2	4	4	2
41	40	2	3	3	2	1	2	1	3	4	4	4	2
42	41	2	2	4	2	1	4	2	1	2	1	1	2
43	42	2	3	3	4	1	2	2	3	4	4	2	2
44													
45	誘答力	2	3	4	2	1	2	1	3	4	4	4	2
46	1	0.02	0.02	0.31	0.07	0.67	0.12	0.60	0.26	0.02	0.17	0.12	0.07
47	2	0.98	0.17	0.02	0.71	0.19	0.67	0.29	0.05	0.10	0.05	0.21	0.86
48	3	0.00	0.81	0.05	0.10	0.12	0.07	0.02	0.64	0.02	0.02	0.05	0.07
49	4	0.00	0.00	0.62	0.12	0.02	0.14	0.10	0.05	0.86	0.76	0.62	0.00

五、常模參照試題分析範例（WITAS）

WITAS（Web Item and Test Analysis Software）是一個以網頁執行環境所編製而成的試題與測驗分析軟體，簡單操作及注意事項如下說明。

(一)開啟瀏覽器

開啟瀏覽器之後，並輸入網址http://cat.nptu.edu.tw/WITAS/。進入WITAS的試題分析網頁的主畫面，並且點選「分析」即可執行WITAS試題與測驗分析。

網路試題與測驗分析軟體　首頁　分析▾　關於　操作手冊

網路試題與測驗分析軟體
Web Item and Test Analysis Software

Learn more »

編寫目的

利用網路的分析程式，讓使用者了解試題與測驗分析所包括的內容

Learn more »

相關資源

識字量網站
測驗與評量實驗室

Learn more »

使用說明

1.準備分析資料
2.開啟分析資料
3.進行分析
4.結果解讀

(二)線上執行WITAS

　　點選「分析」中的「計算功能」後，即會出現輸入認證帳號與密碼的畫面，此時在密碼中輸入本書的書號（可由本書書籍的側背中即可找到），即可進入計算分析的主畫面。

　　以下為輸入認證的畫面，其中的密碼請輸入本書書號，帳號則是可有可無。

請輸入認證的帳號與密碼：

帳號：

密碼：

登入

以下為試題與測驗分析的計算主畫面。

網路試題與測驗分析軟體　首頁　分析▾　關於　操作手冊

Wedit.

範例資料 開始計算 清除資料 繪製SP表 繪製SP圖 ☐分組人數可不同 ☐採用27%分組

分析訊息：

(三)輸入試題與測驗分析資料

本試題與測驗分析軟體的資料，需要依照一定的格式加以輸入才能正確地計算，資料格式說明如下：

第一列為資料控制列

1-3 試題數，第1、2、3個欄位分別代表百位數、十位數以及個位數

4 空白

5 空白題(Omitted response)的代碼，請輸入9

6 空白

7 未答完題(Not response)的代碼，請輸入9

8 空白

9-10 受試者身分代碼所占欄位數

11 空白

12 有無效標分數的代碼，Y代表有，N代表無

第二列輸入試題的正確答案

第三列輸入試題的選項數

第四列輸入每一試題所歸屬於某一分測驗的代碼別

第五列起開始輸入受試者的答題資料

資料格式範例如下：

```
020 9 N 03 Y
23421213444232322133
44444444444444444444
00000000000000000000
01 23421323442232323133 68
02 23421213442232322433 92
03 23421213444232422133 86
04 23442121444232122242 60
05 23141223444332312133 76
06 22123311424212322113 64
07 23421223444232322133 92
08 23421213441232422333 82
09 23121222414232322333 84
10 23131211444232312223 74
```

　　上述的資料中表示本測驗有20題，其中資料中的「9」為Omitted缺失值編碼、「N」為Not response缺失值編碼，身分代碼欄位長度為3，具有效標資料。標準答案為「23421213444232322133」，所有的題目皆為4選1的選擇題，只有一個測驗。

以下為分析的範例資料，如下圖所示。

當將所欲分析的資料輸入，並且點選「開始計算」，即可開始進行試題與測驗的分析計算，當計算完成，沒有任何錯誤時，即會出現分析結果，如下圖所示。

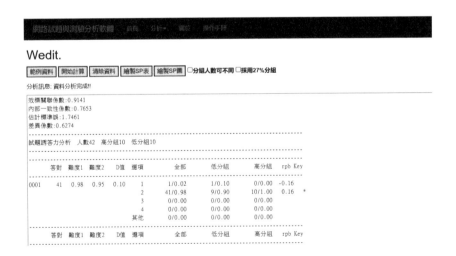

計算分析中，具有2個選項，分別是「分組人數可不同」以及選擇「採用27%分組」為分組的百分比，其中分組標準若未選擇則採用內定人

數多於30時取25%，否則會以33%為高低分組的人數百分比。

(四)分析結果說明

試題與測驗，分為試題與測驗分析結果，以下將針對試題分析結果加以說明，至於測驗分析結果的說明，將留待下個章節再加以說明。

1. 逐題分析

```
      答對 難度1 難度2  D值  選項     全部        低分組        高分組      rpb   Key
0004   30  0.71  0.71  0.58    1      3/0.07      2/0.17       0/0.00  -0.28
                               2     30/0.71      5/0.42      12/1.00   0.57   *
                               3      4/0.10      3/0.25       0/0.00  -0.51
                               4      5/0.12      2/0.17       0/0.00  -0.11
                             其他     0/0.00      0/0.00       0/0.00
```

上述為逐題試題分析結果，所有題目均有兩種難度、鑑別度以及誘答力分析，以上述第4題為例，本題有30位受試者答對，因為總人數有42，所以第一種難度為0.71，而第二種難度則是利用分組來加以計算，本題高分組的通過率為1.00，低分組的通過率為0.42，所以，此題的難度值為$(1.00 + 0.42) \div 2 = 0.71$；至於鑑別度則是高分組的通過率減去低分組的通過率，所以為0.58。選項的誘答力分析部分，其判斷原則如下：(1)每一錯誤選項中，低分組的數值不可以為零；(2)每一錯誤選項中，低分組數值必須比高分組數值大。

2. 分析摘要

試題分析結果摘要一覽表 人數42 高分組12 低分組12

題號	Right	P1	P2	Delta	D	α	注意	類別	r_{pb}	r
0001	41	0.98	0.96	6.00	0.08	0.77	0.52*	A	0.16	0.13
0002	34	0.81	0.79	9.77	0.42	0.76	0.52*	A	0.37	0.25
0003	26	0.62	0.58	12.14	0.17	0.78	0.83**	A	0.14	0.07
0004	30	0.71	0.71	10.79	0.58	0.74	0.33	A	0.57	0.47
0005	28	0.67	0.62	11.73	0.75	0.74	0.32	A	0.57	0.61
0006	28	0.67	0.67	11.24	0.50	0.76	0.55*	A	0.38	0.30

上述的試題分析摘要中，Right代表答對人數；P1代表全部人數的難度值；而P2則為分組方式加以計算的難度值；Delta是范氏試題分析表法

（Fan's item analysis table），其公式爲$\triangle = 13 + 4Z$（$\triangle$介於1～25，平均難度13）；至於D值則爲鑑別度；α值爲刪題後的信度值，數值愈高，代表試題與題目的相關愈不一致，若數值愈低，表示試題愈具測量精確性；注意則是代表注意係數，若是數值 < 0.50以下，愈小，表示試題的反應組型愈正常，若是數值≧0.50以上，愈大，表示試題的反應組型愈不尋常；判定類別中，若是A型則是代表「適當試題」類型，A'型代表「欠當試題」類型，B型代表「困難試題」類型，B'型代表「異常試題」類型；r_{pb}是點二系列相關，數值愈高，代表與總分的相關愈密切，亦表示試題愈具鑑別度，試題品質愈好；r則是每個題目與總分之間的相關係數。

3. 學生成績

編號	得分	答對率	注意指標	判定類別
01	16	80.00%	0.79*	A
02	18	90.00%	0.06	A
03	19	95.00%	0.51*	A
04	11	55.00%	0.24	B
05	15	75.00%	0.79**	A
06	12	60.00%	0.73*	B
07	19	95.00%	0.51*	A
08	17	85.00%	0.04	A
09	15	75.00%	0.24	A
10	14	70.00%	0.29	B
11	18	90.00%	0.06	A
12	12	60.00%	0.45	B
13	7	35.00%	0.27	C

　　上述報表為學生成績報表，主要的欄位為受試者得分；答對率即得分除以總題數；注意指標的判斷原則為若是數值 < 0.50以下，愈小，表示學生的反應組型愈正常；判定類別中，若是A型代表「學習穩定型學生」、若是A'則是「粗心大意型學生」、若是B則是「努力不足型學生」、若是B'則是「欠缺充分型學生」、若是C則是「學力不足型學生」、若是C'則是「學習異常型學生」。

六、常模參照試題分析範例（SPSS）

　　SPSS是統計專業的套裝軟體，因此其包括的功能相當的多元，若是利用SPSS來進行常模參照試題的分析，讀者需要對於試題分析相關的公式有初步的認識才能得心應手，因為利用SPSS來進行試題分析並未有單獨的選項可以選擇，需要利用各個不同的功能組合來完成，以下將從文字檔匯入至SPSS檔，成為分析檔案開始說明。

(一)匯入文字檔至SPSS

　　將受試者的反應資料輸入成文字檔，如下圖所示：

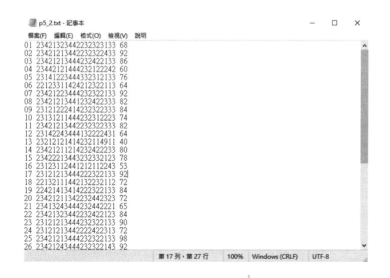

開啟SPSS，並且點選開啟舊檔（p5_2.txt）。

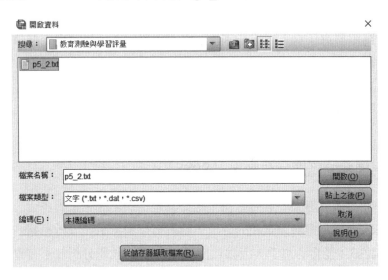

利用文字匯入精靈將文字檔匯入至SPSS，並且儲存成SPSS的資料檔案，例如：data.sav。

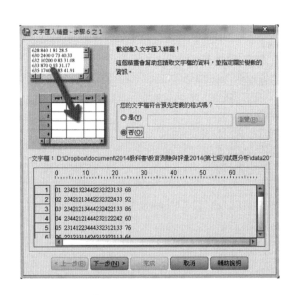

此時的檔案畫面應該是類似下圖的資料檔：

	ID	p01	p02	p03	p04	p05	p06	p07
1	01	2	3	4	2	1	3	2
2	02	2	3	4	2	1	2	1
3	03	2	3	4	2	1	2	1
4	04	2	3	4	4	2	1	2
5	05	2	3	1	4	1	2	2
6	06	2	2	1	2	3	3	1
7	07	2	3	4	2	1	2	2
8	08	2	3	4	2	1	2	1
9	09	2	3	1	2	1	2	2
10	10	2	3	1	3	1	2	1
11	11	2	3	4	2	1	2	1
12	12	2	3	1	4	2	2	4

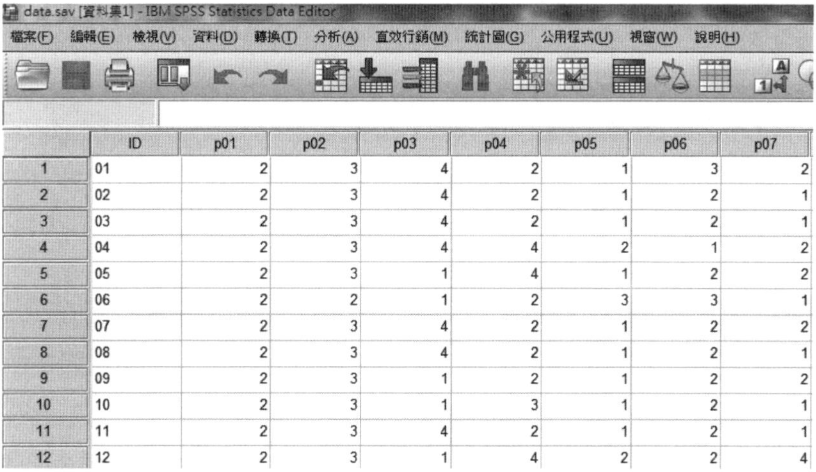

接下來要進行的步驟，即是將受試者的反應資料加以計分。

(二)將受試者的反應資料加以計分

在SPSS中，將受試者的反應資料加以計分即是重新編碼，以二元計分爲例：若受試者的反應資料與正確答案相符，即可以編碼成1，否則編碼成0，此時即會完成計分。以下將以圖示的方式來說明如何在SPSS執行編碼的功能。首先，請先點選轉換功能中的重新編碼成不同變數。

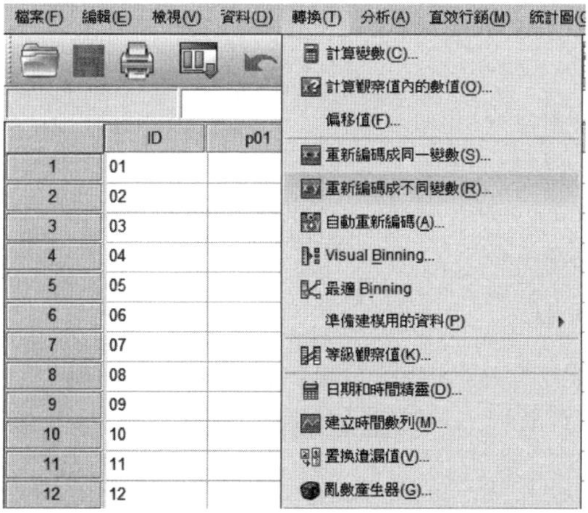

接下來請將需要轉換的題目選至數值變數中（例如：p01），之後請輸入輸出的新變數（例如：cp01），再點選變更，即會將輸出的新變數移至輸出變數的視窗中，如下圖所示：

輸入需轉變的數值變數與輸出的新變數之後，請點選舊值與新值的按鈕，輸入正確答案，因為本題的答案是2，所以請將2編碼為1，其餘不是2的值則編碼為0，如下圖所示：

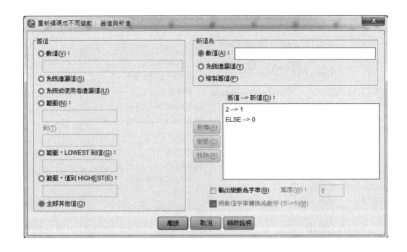

　　輸入編碼的值之後，點選繼續後，再點選確定，即完成p01的計分編碼，結果如下圖所示：

	p17	p18	p19	p20	reference	cp01
1	3	1	3	3	68	1.00
2	2	4	3	3	92	1.00
3	2	1	3	3	86	1.00
4	2	2	4	2	60	1.00
5	2	1	3	3	76	1.00
6	2	1	1	3	64	1.00
7	2	1	3	3	92	1.00
8	2	3	3	3	82	1.00
9	2	3	3	3	84	1.00
10	2	2	2	3	74	1.00
11	2	3	3	3	82	1.00
12	2	4	3	1	64	1.00

　　不過，若題數少利用此種一題一題編碼的方式還尚可行；若是題數多時，利用此種方式則在時間上變得不太經濟，所以當題數多時，建議利用語法的方式加以計分，例如：在完成舊值與新值的步驟之後，點選貼上後，即會出現語法視窗並呈現相關的語法，如下圖所示：

　　此時利用複製與貼上的功能並加以修正，將20題的題目其正確答案以及編碼後的新變數如下圖所示。選取需要執行的指令，並點選執行，即會將20題的計分程序一次完成，如此一來，可以大為節省編碼計分的時間。

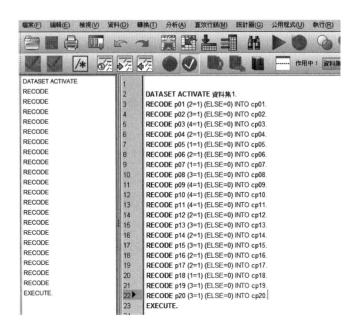

(三)計算難度

依據試題分析中的難度計算公式，請在SPSS中，點選描述統計中的分析→敘述統計→描述性統計量，即會出現下圖的視窗畫面，並請點選所要計算難度的題目：

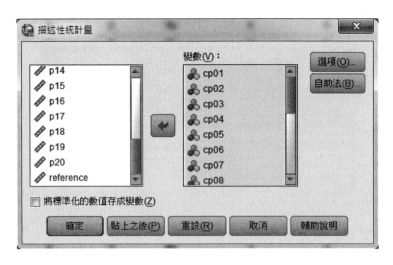

　　因為只需要計算難度，所以請點取選項，選擇平均數即可，操作畫面如下圖所示：

　　完成設定，點選繼續後，再點選確定後，即會出現描述性統計量，此平均數即為每題的難度。

敘述統計		
	個數	平均數
cp01	42	.98
cp02	42	.81
cp03	42	.62
cp04	42	.71
cp05	42	.67
cp06	42	.67
cp07	42	.60
cp08	42	.64
cp09	42	.86

cp10	42	.76
cp11	42	.62
cp12	42	.86
cp13	42	.79
cp14	42	1.00
cp15	42	.60
cp16	42	.71
cp17	42	.90
cp18	42	.45
cp19	42	.62
cp20	42	.79
有效的N（完全排除）	42	

　　另一種計算難度的方法爲先分組再計算難度，分組的標準一般爲25%、27%以及33%等三種分組的規準，其中以27%的分組規準最常被使用，以下將利用27%的分組標準來進行分組難度的計算。首先將計算所有受試者的總分，請點選轉換→計算變數，即會出現以下的視窗，請輸入目標變數（例如：score），數值運算式例如：sum(cp01 to cp20)，請點選確定之後，即可計算受試者的得分總分，如下圖所示：

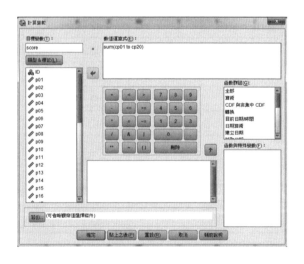

以總分為分組的依據，計算百分位數27以及百分位數73，計算過程如下圖所示：

首先點選分析→描述統計→次數分配表。

點選統計量，並輸入百分位數27以及百分位數73後，點選繼續，之後再點選確定。

此時，計算總分之百分位數27為12.00，百分位數73為18.00，因此，總分大於18.00為高分組，編碼為1，總分小於12.00為低分組，編碼為0。

統計量		
Score		
個數	有效的	42
	遺漏值	0
百分位數	27	12.0000
	73	18.0000

接下來利用編碼的功能，將總分編碼成高、中、低分組，將高分組編碼為3、中分組編碼為2、低分組則是編碼為1，操作流程如下圖所示：

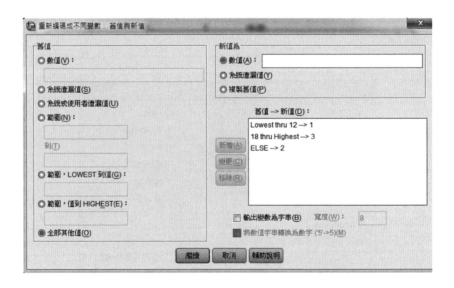

設定完成之後，請點選繼續後，再按確定，即會分成低、中與高三組，如下圖所示：

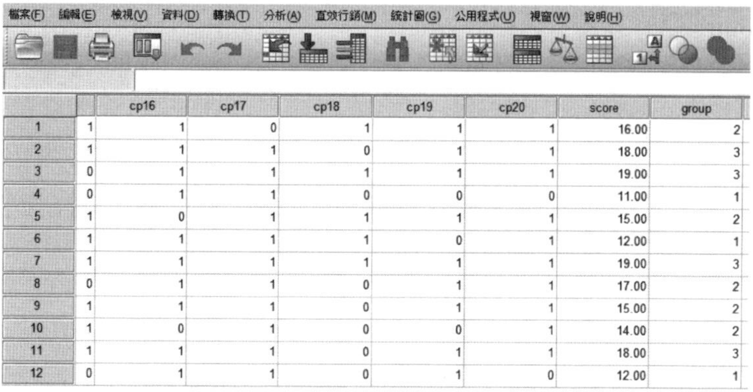
檔案(F) 編輯(E) 檢視(V) 資料(D) 轉換(T) 分析(A) 直效行銷(M) 統計圖(G) 公用程式(U) 視窗(W) 說明(H)
cp16 cp17 cp18 cp19 cp20 score group
1 1 1 0 1 1 1 16.00 2
2 1 1 1 0 1 1 18.00 3
3 0 1 1 1 1 1 19.00 3
4 0 1 1 0 0 0 11.00 1
5 1 0 1 1 1 1 15.00 2
6 1 1 1 1 0 1 12.00 1
7 1 1 1 1 1 1 19.00 3
8 0 1 1 0 1 1 17.00 2
9 1 1 1 0 1 1 15.00 2
10 1 0 1 0 0 1 14.00 2
11 1 1 1 0 1 1 18.00 3
12 0 1 1 0 1 0 12.00 1

接下來要計算分組的難度，只要計算高分組與低分組的難度值即可，所以可在SPSS的資料檔中選擇高分組（group=3）以及低分組（group=1），此時選擇資料的操作流程如下圖所示。首先點選資料→選擇觀察值。

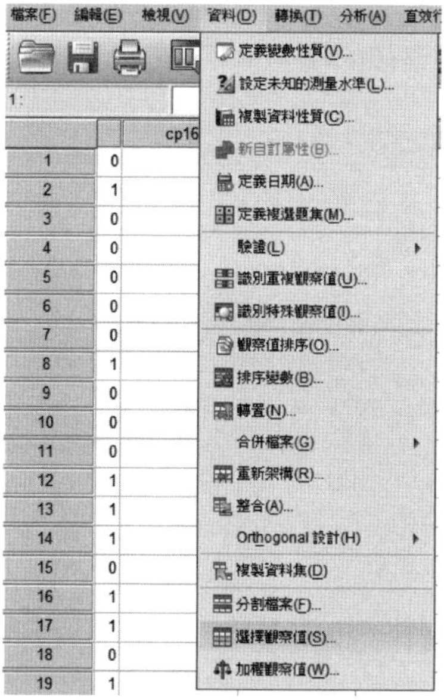
檔案(F) 編輯(E) 檢視(V) 資料(D) 轉換(T) 分析(A) 直效行
定義變數性質(V)...
設定未知的測量水準(L)...
複製資料性質(C)...
新自訂屬性(B)...
定義日期(A)...
定義複選題集(M)...
驗證(L)
識別重複觀察值(U)...
識別特殊觀察值(I)...
觀察值排序(O)...
排序變數(B)...
轉置(N)...
合併檔案(G)
重新架構(R)...
整合(A)...
Orthogonal 設計(H)
複製資料集(D)
分割檔案(F)...
選擇觀察值(S)...
加權觀察值(W)...

　　點取選擇觀察值之後，即會出現以下的視窗，因為是要選擇符合高分組（group = 3）以及低分組（group = 1）皆為計算的資料值，所以請點選「如果滿足設定條件」，並選取「若（I）」的按鈕，即會出現輸入條件的視窗。

　　下圖為輸入選擇觀察值的視窗：

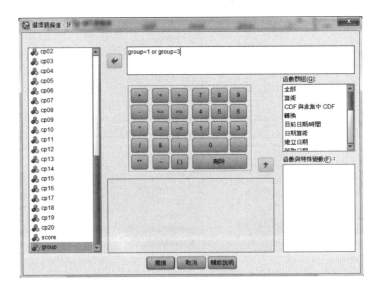

　　請輸入group = 1或group = 3的條件之後，點選繼續，再按確定後，即會只計算高分組與低分組的資料。此時會發現中分組的資料被摒除在計算的範圍外，如下圖所示：

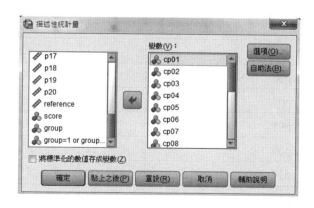

　　此時若要計算分組難度時，點選描述性統計量的描述統計，並且選取要計算的變數cp01至cp20到變數的窗格中，並且只選擇平均數即可。

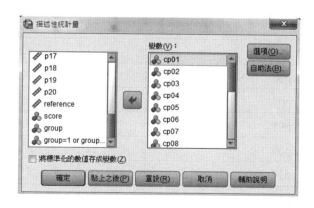

選項的部分，請選擇平均數即可，如下圖所示：

選擇完成之後，請點選繼續，再按確定，即會計算出各題的難度值，結果如下：

敘述統計		
	個數	平均數
cp01	24	.96
cp02	24	.79
cp03	24	.58
cp04	24	.71
cp05	24	.62
cp06	24	.67
cp07	24	.58
cp08	24	.62
cp09	24	.87
cp10	24	.75
cp11	24	.67

cp12	24	.83
cp13	24	.79
cp14	24	1.00
cp15	24	.58
cp16	24	.67
cp17	24	.87
cp18	24	.46
cp19	24	.58
cp20	24	.62
有效的N（完全排除）	24	

　　由上表的輸出結果中可以得知，在此份測驗中，最簡單的題目為第14題，難度值為1.00，最難的題目為第18題，難度值為0.46。若讀者想要了解各題高分組與低分組的難度值各為多少時，則可以利用資料功能中的分割檔案。請點選資料→分割檔案，如下圖所示：

　　點選分割檔案後，內定是分析所有觀察值，因爲是要分別計算高分組與低分組的難度，所以請點選依群組組織輸出，並且將分組變數（例如：group）選至依此群組的窗格後，再點選確定，後續的分析計算即會依群組加以計算。

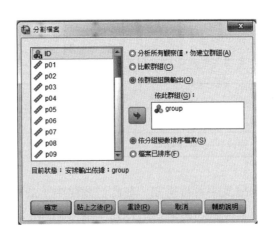

　　上述點選依組別分別輸出後，並不會有任何的輸出或動作，因爲分割檔案只是告訴系統，後續所有的分析動作皆是以組別分別輸出，因此若要計算分組的難度需要再點選敘述統計→描述性統計量，並選取所要分析的變數，如下圖所示：

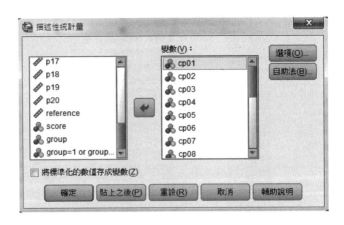

因為要計算難度，所以請點取選項中的平均數即可，如下圖所示：

點選繼續，再選取確定後，即會分高低分組來加以輸出各題的難度，如下表為低分組的各題難度：

敘述統計[a]		
	個數	平均數
cp01	12	.92
cp02	12	.58
cp03	12	.50
cp04	12	.42
cp05	12	.25
cp06	12	.42
cp07	12	.42
cp08	12	.25
cp09	12	.75
cp10	12	.50

cp11	12	.50
cp12	12	.67
cp13	12	.67
cp14	12	1.00
cp15	12	.25
cp16	12	.33
cp17	12	.75
cp18	12	.17
cp19	12	.25
cp20	12	.25
有效的N（完全排除）	12	
a. group＝低分組		

下表為高分組的各題難度輸出結果：

敘述統計[a]		
	個數	平均數
cp01	12	1.00
cp02	12	1.00
cp03	12	.67
cp04	12	1.00
cp05	12	1.00
cp06	12	.92
cp07	12	.75
cp08	12	1.00
cp09	12	1.00
cp10	12	1.00
cp11	12	.83

cp12	12	1.00
cp13	12	.92
cp14	12	1.00
cp15	12	.92
cp16	12	1.00
cp17	12	1.00
cp18	12	.75
cp19	12	.92
cp20	12	1.00
有效的N（完全排除）	12	
a. group＝高分組		

　　若要與上述分組難度計算的結果驗證，以第1題為例，高分組的難度為1.00，低分組的難度為0.92，所以分組計算的難度值則為高分組的難度再加上低分組的難度值，再加以平均即為(1.00 + 0.92)÷2 = 0.96，則第1題分組難度的值為0.96，其餘各題亦是如此。

　　以下將繼續進行另一種項目分析的統計量數，為題目的鑑別度，其依分組的結果加以繼續計算。

(四)計算鑑別度

　　題目鑑別度的計算公式為高分組的難度值與低分組的難度值的差，以前述的分析結果中第1題為例：高分組的難度為1.00，低分組的難度為0.92，所以第1題的鑑別度則為1.00－0.92 = 0.80。但要如何利用SPSS來進行鑑別度的計算呢？依下列的操作程序予以計算。

　　首先需要先將上述分組計算難度時，選擇依群組組織輸出的設定，恢復為分析所有觀察值，勿建立群組，如下圖所示：

若未恢復分析所有觀察值的預設值,逕行計算鑑別度的獨立樣本 t 檢定時,即會出現以下的警告,所以請讀者特別注意。

警告
group未執行獨立樣本檢定,因為此變數已同時被指定為分組變數及分割變數。
此指令的執行已停止。

若將資料的選擇,恢復為分析所有的資料時,即可開始進行鑑別度的計算。此時請選取分析→比較平均數法→獨立樣本T檢定,如下圖所示:

此時將所要計算鑑別度的題目選至檢定變數的窗格中（例如：cp01至cp20），如下圖所示：

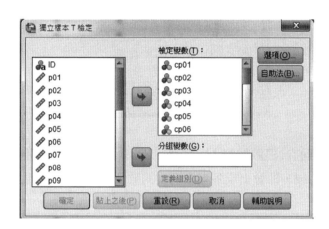

接下來請將分組變數（例如：group）選取至分組變數的窗格中，如下圖所示：

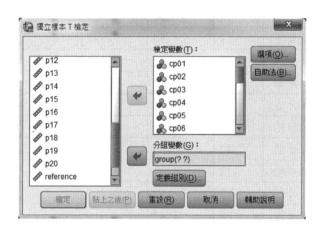

此時的分組變數會出現比較組別的代碼，請點選定義組別加以定義二組比較的代碼（例如：高分組3，低分組1），輸入如下圖所示：

定義組別的代碼數值輸入完成後，即可計算題目的鑑別度，所以請點選繼續→確定後，即會出現各題鑑別度的數值，如下表所示：

組別統計量					
	group	個數	平均數	標準差	平均數的標準誤
cp01	低分組	12	.92	.289	.083
	高分組	12	1.00	.000	.000
cp02	低分組	12	.58	.515	.149
	高分組	12	1.00	.000	.000
cp03	低分組	12	.50	.522	.151
	高分組	12	.67	.492	.142
cp04	低分組	12	.42	.515	.149
	高分組	12	1.00	.000	.000
cp05	低分組	12	.25	.452	.131
	高分組	12	1.00	.000	.000
cp06	低分組	12	.42	.515	.149
	高分組	12	.92	.289	.083
cp07	低分組	12	.42	.515	.149
	高分組	12	.75	.452	.131
cp08	低分組	12	.25	.452	.131
	高分組	12	1.00	.000	.000

cp09	低分組	12	.75	.452	.131
	高分組	12	1.00	.000	.000
cp10	低分組	12	.50	.522	.151
	高分組	12	1.00	.000	.000
cp11	低分組	12	.50	.522	.151
	高分組	12	.83	.389	.112
cp12	低分組	12	.67	.492	.142
	高分組	12	1.00	.000	.000
cp13	低分組	12	.67	.492	.142
	高分組	12	.92	.289	.083
cp14	低分組	12	1.00	.000[a]	.000
	高分組	12	1.00	.000[a]	.000
cp15	低分組	12	.25	.452	.131
	高分組	12	.92	.289	.083
cp16	低分組	12	.33	.492	.142
	高分組	12	1.00	.000	.000
cp17	低分組	12	.75	.452	.131
	高分組	12	1.00	.000	.000
cp18	低分組	12	.17	.389	.112
	高分組	12	.75	.452	.131
cp19	低分組	12	.25	.452	.131
	高分組	12	.92	.289	.083
cp20	低分組	12	.25	.452	.131
	高分組	12	1.00	.000	.000

a.無法計算t，因為兩個組別的標準差皆為0。

上表是各題高低分組的難度值，以第1題為例，高分組的難度值為1.00，低分組的難度值為0.92。

獨立樣本檢定									
		變異數相等的 Levene檢定		平均數相等的t檢定						
		F檢定	顯著性	t	自由度	顯著性（雙尾）	平均差異	標準誤差異	差異的95%信賴區間	
									下界	上界
cp01	假設變異數相等	4.840	.039	-1.000	22	.328	-.083	.083	-.256	.089
	不假設變異數相等			-1.000	11.000	.339	-.083	.083	-.267	.100
cp02	假設變異數相等	385.000	.000	-2.803	22	.010	-.417	.149	-.725	-.108
	不假設變異數相等			-2.803	11.000	.017	-.417	.149	-.744	-.089
cp03	假設變異數相等	1.375	.253	-.804	22	.430	-.167	.207	-.596	.263
	不假設變異數相等			-.804	21.924	.430	-.167	.207	-.596	.263
cp04	假設變異數相等	385.000	.000	-3.924	22	.001	-.583	.149	-.892	-.275
	不假設變異數相等			-3.924	11.000	.002	-.583	.149	-.911	-.256
cp05	假設變異數相等	33.000	.000	-5.745	22	.000	-.750	.131	-1.021	-.479
	不假設變異數相等			-5.745	11.000	.000	-.750	.131	-1.037	-.463
cp06	假設變異數相等	20.439	.000	-2.934	22	.008	-.500	.170	-.853	-.147
	不假設變異數相等			-2.934	17.293	.009	-.500	.170	-.859	-.141
cp07	假設變異數相等	2.532	.126	-1.685	22	.106	-.333	.198	-.744	.077
	不假設變異數相等			-1.685	21.640	.106	-.333	.198	-.744	.077
cp08	假設變異數相等	33.000	.000	-5.745	22	.000	-.750	.131	-1.021	-.479
	不假設變異數相等			-5.745	11.000	.000	-.750	.131	-1.037	-.463
cp09	假設變異數相等	33.000	.000	-1.915	22	.069	-.250	.131	-.521	.021
	不假設變異數相等			-1.915	11.000	.082	-.250	.131	-.537	.037

cp10	假設變異數相等	.	.	-3.317	22	.003	-.500	.151	-.813	-.187
	不假設變異數相等			-3.317	11.000	.007	-.500	.151	-.832	-.168
cp11	假設變異數相等	8.800	.007	-1.773	22	.090	-.333	.188	-.723	.057
	不假設變異數相等			-1.773	20.340	.091	-.333	.188	-.725	.058
cp12	假設變異數相等	88.000	.000	-2.345	22	.028	-.333	.142	-.628	-.039
	不假設變異數相等			-2.345	11.000	.039	-.333	.142	-.646	-.020
cp13	假設變異數相等	12.037	.002	-1.517	22	.143	-.250	.165	-.592	.092
	不假設變異數相等			-1.517	17.763	.147	-.250	.165	-.596	.096
cp15	假設變異數相等	5.436	.029	-4.304	22	.000	-.667	.155	-.988	-.345
	不假設變異數相等			-4.304	18.687	.000	-.667	.155	-.991	-.342
cp16	假設變異數相等	88.000	.000	-4.690	22	.000	-.667	.142	-.961	-.372
	不假設變異數相等			-4.690	11.000	.001	-.667	.142	-.980	-.354
cp17	假設變異數相等	33.000	.000	-1.915	22	.069	-.250	.131	-.521	.021
	不假設變異數相等			-1.915	11.000	.082	-.250	.131	-.537	.037
cp18	假設變異數相等	.957	.338	-3.386	22	.003	-.583	.172	-.941	-.226
	不假設變異數相等			-3.386	21.523	.003	-.583	.172	-.941	-.226
cp19	假設變異數相等	5.436	.029	-4.304	22	.000	-.667	.155	-.988	-.345
	不假設變異數相等			-4.304	18.687	.000	-.667	.155	-.991	-.342
cp20	假設變異數相等	33.000	.000	-5.745	22	.000	-.750	.131	-1.021	-.479
	不假設變異數相等			-5.745	11.000	.000	-.750	.131	-1.037	-.463

　　上表中的平均差異即為鑑別度，以第1題為例，鑑別度為0.083，第2題則為0.417，因為上表是低分組減去高分組，所以為負值（－0.083），因

為鑑別度的計算是高分組減去低分組,所以第1題的鑑別度應該是0.083。項目分析若是選擇題的話,則需要再進行誘答力分析,以下即說明誘答力分析的步驟。

(五)誘答力分析

　　進行誘答力分析,主要是計算選擇題各個選項被選擇的情形,因為計算時需要整體計算,而上述分析的過程中,因為需要計算分組難度的因素,只分析高分組與低分組,要將上述中分組被排除分析的設定取消,所以請再一次點選資料→選擇觀察值後,將選取的部分,恢復為全部觀察值後,再點選確定,如下圖所示:

　　進行誘答力分析需要利用SPSS中交叉表的功能,所以請點選分析→敘述統計→交叉表,如下圖所示:

出現交叉表時，請將分組變數（例如：group）選至列中，未計分前的題目資料（例如：p01至p20）選至欄中，並點選儲存格，如下圖所示：

因為要出現各個誘答項被選答的比較，所以請在儲存格顯示的選項中，除了個數的觀察值之外，另加上列的百分比的選項，如下圖所示：

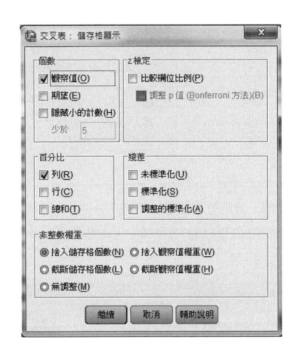

設定完成之後，點選繼續→確定後，即會出現各題誘答力的分析。

group * p01交叉表					
			p01		總和
			1	2	
group	低分組	個數	1	11	12
		在group之內的	8.3%	91.7%	100.0%
	中分組	個數	0	18	18
		在group之內的	0.0%	100.0%	100.0%
	高分組	個數	0	12	12
		在group之內的	0.0%	100.0%	100.0%

			1	41	42
總和	個數		1	41	42
	在group之內的		2.4%	97.6%	100.0%

　　上表為第1題的誘答力分析，所有的受試者只有選擇1以及2的選項，標準答案是2，所以高分組的難度值為1.000，低分組的難度值為0.917，全體受試者的難度值為0.976，除了選項1之外，其他誘答項（選項3以及4）完全沒有誘答力，應該需要加以修正。

group * p02交叉表						
			p02			總和
			1	2	3	
group	低分組	個數	1	4	7	12
		在group之內的	8.3%	33.3%	58.3%	100.0%
	中分組	個數	0	3	15	18
		在group之內的	0.0%	16.7%	83.3%	100.0%
	高分組	個數	0	0	12	12
		在group之內的	0.0%	0.0%	100.0%	100.0%
總和		個數	1	7	34	42
		在group之內的	2.4%	16.7%	81.0%	100.0%

　　上表為第2題的誘答力分析，所有的受試者完全沒有選擇選項4，標準答案是3，所以高分組的難度值為1.000，低分組的難度值為0.583，全體受試者的難度值為0.810，選項4完全沒有誘答力，應該需要加以修正。另外低分組在誘答項2、3沒有0，以及低分組在誘答項的填答人數高於高分組的人數，所以誘答項1、2是符合誘答項的命題原則。

貳、多元計分的試題分析

　　計分模式除了對錯二元計分的模式之外，尚存在多元計分的模式，以

下將說明多元計分模式下的難度及鑑別度指標的計算。

一、難度指標的分析

(一)計算全體受試得分占總人數配分的比率

計算多元計分各個試題（如論文題）的難度值，乃是全體受試得分除以總人數的總配分，以公式表示如下：

$$P = \frac{R_T}{X_{max} \times N_T}$$

R_T：全體受試總得分

N_T：全體人數

X_{max}：該題的配分

(二)計算高分組與低分組在某一試題的總得分來計算

多元計算難度分析係以高分組、低分組學生在該試題的總得分代入下列公式計算獲得難度值，P值愈大，試題愈容易；P值愈小，試題愈困難。

$$P = \frac{R_H + R_L}{X_{max}(N_H + N_L)}$$

R_H：高分組學生在該試題的總得分

R_L：低分組學生在該試題的總得分

N_H：高分組人數

N_L：低分組人數

X_{max}：該題的配分

二、鑑別度指標的分析

多元計分的鑑別度指標，可分成內部一致性以及外在效度等兩個部分，說明如下：

(一)內部一致性的分析

1. 比較高分組與低分組在個別試題上得分差試題百分比

高低分組鑑別度值的算法乃以高分組得分減去低分組得分，再除以該題配分及高分組人數，如以公式表示之如下：

$$D = \frac{R_H - R_L}{X_{max} \times N_H}$$

R_H：高分組學生在該試題的總得分

R_L：低分組學生在該試題的總得分

N_H：高分組人數

N_L：低分組人數

X_{max}：該題的配分

2. 探求試題多元反應與測驗總分之間的關聯性

分析個別試題多元反應（多元計分）與測驗總分之間的關聯，可採用積差相關，獲得的相關係數即為鑑別度值，相關係數愈高者，表示鑑別度愈高。

(二)外在效度的分析

以外在效標為標準，了解測驗與外在效標的關係。旨在分析各個試題多元反應（多元計分）與外在效標（通常為連續變項）的關係，此種計算多元計分連續變項與外在效標連續變項關係者，採用積差相關。

三、多元計分題試題分析範例（EXCEL）

以下的範例（p5_3.xlsx）是多元計分題試題的分析範例，其中分為：試題的難度以及鑑別度的計算。首先計算多元計分題的難度值，計算公式如下：

$$P = \frac{R_H + R_L}{X_{max}(N_H + N_L)}$$

	C6			f_x	=SUM(C2:C5)						
	A	B	C	D	E	F	G	H	I	J	K	L
1	姓名	1	2	3	4	5	6	7	8	9	10	總分
2	H001	8	9	10	7	8	9	7	7	10	7	82
3	H002	9	7	9	6	8	9	4	6	9	5	72
4	H003	8	6	6	5	7	9	4	5	5	8	63
5	H004	5	6	6	5	5	9	5	4	8	8	61
6	高分組	30	28	31	23	28	36	20	22	32	28	278
7	L001	4	5	5	4	4	4	4	5	4	4	43
8	L002	4	3	4	2	5	6	4	3	5	2	38
9	L003	3	2	5	3	4	5	2	4	5	2	35
10	L004	2	1	4	3	4	5	3	2	4	0	28
11	低分組	13	11	18	12	17	20	13	14	18	8	144
12	P	0.54	0.49	0.61	0.44	0.56	0.70	0.41	0.45	0.63	0.45	
13	D	0.43	0.43	0.33	0.28	0.28	0.40	0.18	0.20	0.35	0.50	

以第2題為例，$R_H = 28$，$R_L = 11$，每一個多元計分題最高的配分為10，所以$X_{max} = 10$，高分組以及低分組的人數皆為4，所以$N_H = N_L = 4$，代入計算的公式可以得知第2題的難度值為$(28 + 11) \div [10 \times (4 + 4)] = 0.49$，計算結果如下圖所示：

	C12		f_x	=(C6+C11)/(10*(4+4))							
	A	B	C	D	E	F	G	H	I	J	K	L
1	姓名	1	2	3	4	5	6	7	8	9	10	總分
2	H001	8	9	10	7	8	9	7	7	10	7	82
3	H002	9	7	9	6	8	9	4	6	9	5	72
4	H003	8	6	6	5	7	9	4	5	5	8	63
5	H004	5	6	6	5	5	9	5	4	8	8	61
6	高分組	30	28	31	23	28	36	20	22	32	28	278
7	L001	4	5	5	4	4	4	4	5	4	4	43
8	L002	4	3	4	2	5	6	4	3	5	2	38
9	L003	3	2	5	3	4	5	2	4	5	2	35
10	L004	2	1	4	3	4	5	3	2	4	0	28
11	低分組	13	11	18	12	17	20	13	14	18	8	144
12	P	0.54	0.49	0.61	0.44	0.56	0.70	0.41	0.45	0.63	0.45	
13	D	0.43	0.43	0.33	0.28	0.28	0.40	0.18	0.20	0.35	0.50	

計算多元計分題的鑑別度時，計算公式如下所示：

$$D = \frac{R_H - R_L}{X_{max} \times N_H}$$

以第2題為例，$R_H = 28$，$R_L = 11$，該題的配分是10，所以$X_{max} = 10$，因為高分組的人數有4，所以$N_H = 4$，代入計算公式可以得知第2題的鑑別度為$(28 - 11) \div (10 \times 4) = 17 \div 40 = 0.43$，EXCEL計算過程如下圖所示：

	C13		f_x	=(C6-C11)/(10*4)							
	A	B	C	D	E	F	G	H	I	J	K	L
1	姓名	1	2	3	4	5	6	7	8	9	10	總分
2	H001	8	9	10	7	8	9	7	7	10	7	82
3	H002	9	7	9	6	8	9	4	6	9	5	72
4	H003	8	6	6	5	7	9	4	5	5	8	63
5	H004	5	6	6	5	5	9	5	4	8	8	61
6	高分組	30	28	31	23	28	36	20	22	32	28	278
7	L001	4	5	5	4	4	4	4	5	4	4	43
8	L002	4	3	4	2	5	6	4	3	5	2	38
9	L003	3	2	5	3	4	5	2	4	5	2	35
10	L004	2	1	4	3	4	5	3	2	4	0	28
11	低分組	13	11	18	12	17	20	13	14	18	8	144
12	P	0.54	0.49	0.61	0.44	0.56	0.70	0.41	0.45	0.63	0.45	
13	D	0.43	0.43	0.33	0.28	0.28	0.40	0.18	0.20	0.35	0.50	

參、試題反應理論的試題分析

　　試題反應理論是一種新型的測驗理論，其試題分析首先要決定所要估計的模式，之後再進行參數的估計，因此以下將從試題分析中試題反應理論的模式選擇，之後利用相關的分析軟體進行範例的分析及結果的說明與解釋，試題反應理論常用的分析軟體包括商業軟體BILOG-MG4、MULTILOG、PARSCALE、IRTPRO、ConQuest、Mplus、Xcalibre、WINSTEPS等，其中免費的自由軟體則包括R、jamovi以及jMetrik等，以下試題反應理論的試題分析即以自由軟體jMetrik來加以分析說明。

一、模式的選擇

　　利用試題反應理論來進行試題的參數估計，首先需要決定所採用的試題反應理論的模式為何，一般試題反應理論常用的模式大致可以分成下列幾種。依資料性質可分為：二元計分試題、多元計分試題以及連續計分試題。其中最常用的是二元計分試題，其次是多元計分試題，連續計分試題很少用。單參數、雙參數以及三參數常態肩形及logistic模式，均屬於二元計分試題的試題反應理論模式。名義反應及等級反應模式則屬多元計分試題的試題反應理論模式。因為上述在常模參照測驗的試題分析中，是以二元計分試題以及多元計分試題為範例說明，因此以下利用試題反應理論來進行試題參數估計的範例分析，亦是以這兩種計分的類型範例，加以說明。

二、參數的估計（jMetrik）

　　以下將以二元計分試題中單、二、三參數模式來進行試題分析，所使用的分析軟體為jMetrik，jMetrik是一個免費和開源的心理計量分析軟體，分析的方法包括古典測驗理論下的試題分析、試題差異功能（DIF）、試題反應理論（例如：Rasch，2PL，3PL，4PL，GPCM）、試題連結與等化等，軟體下載的網址為https://itemanalysis.com/，以下為下載軟體的網頁畫面。

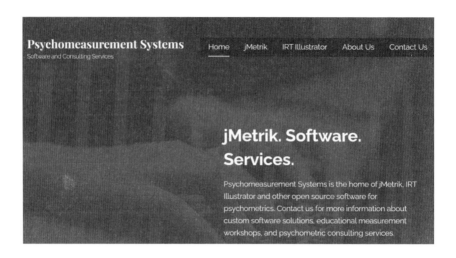

　　下載jMetrik的版本目前為4.1.1，在安裝與執行jMetrik之前需要先安裝Java至少1.8版本以上，安裝的版本包括Windows安裝版本、包括JRE（Java Runtime Environment）的Windows安裝版本、Windows 壓縮檔案版本、Mac OSX 安裝版本、包括JRE的Mac OSX 安裝版本、Mac OSX壓縮檔案版本、Linux 安裝版本、Linux sh 檔案版本等。

　　以下的範例是以Windows的作業環境為例，若電腦未事先安裝Java可以選擇JRE的Windows安裝版本，否則以Windows安裝版本即可，下載安裝後即可進行分析，下圖為jMetrik軟體執行的主畫面。

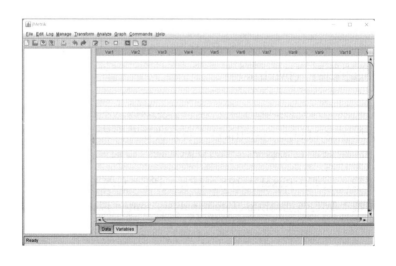

首先需要建立資料庫（New Database），日後即可開啓資料庫（Open Database），以下圖爲例。

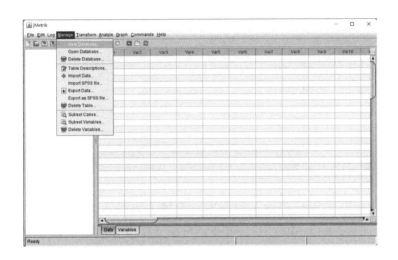

點選建立資料庫之後，出現輸入資料庫名稱的對話方框，此時輸入新資料庫的名稱，例如pdata。

建立完資料庫之後再建立資料表，建立資料表可利用許多資料檔匯入的方式來加以建立，以下是利用.CSV的檔案來建立資料表，如下圖所示，點選管理（Manage）中的匯入資料（ImportData）。

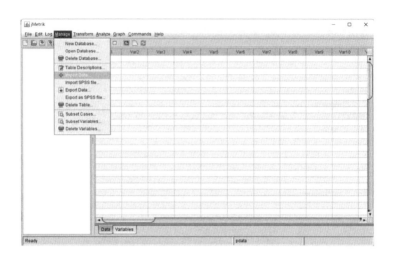

　　此時在匯入資料的對話視窗中，先填入資料表格（Table Name）的名稱，例如IRT1000，接下來在資料檔（Data File）的欄位中，瀏覽（Browse）已經建立的資料檔，例如p5_4.csv。

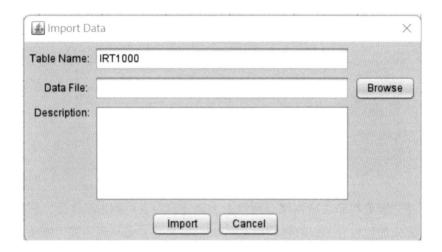

以下爲瀏覽檔案的視窗畫面：

選擇檔案時可以依檔案的屬性選擇欄位的區別符號（Comma、Tab、Semicolon、Colon），並且選擇檔案的第一行是否有包括欄位名稱（Variable Names），選擇完成後，檔案名稱即會被選擇至檔案的欄位中，如下圖：

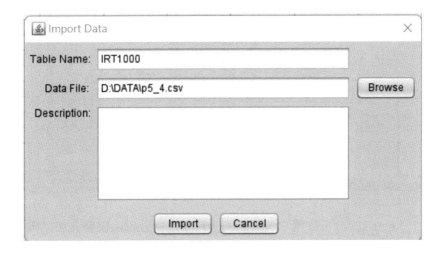

此時點選匯入（Import）即會將資料檔匯入資料表中，如下圖：

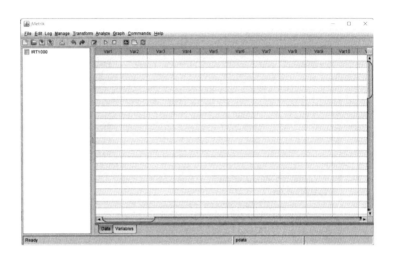

上述匯入的檔案資料是15題1000位受試者的二元計分資料（p05_1.csv），點選匯入資料表的名稱即會顯示資料表內容，如下圖所示：

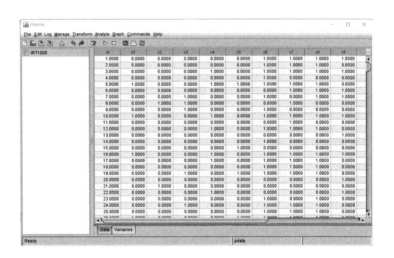

在Jmetrik的分析軟體中，匯入的資料要進行分析前需要先加以編碼計分，所以先點選Advance Item Scoring，如下圖所示：

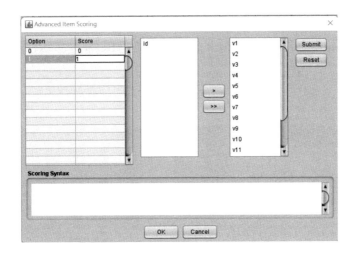

　　此時即會出現計分的對話視窗，因為本資料表已經將答對計分為1，答錯計分為0，所以此時僅需要選擇所有的15題，將0表示為0，1表示為1，若是未計分的資料表可以利用這個功能將資料編碼計分，如下所示：

　　編碼設定完成後點選確認（Submit）即會將設定的結果寫成計分的語法呈現在下列的對話方格中，如下圖所示：

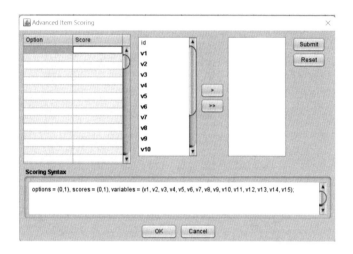

由上述的操作程序結果可以得知，剛剛所進行的編碼流程之語法即為「options = (0,1), scores = (0,1), variables = (v1, v2, v3, v4, v5, v6, v7, v8, v9, v10, v11, v12, v13, v14, v15);」此時在對話視窗中，點選OK即完成計分編碼的程序，接下來即可以進行試題反應理論的參數估計。

此時點選分析（Analyze）中的試題反應理論參數估計MMLE（IRT Item Clibration）來利用MMLE的分析方法進行IRT試題參數估計，如下圖所示：

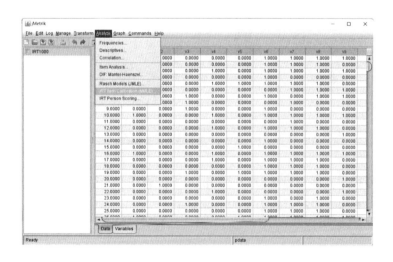

　　點選IRT試題參數估計的選項後，即會開啓試題參數估計的對話方框，如下所示：

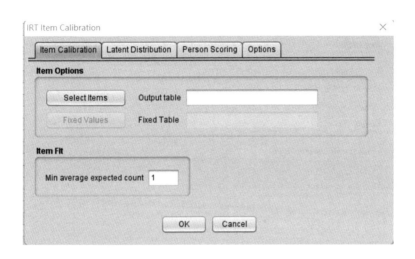

　　此時請先點取選擇試題（Select Items）的按鈕來選擇參數估計的試題，如下圖所示：

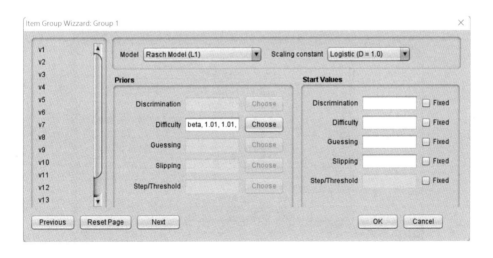

　　本範例是先以進行試題反應理論的單參數估計，所以選擇Rasch Model，難度的先驗分配先選擇內定選項即可，如上圖所示，點選OK即會

返回參數估計的對話方框,如下圖所示:

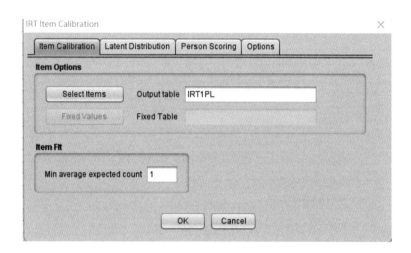

　　返回參數估計的對話方框後,將參數估計結果的資料表名稱填入,例如上述範例IRT1PL,完成後點選OK即開始進行試題反應理論單參數的參數估計,結果如下圖所示:

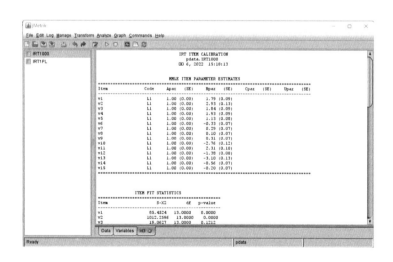

　　由上圖中可以得知這15題試題反應理論下單參數的參數估計結果,其中第2題最難,難度值為2.93,最簡單的則是為第13題,難度值為-3.10。

二參數與三參數的參數估計程序亦相同，以下爲二參數的參數估計結果。

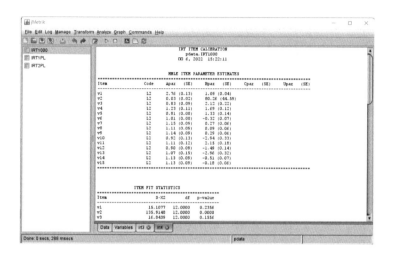

下圖則爲三參數的參數估計結果。

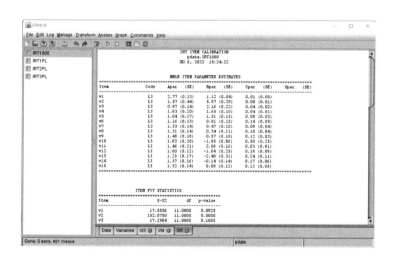

　　請各位讀者留意的是，試題反應理論中的難度參數(b)，其值與古典測驗理論的通過率（亦稱爲難度）所代表的涵義恰爲相反，試題反應理論的難度值愈大，代表題目愈難，而古典測驗理論的難度愈大，則是代表題目愈簡單，愈多人答對的涵義。

　　試題反應理論中的每個試題都具有試題特徵曲線以及試題訊息函數曲線，jMetrik中只要試題估計完成後即可利用試題估計的資料表即可繪製相關的圖形，以上述範例為例，點選試題反應理論估計的參數資料表，以IRT1PL為例，如下圖所示：

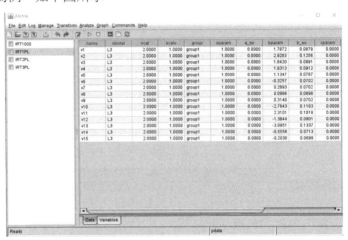

　　若要進行試題反應理論相關圖形的繪製時，請點選功能表中的圖形（Graph）中的IRT繪圖（Irt Plot），如下圖所示：

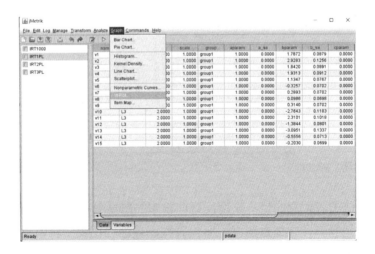

此時即會出現試題反應理論的繪圖對話視窗，請選擇所需繪製圖形的試題至右邊窗格，並點選試題所需繪製的圖形選項，例如試題特徵曲線（Characteristic curve）、試題訊息函數（Information function）、顯示圖例說明（Show legend）等，如下圖所示：

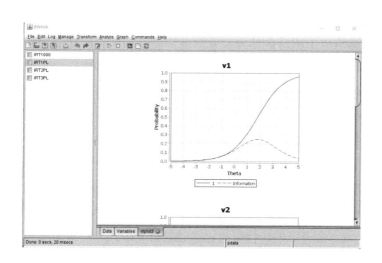

上圖即是所選試題的題目特徵曲線以及試題訊息函數曲線等圖形，其中的實線所表示的是題目特徵曲線，而虛線的圖形則是試題訊息函數曲線，題目特徵曲線的反曲點以及訊息函數的最高點位於該題目的難度值1.7872的位置。

肆、效標參照測驗的試題分析

標準參照測驗所使用的試題通常會比常模參照測驗所使用者容易些，因為教師多半期望大多數的學生在測驗上都有良好的表現，獲得好成績，教師若仍沿用常模參照測驗的試題分析方法，則高分組與低分組學生在試題上的答對百分比值都會接近1，而鑑別度指標值趨近於0。由此可見效標參照的試題分析方法異於常模參照使用的試題分析方法，方能避免試題分析產生無法解釋的效果。

一、難度指標的分析

在效標參照測驗中，測驗的目的是在檢驗學生是否已達到教學預設的精熟程度。效標參照測驗試題的難度指標，應和教學前預先設定的通過標準（即精熟標準）一致。教師在試題的選擇標準上，應該依據教材內容和實際教學情況，作為判斷精熟標準達成程度或難度指標。一般來說，效標參照測驗難度指標分析是沒有必要進行的，因為它的測驗目的不同於常模參照所致。常模參照測驗中，測驗的目的是在區分學生成就的高低，因此教師所期望的最佳難度指標是0.50左右最好。效標參照測驗試題的難度指標，應和教學前預先設定的通過標準（精熟標準）一致。例如：假設以80%的試題答對率或通過分數為精熟標準時，則理想的難度指標應訂為0.80左右，教師可不必參考常模參照測驗的試題選擇標準，而是依據教材內容和實際教學情況，作為判斷精熟標準或難度指標。

前面的難度分析方法可用於標準參照測驗。不過，解釋上和常模參照測驗不同：(1)希望學生在教學後能精熟教材，故教學有效時，多數題目的難度指數（通過百分比）均很大，難度指數反映的教學品質多於題目的品質；(2)標準參照測驗的難度應和事先設定的相同，例如：以85%為精熟標準時，理想的難度指數應訂在0.85左右，亦即期待後15%的學習者亦能精熟。

二、鑑別度指標的分析

教學敏感度指標（instructional sensitivity）可作為效標參照測驗的鑑別度指標之一，欲分析效標參照測驗的鑑別度特徵，可由三種不同設計方法進行分析：(1)根據教學前後的同一組學生的測驗結果；(2)根據接受與未接受教學的兩組學生之結果；(3)根據已達精熟標準與未達精熟標準的兩組學生之結果。教學敏感度指標的公式為$D = P_{後測} - P_{前測}$。教學敏感度指標的值是介於-1與$+1$之間，而正常教學前後指標值大約是介於.10到.60之間，D接近0，代表該試題的鑑別度指標愈低，不能反映出預期的教學效果，D接近1，代表該試題的鑑別度指標愈高，對教學效果的敏感度越大，代

表該試題的品質愈佳，反映出命題很成功。D是負值，代表該試題是個反向作用題，反映出教學效果是有問題的，代表該試題品質極不良，應予淘汰。

另外一種根據精熟標準與未達精熟標準的兩組學生之結果，則猶如$D = P_P - P_F$，其中的D值代表的是鑑別度指數，P_P表示的是精熟組的答對比率，P_F則是代表非精熟組的答對比率，因為題目難度會影響鑑別度，且標準參照測驗是預期多數學生能精熟內容，故鑑別度將比常模參照的低。

三、選項的誘答力分析

標準參照測驗的誘答力分析原則與常模參照測驗相同，亦即：(1)低分組學生在每個不正確選項上的選答人數百分比值不可以為零；(2)低分組學生選答不正確選項的人數百分比值，不可以低於高分組學生選答不正確選項的人數百分比值。

伍、試題分析結果解釋

以下將針對試題分析結果與解釋應該要注意的事項以及根據分析結果中，試題的選擇和改進等兩個部分來加以說明。

一、分析結果注意事項

試題分析結果解釋時，資料分析者應該需要注意的事項如下（余民寧，2022）：

(一)試題鑑別度高低並不隱含試題效度大小

試題鑑別度高低並不隱含試題效度大小，由於挑選的人數無法代表全體受試者（缺乏中間人數的資料），試題鑑別度指標並無法指出中間人數的測驗總分是否能反映試題所要測量的目標（即效度），因此，除非測驗總分能被證實是一種理想的外在效度證據。

(二)具低鑑別度指標的試題並不表示就是不良的試題

試題分析結果中，具低鑑別度指標的試題並不表示就是不良的試題，

也許是教學者在教學時並未將概念講述清楚或者是錯誤傳達內容的概念，都會導致低鑑別度。

(三)根據小樣本所做的試題分析結果，其結論都是暫時的

試題分析時，大部分的樣本都不多，因此根據小樣本所做的試題分析結果，其結論都是暫時的。選擇試題時，除了利用試題分析結果還需要參考其他的因素加以判斷。

(四)結果運用要儘量避免負向的期望效應

運用試題分析的結果時，要儘量避免負向的比馬龍效應。比馬龍效應又稱為「教師期望效應」，是教學情境中大家耳熟能詳的一種師生互動的現象。試題分析的結果往往會讓教學者對於學生有過度期望的效應，提醒教師應避免負向的教師期望效應，且應不斷的審視與調整對學生的期待，思考尚有哪些未知的因素與層面影響教師期望，檢視自己對行為不良學生之成績或記錄，有無存在刻板印象或者月暈效應？或者教學者本身有哪些人格特質，易形成先入為主，且形成不易變更的「教師期望」，這些將都是教師今後在改進教學上可以努力的方向。

二、試題的選擇與改進

談到試題的選擇與改進，首先討論難度指標與鑑別度指標的關係，若要使試題品質保持在某種水準以上，在常模參照的測驗中選擇試題，應該盡可能挑選難度指標值接近0.50（難易適中）的試題為宜；但若是針對效標參照的測驗中，則需要依測驗目的來加以挑選適宜的難度，不過古典測驗的難度指標與鑑別度指標，都是一種樣本依賴的指標，以下為挑選優良試題的選擇標準。

挑選優良試題的標準可以依測驗用途來加以挑選，或者依照試題的效度來選擇，依據試題的品質來選擇適當的試題。

(一)依據測驗用途

若是在常模參照測驗中，則是挑選難度適中的題目；但若是效標參照測驗中，則是挑選具有教學內容代表性的試題。

(二)依據試題效度

　　挑選的試題必須能夠測量到它所要測量的能力目標。因此，挑選試題時，需要注意測驗的目的為何，所挑選的題目是否可以達成原先所設計的測驗目的，這才是選擇的重點。在測驗的縱貫性效度中，成長量尺資料（growth scale values, GSV）也是判斷測驗正確性的指標之一，年級成長資料主要是在測驗的解釋中，以該年級中成長的值來代表受試者的成長情形，因此年級成長資料對於測驗的區辨性需要達到一定的程度才能符合測驗成長的需求。

(三)依據試題品質

　　先挑出鑑別度指標較高的試題，再從中挑選出難度指標較為適中的試題，作為常模參照測驗用的試題鑑別度指標值愈高愈好，一般可接受的最低標準至少為0.25以上，低於此標準者，即可視為鑑別度不佳或品質不良的試題。

　　難度的計算可以利用通過百分比、Rasch的難度值、跨年級的通過率、該年級通過該試題的百分等級來加以表示。試題的鑑別度最常用的計算公式為$D = P_H - P_L$，在試題反應理論中的Rasch模式中，可以判斷infit measure square的指標是否大於1.2，或者是判斷個別試題與總分之相關（二系列相關或點二系列相關）程度是否適切。另外可以利用Rasch來檢測是否有bias（偏誤）的情形發生，可以依所需要檢測的群體分別估計，再觀察每個不同群體在試題難度上的差異情形是否相同，例如：男女生、高社經與低社經、不同城市發展區等。

　　教學的成效可以由評量來加以檢核，其中命題占了相當的比重，教學者認真的命題與之後所進行的試題分析，可以讓教學者不斷地改變對命題的看法，並且可以用來糾正學生的學習態度，同時也修正教學者的教學內容，可以提升學習者與教學者的良性互動，因此試題分析在教學活動中是讓教學者與學習者共創雙贏的重要歷程。

自我評量

01. 請說明利用難度與鑑別度來挑選常模參照測驗中試題的原則為何？

02. 請說明選擇題中誘答力選項分析的原則為何？

03. 請說明試題反應理論中，二元計分常見的模式為何？

04. 效標參照測驗的難度分析與常模參照測驗的解釋上有何不同？

05. 試題分析結果中，解釋上應該要注意的事項為何？

第六章　測驗分析（信度）

　　信度和效度是測驗的兩大特徵，一份優良的測驗莫不具有較高的信度與效度係數值。因此，為了使成就測驗具有優良測驗的特徵，使之成為一份公正、客觀且優良的教學評量工具，信度和效度的分析是必要步驟。唯有透過此種測驗分析，才能知道所編製的成就測驗是否具有實用價值。前一章的試題分析是針對每道試題來分別進行的微觀分析，而本章則是開始針對整份測驗來進行鉅觀分析，首先從測驗分析中的信度開始介紹。

　　信度與效度之間的關係與下列因素有重要的相關，信度至少需要多少題目呢？從斯布校正公式可以得知，當同質的題目增加，測驗的信度也會隨之提高；反之，若題目少時，測驗的穩定性會令人質疑。至於效度，它是達到測驗目的的正確性。信度的種類一般來說可以分為四大類：分別是重測信度、複本信度、內部一致性係數以及評分者信度，而內部一致性係數則包括折半信度、庫李信度以及Alpha信度，以下將依信度的意涵、常模參照測驗的信度分析、效標參照測驗的信度分析、影響信度的因素以及信度的分析範例等部分，分別說明如下：

壹、信度的意涵

　　如何可以獲得真分數呢？根據古典測驗理論中X = T + E，亦即觀察分數等於真分數與誤差的和，真分數是無法直接測量，只能間接地由觀察分數來估計真分數，並且藉由信度的計算可以了解真分數的穩定性為何？其中測量標準誤（standard error of measurement, SEM）的計算公式為 $SEM = \sigma\sqrt{1-\alpha}$，$\sigma$為標準差，$\alpha$則為信度，測量標準誤與信度有直接的關係，信度高則測量標準誤會低，而信度低時則測量標準誤會提高。信度是指測驗的可靠程度，信度是最常用來解釋測驗的理論，由古典測驗理論亦稱為信度理論模式中，即可得知信度在古典測驗理論中的重要性。

一、信度與古典測驗理論

　　古典測驗理論中，認為個人在測驗上的實得分數是由兩個部分所構成，分別是：(1)真實分數；(2)誤差分數。觀察分數 = 真分數 + 誤差分數

（X = T + E），其中眞實分數與誤差分數所代表的意涵如下：

(一)眞實分數

　　眞實分數所指的是，由同一批學生在標準測驗情境中，接受同一批測驗（或複本測驗）多次所得測驗分數的平均數估計而得。

(二)誤差分數

　　誤差分數係指測量誤差，由於它是隨機產生的，因此經過多次測量後的平均誤差，會因爲正值和負值誤差的相互抵銷而變成零。測量誤差的種類可分兩類：包括「非系統誤差」以及「系統誤差」：(1)非系統誤差又稱「隨機誤差」，以隨機、沒有規則、不可預測的方式，在不同的情境中，隨時影響不同學生的測驗得分，來源包括學生的身心狀況、施測情境、測驗試題等因素；(2)系統誤差又稱爲「偏誤」，是一種以固定、一致的方式影響測驗分數高低的測量誤差，來源主要包括學生的學習、訓練、遺忘與成長。

　　針對上述測量誤差的種類，若是小華因爲答案卡劃記錯誤導致成績不佳、或者是考試前因感冒生病而導致考試表現不好等，都是屬於隨機誤差的情形。至於若小華因爲缺少練習而導致數學表現不好，此種誤差種類則是屬於系統性誤差。

　　綜上所述，眞實分數與測量誤差之間是呈現消長的關係，亦即若測量誤差變大，則眞實分數的估計愈不準確。

二、信度的數學定義

　　信度的涵義即是指經由多次複本測量所得結果間的一致性或穩定性，信度的數學定義公式，主要爲1 = 信度 + 誤差，而此定義可以由下列的公式中，加以說明：

$$x = t + e$$

$$S_x^2 = S_{t+e}^2 = S_t^2 + S_e^2 + 2 \times S_{te}$$

$$\rho_{te} = 0 = \frac{S_{te}}{S_t S_e}$$

$$S_{te} = 0$$

$$S_x^2 = S_t^2 + S_e^2$$

$$\frac{S_x^2}{S_x^2} = \frac{S_t^2}{S_x^2} + \frac{S_e^2}{S_x^2} = 1$$

上述中，觀察分數的變異（S_x^2）與真分數變異（S_t^2）的比值，即為信度（$\frac{S_t^2}{S_x^2}$），由上述的公式亦可證明，1 ＝ 信度 ＋ 誤差，亦即信度與誤差的和是一個常數，代表信度高，誤差即低，而若是誤差高的話，信度即不高。

貳、常模參照測驗的信度分析

信度愈高，即表示誤差愈小；反之，信度愈低，即表示誤差愈大。信度主要是表示測驗的一致性，主要可以分為：內部一致性信度（折半、庫李以及Alpha信度）、不同時間的重測信度、不同測驗的複本信度、不同評分者的評分者信度，信度是藉由信度係數來加以表示，其值是介於0.00至1.00之間，信度主要四個影響變異的因素，包括：(1)受試者的特性；(2)測驗的題目；(3)情境的條件以及(4)主試者的特質。以下將逐一說明常模參照測驗常使用的信度，分別是：重測信度、複本信度、折半信度、庫李信度、Alpha信度、Hoyt's信度、評分者信度等。

一、重測信度

重測信度（test-retest reliability）是指以同一份測驗，於不同時間對同一批學生前後重複測量兩次，並根據這兩次測驗得分的結果，求出兩次得分間的相關係數，此相關係數即重測信度，重測信度主要在於表示測驗在不同時間下的穩定性，所以又稱為穩定係數。重測信度主要的誤差來源是由於時間的控制，兩次測驗時間間隔的長度與重測信度有密切的關係，通常間隔時間愈短，信度愈高；反之，間隔時間愈長，信度愈低。因此，在解釋重測信度的時候，應該考慮前後兩次測驗間隔時間的長短。假如兩次測驗時間間隔很短，就容易受到受測者練習、心理疲勞、記憶等因素影響，以致重測信度偏高。假如時間間隔很長，會受到受測者身心成長、學

習效果變化的影響，因此變異誤差也會比較大，重測信度也會降低。在實施重測的時候，究竟時間要間隔多長比較合適？這通常要依照測驗結果的使用而定，一般來說三個星期或者一個月左右是一個被大家接受的重測時間間隔。

重測信度的基本假設，在於假設某測驗所要測量的潛在特質，於短期間內是不會隨著時間的消逝而改變。所以，重測信度的主要用途，在於估計測驗結果經過一段期間後是否仍然維持穩定、一致的特性。測驗種類中的速度測驗主要是在測試受試者在固定時間下對於知識的了解程度，所以重測信度最適合用來評估速度測驗的信度。

動作技能方面的潛在特質比較不容易於短時間內隨時間改變，所以適合使用重測信度；反之，認知和情意方面，短時間內較易於改變，所以比較不適合利用重測信度來探討測驗的穩定性。

二、複本信度

複本信度（parallel-forms reliability）是指利用兩份在試題格式、題數、難度、施測時限與例題等方面都相當，並且都用來測量相同潛在特質或能力，但試題內容卻不相同的測驗，此時這兩份測驗稱為複本測驗，而利用複本測驗建立的測驗信度，即為複本信度。複本測驗的編製通常是根據雙向細目表，於同一時間內分別獨立編製而成，複本信度在所有的測驗信度品質中是較好的一種，不過由於複本測驗的編製不易，所以複本信度的建立並不容易。

複本信度的實施方式分為兩種，分別是：(1)在同一時間內連續施測，目的在於反應測驗內容，因為抽樣決定代表性試題所造成的誤差有多少（即試題的抽樣誤差），但無法反應出學生本身狀況，在施測期間產生變化所造成的誤差（即時間的抽樣誤差），而此種複本信度稱為等值係數；另一種複本信度的實施方法，則為：(2)間隔一段時間再施測，此種複本信度可以反應出測驗內容的抽樣誤差，也反應出學生本身狀況改變的時間抽樣誤差，又稱穩定且等值係數。

三、內部一致性信度

內部一致性信度（internal consistency reliability）是探討測驗內部是否穩定一致的信度，內部一致性信度有三種方法，分別是：折半、庫李（KR$_{20}$/KR$_{21}$）以及Alpha係數等，分別說明如下：

(一)折半法

折半法（split-half method）是利用單獨一次測驗結果，以隨機方式將測驗分成兩半，再求出這兩半測驗結果的相關係數，折半信度愈高，表示兩半測驗的內容一致愈相等，所以利用折半法來估計測驗的信度，是為了顯示信度測量的一致性。計算折半法時，將測驗分成兩半的方法有許多方式，其中一種是以隨機方式將試題分為兩半，另一種則可以奇偶對半的方法將試題分為兩半，或者是將測驗分成前一半以及後一半等。因為內部一致性信度中的折半法只有計算原有測驗的一半，所以會低估原測驗的信度，所以需要利用校正公式來加以校正折半信度。常見的校正公式有：斯布校正、佛氏及盧氏校正公式，分別說明如下：

1. 斯布校正公式

$$r_{xx'} = \frac{g \times r_h}{1 + (g-1)r_h}$$

運用斯布校正公式（Spearman-Brown formula）時有個限制，即為折半信度所計算的二半分數，其變異數不能差異太大，若太大的話，斯布校正公式校正後的信度則會高估。因此，若是二半分數的變異數差異太大時，建議採用佛氏或是盧氏校正公式來校正折半信度較為適合。

2. 佛氏校正公式

$$r_{xx'} = 2 \times (1 - \frac{S_a^2 + S_b^2}{S_x^2})$$

上述是佛氏校正公式（Flanagan, 1937），其中的S_a^2與S_b^2分別代表所折二半分數的變異數，至於S_x^2則是未折半分數的變異數。

3. 盧氏校正公式

$$r_{xx'} = 1 - \frac{S_d^2}{S_x^2}$$

上述是盧氏校正公式（Rulon, 1939），其中的S_d^2代表所折二半分數差值的變異數，至於S_x^2則是未折半分數的變異數，佛氏校正與盧式校正公式所計算出的校正分數，其值會相等。

(二)折半法計算範例

以下將說明內部一致性信度中折半法的計算過程，並且利用斯布、佛氏以及盧氏校正的結果。

1. 受試者計分結果

	題號				分數
	1	2	3	4	(X)
陳敬平	1	0	0	0	1
李婉璇	1	1	0	0	2
王曉珊	0	0	1	1	2
林約翰	0	0	0	0	0
方忠良	1	1	0	1	3
陳婉約	1	1	1	1	4

上述的表中，1代表答對，0則是答錯的代號。此時的平均數以及變異數計算結果如下：

$$\overline{X} = \frac{\sum x}{N} = \frac{12}{6} = 2.00$$

$$S^2 = \frac{\sum (x - \overline{X})^2}{N} = \frac{10}{6} = 1.67$$

上述計算結果平均數 = 2.00，變異數則是1.67。

2. 計算斯布校正公式

	折半		計算相關		
	奇數題 (1 + 3)	偶數題 (2 + 4)	Z		$(Z_o \times Z_E)$
			奇數題	偶數題	
陳敬平	1	0	0	-1.22	0
李婉璇	1	1	0	0	0
王曉珊	1	1	0	0	0
林約翰	0	0	-1.72	-1.22	2.10
方忠良	1	2	0	1.22	0
陳婉約	2	2	1.72	1.22	2.10
平均數	1.00	1.00	$r_{xx'} = \dfrac{\sum Z_o Z_E}{N} = \dfrac{4.20}{6} = 0.70$		
標準差	0.58	0.82			

上述所計算出的相關係數為0.70，代表未校正過的折半信度為0.70。
以下將利用斯布校正公式來加以校正，結果如下：

$$\frac{2 \times r_{xx'}}{1 + r_{xx'}} = \frac{2 \times 0.70}{1 + 0.70} = 0.82$$

上述結果表示利用斯布校正折半信度的信度值為0.82，高於原始未校
正的0.70。

3. 計算盧氏與佛氏校正公式

	折半		
	奇數題 (1 + 3)	偶數題 (2 + 4)	差值
陳敬平	1	0	1
李婉璇	1	1	0
王曉珊	1	1	0
林約翰	0	0	0
方忠良	1	2	-1
陳婉約	2	2	0
S^2	0.33	0.67	0.33

　　由上述差異分數計算變異數的結果為$S_d^2 = 0.33$，而未折半分數的變異數為$S_x^2 = 1.67$，此時利用盧氏校正公式來校正折半信度後的信度值，結果如下：

$$1 - \frac{S_d^2}{S_x^2} = 1 - \frac{0.33}{1.67} = 0.80$$

　　所以利用盧氏校正後的折半信度值為0.80。若是利用佛氏校正公式來校正折半信度計算，首先計算折半分數的變異數，結果如下：

$$S_O^2 = 0.33$$
$$S_E^2 = 0.67$$

再將這折半分數的變異數代入佛氏校正公式計算，結果如下：

$$2 \times (1 - \frac{S_O^2 + S_E^2}{S_x^2}) = 2 \times (1 - \frac{0.33 + 0.67}{1.67}) = 2 \times 0.40 = 0.80$$

　　由上述的計算結果可以得知，以佛氏校正與盧氏校正方法來校正折半信度的值皆為0.80。

4. 廣義的斯布校正公式

廣義的斯布校正公式如下所示：

$$r_{xx'} = \frac{g \times r_h}{1 + (g-1)r_h}$$

　　利用廣義的斯布校正公式可以得知，測驗的長度愈長，其信度愈高，以範例來加以說明，若有位教師編製了10題的測驗，其信度值是0.40，這位老師新增了15題同樣品質的新試題，請問這份新測驗可能的信度值是多少？由上述廣義的斯布校正公式可知，新測驗可能的信度值，可計算如下：

$$g = \frac{25}{10} = 2.5$$
$$r_h = 0.40$$

　　所以新測驗可能的信度值是2.5×0.40÷[1 + (2.5−1)×0.40] = 1.00÷1.60 = 0.625，亦即增加與原有題庫中相同性質試題題數（15題），會提高原有的信度（從0.40提高至0.625），表6-1是斯布校正公式中，原始信度與測驗長度關係一覽表。

表6-1 斯布校正公式中,原始信度與測驗長度的關係一覽表

原始信度	增加原測驗長度的倍數				
	2	3	4	5	6
.10	.18	.25	.31	.36	.40
.20	.33	.43	.50	.56	.60
.30	.46	.56	.63	.68	.72
.40	.57	.67	.73	.77	.80
.50	.67	.75	.80	.83	.86
.60	.75	.82	.86	.88	.90
.70	.82	.88	.90	.92	.93
.80	.89	.92	.94	.95	.96
.90	.92	.96	.97	.98	.98

由上表中可以得知,測驗的題數愈多,其信度值愈高。

(三)庫李方法

內部一致性信度中的庫李(Kuder & Richardson, KR)方法,主要是依據學生對所有試題的作答反應,分析其試題間的一致性,以確定測驗中的試題是否都測量到相同特質的一種信度估計方法。

庫李公式的基本假設,包括以下三種:(1)試題的計分是使用對或錯的二元化計分方式;(2)試題不受作答速度的影響;(3)試題都是同質的。測量誤差主要來自測驗內容的抽樣誤差,尤其是受到抽樣內容的同質性或異質性程度的影響大。庫李信度的公式主要有20號以及21號兩個公式,說明如下:

$$KR_{20} = \frac{n}{n-1}(1 - \frac{\sum_{i=1}^{n} p_i q_i}{S_x^2})$$

$$KR_{21} = \frac{n}{n-1}(1 - \frac{\overline{X} - (n - \overline{X})}{nS_x^2})$$

上述公式中,n表示題數,p表示答對率,q表示答錯率,S_x^2表示所有分數的變異數。

(四)庫李方法計算範例

以下將說明內部一致性信度中庫李方法的計算過程，並且分別計算 KR_{20} 與 KR_{21} 公式以及計算的結果。

1. 受試者計分結果

	題數				分數
	1	2	3	4	(X)
陳敬平	1	0	0	0	1
李婉璇	1	1	0	0	2
王曉珊	0	0	1	1	2
林約翰	0	0	0	0	0
方忠良	1	1	0	1	3
陳婉約	1	1	1	1	4

上述的表中，1代表答對，0則是答錯的代號。此時的平均數以及變異數計算結果如下：

$$\overline{X} = \frac{\sum x}{N} = \frac{12}{6} = 2.00$$

$$S^2 = \frac{\sum (x - \overline{X})^2}{N} = \frac{10}{6} = 1.67$$

上述計算結果平均數 = 2.00，變異數為 1.67。

2. 計算 KR_{20}

	題號				分數
	1	2	3	4	(X)
陳敬平	1	0	0	0	1
李婉璇	1	1	0	0	2
王曉珊	0	0	1	1	2
林約翰	0	0	0	0	0
方忠良	1	1	0	1	3
陳婉約	1	1	1	1	4
答對率（P）	0.67	0.50	0.33	0.50	
答錯率（1－P）	0.33	0.50	0.67	0.50	

| P×(1－P) | 0.22 | 0.25 | 0.22 | 0.25 | |

由上述計算結果可以得知，答對率與答錯率乘積的和爲 $\sum P \times (1-P) =$ 0.94，此時的 KR_{20} 計算結果如下：

$$KR_{20} = \frac{n}{n-1}(1 - \frac{\sum\limits_{i=1}^{n} p_i q_i}{S_x^2})$$

$$= \frac{4}{4-1} \times (1 - \frac{0.94}{1.67})$$

$$= 1.33 \times 0.44$$

$$= 0.59$$

上述 KR_{20} 計算結果，內部一致性信度利用庫李方法（KR_{20}）爲0.59。以下將繼續介紹 KR_{21} 的計算方法。

3. 計算 KR_{21}

計算 KR_{21} 與 KR_{20} 的公式大同小異，以下爲 KR_{21} 的計算公式，計算過程以及結果如下：

$$KR_{21} = \frac{n}{n-1} \left[1 - \frac{\overline{X} - (n - \overline{X})}{nS_x^2} \right]$$

$$= \frac{4}{4-1} \times \left[1 - \frac{2.00 - (4 - 2.00)}{4 \times 1.67} \right]$$

$$= 1.33 \times (1 - \frac{4}{6.68})$$

$$= 1.33 \times 0.40$$

$$= 0.53$$

上述 KR_{21} 計算結果，內部一致性信度利用庫李方法（KR_{21}）爲0.53。

(五)Alpha係數

庫李公式的限制在於只能計算二元計分的測驗，若多元計分時，即無法採用庫李公式來計算測驗信度，而Alpha(α)公式即能彌補這個缺失，不僅能運用在二元計分的測驗，亦能計算類似李克特量表的多元計分測驗或量表，計算公式如下所示：

$$\alpha = \frac{n}{n-1}(1 - \frac{\sum_{i=1}^{n} S_i^2}{S_x^2})$$

如果測驗的題目呈現同質性，α係數與KR_{20}所估計之信度係數和折半信度所估計的值就會很接近；但若是測驗之題目屬於異質時，α係數與KR_{20}所估計的信度就低於折半信度，α係數與KR_{20}公式時常被稱為信度係數估計的下限值。

Cronbach（1951）提出一項判斷信度之準則：$\alpha \geq 0.9$表示信度是很優良的程度；$0.7 \leq \alpha < 0.9$則是屬於良好的程度；$0.6 \leq \alpha < 0.7$是屬於可接受的程度；$0.5 \leq \alpha < 0.6$則是不佳的信度程度；$\alpha < 0.5$則表示是不能接受的信度程度。另外亦有學者（Kline, 1999）指出，$\alpha < 0.35$代表低信度，$0.35 < \alpha < 0.7$代表中信度；$\alpha > 0.7$代表高信度。實務上，$\alpha \geq 0.6$即可宣稱問卷題目之信度可接受。Nunnally（1978）即指出，測驗的信度至少需達到.70以上，而.75至.83是可被接受的，而大於.90的信度即是優良的程度。DeVellis（2011）主張α合適的範圍如下：低於0.60的α無法接受；$0.6 \leq \alpha < 0.65$是屬於不理想的範圍，$0.65 \leq \alpha < 0.70$是屬於最低程度的可接受範圍；$0.70 \leq \alpha < 0.80$則是可接受的；$0.80 \leq \alpha < 0.90$則是非常好的；若是超過0.90則是需要考慮縮短量表。

(六)Alpha係數計算範例

以下將計算內部一致性信度中的Alpha(α)信度，計算過程如下：

1. 計算二元計分的Alpha係數

	題號				總分
	1	2	3	4	(X)
陳敬平	1	0	0	0	1
李婉璇	1	1	0	0	2
王曉珊	0	0	1	1	2
林約翰	0	0	0	0	0
方忠良	1	1	0	1	3

陳婉約	1	1	1	1	4
S^2	0.22	0.25	0.22	0.25	1.67

$$\overline{X} = \frac{\sum x}{N} = \frac{12}{6} = 2.00$$

$$S^2 = \frac{\sum (x - \overline{X})^2}{N} = \frac{10}{6} = 1.67$$

$$\sum S_i^2 = 0.22 + 0.25 + 0.22 + 0.25 = 0.94$$

$$\alpha = \frac{n}{n-1}(1 - \frac{\sum_{i=1}^{n} S_i^2}{S_x^2})$$

$$= \frac{4}{4-1} \times (1 - \frac{0.94}{1.67})$$

$$= 1.33 \times 0.44$$

$$= 0.59$$

由上述計算結果可以得知 α 係數爲0.59，與KR_{20}所計算的結果相同，亦即二元計分下，α 係數與KR_{20}的計算結果是相等的，但是KR_{20}並無法適用於多元計分的情形，以下將說明如何計算多元計分下的 α 係數。

2. 計算多元計分的Alpha係數

	題號				總分
	1	2	3	4	(X)
陳敬平	4	3	4	4	15
李婉璇	2	5	5	5	17
王曉珊	3	5	5	3	16
林約翰	1	3	1	1	6
方忠良	5	5	5	4	19
陳婉約	4	3	4	4	15
S^2	1.81	1.00	2.00	1.58	$S_x^2 = 16.89$

$$\sum S_i^2 = 1.81 + 1.00 + 2.00 + 1.58 = 6.39$$

$$\alpha = \frac{n}{n-1}(1 - \frac{\displaystyle\sum_{i=1}^{n} S_i^2}{S_x^2})$$

$$= \frac{4}{4-1} \times (1 - \frac{6.39}{16.89})$$

$$= 1.33 \times 0.62$$

$$= 0.82$$

上述結果中，此多元計分的範例，其 α 係數值為0.82。

四、Hoyt's 信度

除了上述的方法外，還有一種與變異數分析有關的方法可以用來衡量測驗的內部一致性，而這就是Hoyt's信度。主要的原理即將一組測驗分數的均方差（MS）分成三個部分，即受試者與受試者之間的差異（persons）、試題與試題之間的差異（items）以及人與試題之間相互作用的差異，其中MSpersons代表受試者之間的差異，MSresidual為人與試題之間相互作用的差異，信度計算公式如下所示：

$$\rho_{xx'} = \frac{MS_{persons} - MS_{residual}}{MS_{persons}}$$

由於以Hoyt's的方法來計算信度，較其他計算信度的方法複雜，因而現在並不常用，倒是以Hoyt's來估計信度的想法，則為現代測量理論——類推性理論的出現奠定了一定的基礎。

(一)Hoyt's信度計算範例

以下將以一個實例，來說明如何計算Hoyt's的信度。

	1	2	3	4	X	X^2
陳敬平	1	0	0	0	1	1
李婉璇	1	1	0	0	2	4
王曉珊	0	0	1	1	2	4
林約翰	0	0	0	0	0	0
方忠良	1	1	0	1	3	9
陳婉約	1	1	1	1	4	16
總和	4	3	2	3	12	34

| 總和^2 | 16 | 9 | 4 | 9 | 38* | |

*上述中總和^{2}的加總和為38，亦即 $16 + 9 + 4 + 9 = 38$。

$$SS_t = (\sum_{i=1}^{np} X_i - \frac{\sum_{i=1}^{np} X_i \times \sum_{i=1}^{np} X_i}{np \times ni})$$

$$SS_t = [12 - (12 \times 12) \div (4 \times 6)] = 6.00$$

$$SS_{persons} = (\sum_{i=1}^{np} X_i^2 - \frac{\sum_{i=1}^{np} X_i \times \sum_{i=1}^{np} X_i}{np}) \div ni$$

$$SS_{persons} = (34 - 12 \times 12 \div 6) \div 4 = 2.50$$

$$SS_{items} = (\sum_{i=1}^{ni} X_i^2 - \frac{\sum_{i=1}^{np} X_i \times \sum_{i=1}^{np} X_i}{ni}) \div np$$

$$SS_{items} = (38 - 12 \times 12 \div 4) \div 6 = 0.33$$

$$SS_{residual} = SS_t - SS_{persons} - SS_{items}$$

$$SS_{residual} = 6.00 - 2.50 - 0.33 = 3.17$$

將上述計算的結果，整理成下述變異數分析摘要表（表6-2）。

表6-2　Hoyt's的變異數分析摘要表

變異來源	SS	df	MS	F
Persons	2.50	5	0.50	2.37
Items	0.33	3	0.11	0.53
Residual	3.17	15	0.21	
Total	6.00	23		

所以，Hoyt's方法所計算出的內部一致性信度值為 $(0.50 - 0.21) \div 0.50 = 0.58$。

五、評分者信度

評分者信度主要是運用於計算不同評分者之間的一致性程度，可以分

爲：評分者間的評分者信度以及評分者內的評分者信度，說明如下：

(一)評分者間的評分者信度

　　評分者間的評分者信度常用的信度公式有等級相關係數與和諧係數，而評分者間信度係數愈高，表示評分者間的評分結果愈一致；反之，評分者間信度係數愈低，即表示評分結果愈不一致，以下即爲適用於2位評分者的等級相關係數（rank correlation coefficient）：

$$\rho = 1 - \frac{6\sum_{i=1}^{n} d_i^2}{N(N^2-1)}$$

　　上述公式中的N，代表受評的人數，而d_i^2表示的是評分者間受試者名次（等級）的差值。因爲等級相關係數只能運用於2位評分者，若多個評分者即不適用。因此若有3位以上的評分者，要計算其一致性，可以利用Kendall和諧係數（coefficient of concordance），公式說明如下：

$$W = \frac{\sum_{i=1}^{n} R_i^2 - \frac{(\sum_{i=1}^{n} R_i)^2}{N}}{\frac{1}{12}k^2(N^3-N)}$$

　　上述公式中，k所代表的是評分者人數，而N則是受評者人數，其中的R_i所代表的則是評分者對於受評者的名次（等級）。

(二)評分者內的評分者信度

　　評分者內的評分者信度，可以利用同質性信度係數來加以計算，公式說明如下（Aiken, 1985）：

$$S_j = \sum_{i'=1}^{k-1} \sum_{i=i'+1}^{k} |r_{ij} - r_{i'j}|$$

$$H_j = 1 - \frac{4S_{.j}}{(c-1)(k^2-m)}$$

　　其中r_{ij}爲評分者 i 在被評分者 j 上之評分，k爲評分者人數，m爲虛擬變項，當k爲偶數時，m = 0，若k爲奇數時，m = 1，c爲評定等第數目，N

為被評者人數，H_j為第 j 位被評者的同質性信度係數。

六、信度的測量誤差

　　信度主要是代表測驗的穩定性，而不同的信度種類，其主要的誤差來源亦有所不同。重測信度的主要誤差來源是時間，而複本信度的誤差來源包括時間與內容。至於內部一致性信度的主要誤差來源，則是來自於內容異質的程度以及內容上的誤差。至於評分者信度的主要誤差來源，則是來自於評分者。

參、標準參照測驗的信度分析

　　上述所討論的信度一般來說比較適用於常模參照測驗，而標準參照測驗的信度分析主要可以利用百分比一致性指標以及Kappa係數來計算，分別說明如下：

一、百分比一致性指標

　　百分比一致性指標（percent agreement, PA）係指分析前後兩次分類決定結果是否一致的一種統計方法，並以百分比值之和來表示。當分類的決定愈一致時，即表示所採用的分類標準（即效標）很適當，所使用的標準參照測驗具有較高的信度係數，反之則否，計算公式如下所示：

$$P_A = \frac{A}{N} + \frac{D}{N}$$

表6-3　百分比一致性指標計算公式資料表

		測驗1的結果		
		精熟	非精熟	小計
測驗2的結果	精熟	A	B	A + B
	非精熟	C	D	C + D
	小計	A + C	B + D	N = A + B + C + D

二、Kappa係數

Kappa係數（Kappa coefficient of agreement）（Cohen, 1960）適用於類別或名義變項需要作歸類評定時，評分者間歸類或評定為一致的一種統計指標。是指評分者實際評定為一致的次數百分比，與評分者在理論上評定為一致的最大可能次數百分比的比率，計算公式如下所示：

$$Kappa(k) = \frac{P_A - P_C}{1 - P_C}$$

$$P_C = \left(\frac{A+B}{N} \times \frac{A+C}{N}\right) + \left(\frac{C+D}{N} \times \frac{B+D}{N}\right)$$

三、Kappa係數計算範例

以下將舉一個實例來計算Kappa係數。下表所呈現的是25位學生經過二次測驗的次數統計交叉表，其中在第一次測驗與第二次測驗皆達精熟的人數是11位，第一次測驗未達精熟但第二次測驗達精熟的有4位，第一次測驗達精熟但是第二次測驗未達精熟的共有1位，第一次與第二次測驗皆未達精熟的有9位，想要了解這測驗的信度係數（Kappa）為何？

		第一次測驗		
		精熟	非精熟	小計
第二次測驗	精熟	11	4	15
	非精熟	1	9	10
	小計	12	13	25

首先計算百分比一致性指標：

$$P_A = \frac{A}{N} + \frac{D}{N}$$

$$= \frac{11+9}{25} = \frac{20}{25} = 0.8$$

接下來計算PC係數：

$$P_C = \left(\frac{A+B}{N} \times \frac{A+C}{N}\right) + \left(\frac{C+D}{N} \times \frac{B+D}{N}\right)$$

$$= \left(\frac{15}{25} \times \frac{12}{25}\right) + \left(\frac{10}{25} \times \frac{13}{25}\right) = \frac{310}{625} = 0.50$$

此時的Kappa係數計算結果如下：

$$k = \frac{P_A - P_C}{1 - P_C}$$

$$= \frac{0.80 - 0.50}{1 - 0.50} = \frac{0.30}{0.50} = 0.60$$

由上述計算的結果，可以得知百分比一致性指標為0.8，而Kappa係數則為0.60。

肆、影響信度的因素

Miller、Linn與Gronlund（2012）提出影響信度的因素主要可以分為：(1)試題題數的數目；(2)分數的分布情形；(3)評分的客觀性；(4)信度估計的方法等四項，將依序說明如下：

一、試題題數的數目

測驗的題數愈多，其信度係數愈高；測驗題數愈少，其信度係數愈低。信度係數會隨著測驗的題數而有所增減，但是若信度偏低，欲藉由增加試題來提高信度時，所欲擬增加的試題必須是與原來試題為同質的複本試題才行，因此，增加同質的複本試題數量是可以提高測量工具的信度。

二、分數的分布情形

測驗的信度係數會受到分數分布的情形而有所影響，分數分布的範圍愈大，信度係數則會愈大。

三、評分的客觀性

評分的客觀性所指的是不同評分者之間，評分的一致性，使用建構式試題進行學生認知能力的評量時，由於常常會受到評分者主觀判斷的影響，不同評分者間會有評分差異，即使同一評分者在不同情境下的評分結果，也會有差異。因此評分方式愈主觀，信度係數也會較低；反之，若評分方式愈客觀者，信度係數會較高。

四、信度估計的方法

　　一般而言，信度係數的大小與信度估計的方法有關係，例如：當時間的間隔較短時，重測信度會大於折半信度，但若是時間的間隔變長時，則重測信度會小於折半信度。庫李係數以及Alpha係數，通常會比折半信度低。折半法應用於速度測驗時，會容易產生虛假的高信度係數，折半信度通常會得到較大的信度係數。如果速度是該測驗的重要因素，不建議採用折半信度，應該以其他的信度係數來表徵其工具的穩定性較為恰當。

伍、信度分析範例

　　以下將用SPSS、EXCEL、WITAS等應用軟體，進行測驗中的信度分析。

一、信度分析範例（SPSS）

　　以下將說明如何進行Alpha係數、折半信度以及斯布、佛氏與盧氏校正公式的分析及其結果說明。

(一)讀取資料檔（p6_1.sav）

(二)點選分析→尺度→信度分析
(三)點選模式→Alpha值（計算Alpha係數）

　　將所要分析的試題拖曳至項目的對話方框中，並且模式選擇Alpha值，之後請點選統計量，此時會出現統計量的對話方框。

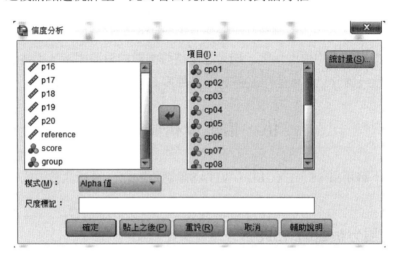

(四)點選統計量對話方框中的項目以及刪除項目後之量尺摘要兩個選項

　　點選繼續後，再按確定，即會出現信度的計算結果，如下圖：

(五)查看結果

可靠性統計量	
Cronbach's Alpha值	項目的個數
.765	20

上述結果中，可以得知分析的測驗資料中有20題，而其Alpha信度為0.765。

(六)各題的難度值

信度分析中所呈現的項目統計量中的平均數，即是各題的難度值，亦即是通過率，如下表所示：

項目統計量			
	平均數	標準離差	個數
cp01	.98	.154	42
cp02	.81	.397	42
cp03	.62	.492	42
cp04	.71	.457	42
cp05	.67	.477	42
cp06	.67	.477	42
cp07	.60	.497	42
cp08	.64	.485	42
cp09	.86	.354	42
cp10	.76	.431	42
cp11	.62	.492	42
cp12	.86	.354	42
cp13	.79	.415	42
cp14	1.00	.000	42
cp15	.60	.497	42
cp16	.71	.457	42
cp17	.90	.297	42
cp18	.45	.504	42
cp19	.62	.492	42
cp20	.79	.415	42

(七)各題刪除之後Alpha係數的改變

由各題刪除後的Alpha係數中可以得知,這20個題目中,以第3題(0.781)在測驗的穩定性方面最不穩定,而第8題(0.732)則是最一致的題目。

	項目整體統計量			
	項目刪除時的 尺度平均數	項目刪除時的 尺度變異數	修正的項 目總相關	項目刪除時的 Cronbach's Alpha值
cp01	13.67	13.154	.116	.766
cp02	13.83	12.386	.273	.759
cp03	14.02	13.048	.005	.781
cp04	13.93	11.629	.472	.745
cp05	13.98	11.536	.477	.744
cp06	13.98	12.219	.258	.761
cp07	14.05	12.827	.066	.777
cp08	14.00	11.073	.620	.732
cp09	13.79	12.611	.227	.762
cp10	13.88	12.010	.372	.753
cp11	14.02	12.316	.217	.765
cp12	13.79	12.221	.388	.753
cp13	13.86	12.857	.094	.771
cp14	13.64	13.308	.000	.767
cp15	14.05	11.559	.445	.746
cp16	13.93	11.287	.590	.735
cp17	13.74	12.539	.323	.757
cp18	14.19	11.816	.357	.754
cp19	14.02	11.585	.443	.747
cp20	13.86	11.199	.697	.729

(八)折半信度

若要計算測驗的折半信度，只需要在模式選擇的步驟中，選擇折半信度即可，如下圖所示：

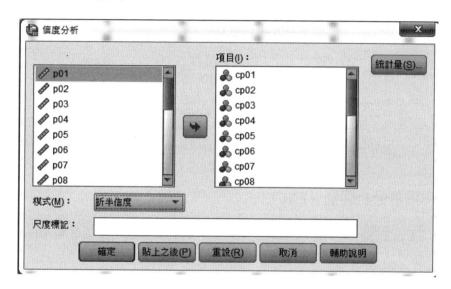

下表即是折半信度的計算結果，包括第1部分與第2部分的信度，兩部分之間的相關係數，斯布校正公式的計算結果。

可靠性統計量			
Cronbach's Alpha值	第1部分	數值	.565
		項目的個數	10[a]
	第2部分	數值	.694
		項目的個數	10[b]
	項目的總個數		20
形式間相關			.569
Spearman-Brown係數	等長		.726
	不等長		.726
Guttman Split-Half係數			.723
a.項目為\：cp01, cp02, cp03, cp04, cp05, cp06, cp07, cp08, cp09, cp10.			
b.項目為\：cp11, cp12, cp13, cp14, cp15, cp16, cp17, cp18, cp19, cp20.			

由上表可以得知測驗的折半信度為0.569，而斯布校正後之折半信度為0.726，佛氏與盧氏校正後之信度為0.723，各校正公式計算過程如下所示：

$$\rho_{xx'} = \frac{N\rho_{yy'}}{1 + (N-1)\rho_{yy'}} = \frac{2 \times 0.569}{1 + (2-1) \times 0.569} = 0.725 \approx 0.726$$

$$\rho_{xx'} = 2\left(1 - \frac{S_o^2 + S_e^2}{S_x^2}\right) = 2 \times \left(1 - \frac{3.829 + 4.667}{13.308}\right) = 2 \times \left(1 - \frac{8.496}{13.308}\right)$$

$$= \frac{2 \times (13.308 - 3.829 - 4.667)}{13.308} = 2 \times 0.362 = 0.724 \approx 0.723$$

$$= \frac{2(S_x^2 - S_o^2 - S_e^2)}{S_x^2}$$

二、信度分析範例（EXCEL）

以下二元計分的範例（p6_2.xlsx），將計算KR$_{20}$信度係數與Alpha係數。

(一) Alpha係數的計算公式

$$\alpha = \frac{n}{n-1}\left(1 - \frac{\sum_{i=1}^{n} S_i^2}{S_x^2}\right)$$

1.首先利用EXCEL中，計算變異數的函數VARP()來計算每一題的變異數。

2.計算所有受試者得分的變異數（VARP函數），如下圖所示：

3.利用Alpha係數的計算公式，將所有題目的變異數總和、所有受試者得分的變異數以及題數等資料，代入上述公式即可獲得測驗的Alpha信度，計算結果此測驗的Alpha係數為0.765。

(二)KR$_{20}$信度係數計算公式

$$KR_{20} = \frac{n}{n-1}(1 - \frac{\sum_{i=1}^{n} p_i q_i}{S_x^2})$$

1.首先計算每一題之p_i以及q_i，並將之加總。

2.利用KR$_{20}$的計算公式，將所有題目的p_i與q_i累乘的總和、所有受試者得分的變異數以及題數等資料，代入上述公式即可獲得測驗的KR$_{20}$信度，計算結果此測驗的KR$_{20}$係數為0.765，因為此範例是二元計分的測驗，所以Alpha係數與KR$_{20}$係數的結果會相同。

三、評分者信度（EXCEL）

評分者信度係將相同測驗交予兩個不同或兩個以上的人評分，再將兩項分數進行比較，屬於比較主觀性的測驗評分一致性的評估，如論文式測驗，為了評鑑計分過程的一致性，此時的評分者信度益顯得格外重要。

(一)等級相關係數

以下為計算等級相關係數（rank correlation coefficient）的範例，資料包括12位學生作品成績，有2位評分者A以及B，其中還包括將評分者A與B的原始分數化為等第的資料。

學生編號	評分者A	評分者B	等第A	等第B
A01	95	89	1	2
A02	89	86	6	7
A03	76	75	12	12
A04	91	88	5	4
A05	82	83	10	10
A06	94	89	3	2
A07	87	85	8	9
A08	88	88	7	4
A09	93	87	4	6
A10	95	90	1	1
A11	80	82	11	11
A12	86	86	9	7

分析步驟說明如下所示:

1. **輸入評分資料**(p6_3.xlsx)

2. **計算等第**(RANK)

	D2		f_x	=RANK(B2,$B$2:$B$13)		
	A	B	C	D	E	F	G
1	編號	評分A	評分B	等級A	等級B	d	d^2
2	A01	95	89	1	2	-1	1
3	A02	89	86	6	7	-1	1
4	A03	76	75	12	12	0	0
5	A04	91	88	5	4	1	1
6	A05	82	83	10	10	0	0
7	A06	94	89	3	2	1	1
8	A07	87	85	8	9	-1	1
9	A08	88	88	7	4	3	9
10	A09	93	87	4	6	-2	4
11	A10	95	90	1	1	0	0
12	A11	80	82	11	11	0	0
13	A12	86	86	9	7	2	4
14							

　　利用EXCEL中的RANK函數來計算2位評分者原始分數的等第，以評分者A為例，若要計算評分者A對於A01評分分數（在B2儲存格），在評分者A對所有12位學生作品成績（在B2至B13儲存格）中的等第，可以利用=RANK(B2,$B$2:$B$13)計算等第，因此評分者A在A02評分分數的等第則是 = RANK(B3,$B$2:$B$13)，依此類推，計算過程如上圖所示。

3. 計算評分等第差異的平方值

　　上圖中的d代表2位評分者等第的差，d^2則是差值的平方。

4. 計算等級相關係數

	G15		f_x	=1-(6*SUM(G2:G13)/(12*(12^2-1)))			
	A	B	C	D	E	F	G	H
1	編號	評分A	評分B	等級A	等級B	d	d^2	
2	A01	95	89	1	2	-1	1	
3	A02	89	86	6	7	-1	1	
4	A03	76	75	12	12	0	0	
5	A04	91	88	5	4	1	1	
6	A05	82	83	10	10	0	0	
7	A06	94	89	3	2	1	1	
8	A07	87	85	8	9	-1	1	
9	A08	88	88	7	4	3	9	
10	A09	93	87	4	6	-2	4	
11	A10	95	90	1	1	0	0	
12	A11	80	82	11	11	0	0	
13	A12	86	86	9	7	2	4	
14								
15						等級相關	0.923077	
16								

(二)Kendall和諧係數

以下是Kendall和諧係數（coefficient of concordance）的計算範例，資料中包括3位評分者、8位受評學生的資料，並且3位評分者資料皆已化為等第資料。

1. 輸入評分名次（等級）資料（p6_4.xlsx）

	D2		▼ ○	f_x	8
	A	B	C	D	
1	學生編號	評分者A	評分者B	評分者C	
2	A01	8	7	8	
3	A02	6	5	6	
4	A03	4	6	5	
5	A04	1	2	1	
6	A05	3	3	2	
7	A06	2	1	3	
8	A07	5	4	4	
9	A08	7	8	7	
10					

2. 計算每位被評者的等級總和

	E2		▼ ○	f_x	=SUM(B2:D2)	
	A	B	C	D	E	F
1	學生編號	評分者A	評分者B	評分者C	R	R^2
2	A01	8	7	8	23	529
3	A02	6	5	6	17	289
4	A03	4	6	5	15	225
5	A04	1	2	1	4	16
6	A05	3	3	2	8	64
7	A06	2	1	3	6	36
8	A07	5	4	4	13	169
9	A08	7	8	7	22	484

如上圖所示，先計算這3位評分者等第的總和，亦即第1位學生在3位評分者等第的總和為8 + 7 + 8 = 23，若是利用EXCEL，則可以利用=SUM(B2:D2)，並且計算等第總和的平方，亦即23×23 = 529，若是

EXCEL中則是利用 = E2^2來計算總和的平方，接下來就可以利用和諧係數的計算公式加以計算。

3. 計算和諧係數

	F11		▼ ⌒	f_x	=(SUM(F2:F9)-SUM(E2:E9)^2/8)/(1/12*3^2*(8^3-8))			
	A	B	C	D	E	F	G	H	I
1	學生編號	評分者A	評分者B	評分者C	R	R^2			
2	A01	8	7	8	23	529			
3	A02	6	5	6	17	289			
4	A03	4	6	5	15	225			
5	A04	1	2	1	4	16			
6	A05	3	3	2	8	64			
7	A06	2	1	3	6	36			
8	A07	5	4	4	13	169			
9	A08	7	8	7	22	484			
10									
11					和諧係數	0.936508			
12									

　　上述圖中，EXCEL的儲存格F11即是利用和諧係數的計算公式加以計算而成，詳細計算過程如下所示：

$$W = \frac{\sum_{i=1}^{n} R_i^2 - \frac{(\sum_{i=1}^{n} R_i)^2}{N}}{\frac{1}{12} k^2 (N^3 - N)} = \frac{1812 - \frac{108^2}{8}}{\frac{1}{12} \times 3^2 \times (8^3 - 8)} = 0.94$$

四、信度計算範例（WITAS）

　　利用上一個章節所介紹的WITAS（Web Item and Test Analysis Software）試題與測驗分析軟體，在測驗分析部分即可獲得內部一致性係數（Alpha）的信度資料，操作及注意事項請參考上一個章節之詳細說明，以下將說明測驗分析結果中的信度。

分測驗：0

題數：20

正確答案：23421213444232322133

總和（Sum）：839.00

平均數（Average）：14.47

最小值：5.00

最大值：20.00

中數（Median）：15.00

全距（Range）：15.00

變異數（Variance）：13.97

變異數（樣本）：14.22

標準差（SD）：3.74

標準差（樣本）：3.77

平均答對人數：41.95

平均答對率：0.72

試題數：20

效標關聯效度：0.90

內部一致性係數：0.78

測量標準誤：1.76

差異係數：0.59

試題分析結果

試題誘答力分析　人數58　高分組16　低分組18

　　上述是測驗的分析結果，首先是測驗別，若是有許多分測驗的話，則會出現該分測驗的名稱。接下來是題數、正確答案，以及所有分數的總分、平均數、受試者最小得分、最多得分、分數的中位數、全距分數。變異數、標準差分別呈現母群及樣本的變異數及標準差。平均答對人數為每一題平均答對的人數，本例為41.95，與總人數（58）相當接近，代表本份測驗是屬於較為簡單的測驗。平均答對率為答對的百分比，本範例為

0.72，代表每一題大約有72%的受試者答對。效標關聯效度爲測驗得分與效標之間的相關係數，測量標準誤爲 $\sigma \times \sqrt{1-\alpha}$ ，差異係數爲SP表的分析結果，若差異係數的數值 > 0.60以上，表示本次施測結果愈不可靠，最好重測。

　　測驗分析是在測驗的發展歷程中相當重要的一個環節，其中由測驗的信度分析中可以了解測驗結果的穩定性，因此使用者在發展測驗時要建立測驗的穩定性時務必要進行測驗的信度分析，建立測驗的信度指標。

自我評量

01.古典測驗理論中，真實分數的意涵爲何？
02.請列舉出古典測驗理論中，測量誤差的種類。
03.影響信度變異的主要因素爲何？
04.請說明各種信度的測量誤差來源？
05.請舉例說明信度估計的方法，與信度係數大小的關係。

第七章　測驗分析（效度）

前一章已經談過測驗分析中的信度分析，接下來要介紹的是測驗分析中另外一個主要的特徵——效度分析，信度與效度是除了參照與客觀外測驗的兩大特徵，一份優良的測驗都會具有較高的信度與效度值。因此，為了使成就測驗具有優良教育測驗的特徵，使之成為一份公正、客觀且優良的學習評量工具，信度與效度的測驗分析是必要的步驟，經過如此的測驗分析，教師才能確定成就測驗是否具有使用上的價值。

效度的種類包括：(1)建構效度，表示對於測驗的基本概念上可以真正測量到的基本概念；(2)需要具有測驗表面看起來符合一些編製要求的表面效度；(3)內容必須要符合編製細目表上的內容效度；(4)可以區別不同組別的同時效度；(5)具有預測其他變項的預測效度；(6)類似的測量方式上具有高度相關的聚斂效度；(7)測量方式不同應有所不同的輻合效度；(8)測驗分數的使用，如何對於受試者產生影響後果的結果效度。以下將從效度的意涵、種類以及影響效度因素等內容分別說明如下。

壹、效度的意涵

效度所代表的意義，即是測驗編製者所宣稱可以正確達到測量目的的程度，這個有效達到測量目的的程度即是有效推論的程度。效度是一種推論上程度的屬性，效度可以作為推論測驗分數上是否有效的證據，所以效度是測驗分數上有效性的推論程度。假若郭老師在批改一份自然與生活科技高認知層次的實作測驗試題，對於學生的錯別字、文法以及標點符號錯誤時扣減分數，以提醒學生要多多注意在作答時要注意表達與溝通，這種做法對於測驗中效度的影響最大。

測驗也許會提供一個堅實的推論基礎，除此之外，對於其他部分則無法提供推論的證據，亦即沒有一個測驗可以對於所有目標都具備有效的推論，測驗僅能對於特定目標提供有效推論的程度，所以效度與信度一樣，它只是程度上的不同，而不是只有全無或全有兩種狀況。

一、效度的數學定義

　　效度是指測驗分數的有效推論程度，亦指測驗能夠提供適切資料以做成正確決策的程度，所以效度是指測驗分數能夠代表它所要測量之能力或潛在特質的程度，或者是測驗能夠達到其測量目的的程度。若要說明效度的數學定義，首先要談到測驗分數的變異性，測驗分數的變異數包括共同因素、獨特以及誤差的變異數，說明如下：

(一)共同因素的變異數

　　共同因素的變異數（common factor variance）是指該測驗與外在效標間共同分享或相關聯的變異部分。

(二)獨特的變異數

　　獨特的變異數（specific variance）是指該測驗單獨存在，而不與外在效標間共同分享或相關聯的變異部分。

(三)誤差的變異數

　　誤差的變異數（error variance）是指該測驗測量不到或解釋不到的能力或潛在特質的誤差變異部分。

　　由上述測驗分數的變異數部分，效度在數學上的定義可說明如下：

$$S_x^2 = S_{t+e}^2 = S_t^2 + S_e^2$$

$$S_x^2 = S_{co}^2 + S_{sp}^2 + S_e^2$$

上述中的 S_x^2 是表示測驗分數的總變異數，S_{co}^2 是共同因素的變異數，S_{sp}^2 是表示獨特的變異數，至於 S_e^2 則是誤差的變異數，真分數的變異包括共同因素與獨特的變異數（$S_t^2 = S_{co}^2 + S_{sp}^2$）。

$$\frac{S_x^2}{S_x^2} = \frac{S_{co}^2}{S_x^2} + \frac{S_{sp}^2}{S_x^2} + \frac{S_e^2}{S_x^2}$$

$$r_v = \frac{S_{co}^2}{S_x^2} = \frac{S_x^2}{S_x^2} - \frac{S_{sp}^2}{S_x^2} - \frac{S_e^2}{S_x^2}$$

$$= 1 - \frac{S_{sp}^2}{S_x^2} - \frac{S_e^2}{S_x^2}$$

　　由上述的公式中可知，效度是指某個測驗和其他測驗所共同分享之變異數部分占該測驗總變異數的比值（$\frac{S_{co}^2}{S_x^2}$），即是指兩個（或兩個以上）測驗所共同擁有的部分。效度係數的值域是介於0與1之間，與信度係數的涵義相同，數值愈接近1，即表示測驗愈能夠測量到它所要測量的潛在特質或能力；數值愈接近0，即表示測驗愈不能夠測量到它所要測量的潛在特質或能力。

二、效度與信度的關係

　　信度是由共同變異數與獨特變異數的比率所構成（等於真實分數變異數的比率），信度 = 效度 + 獨特性，所以效度包含於信度之內，信度所涵蓋的範圍比效度所涵蓋的範圍還大。其中效度係數不會大於信度係數的平方根（即信度指標），例如：若信度係數為0.81，則效度係數則不可能大於0.9。下列公式即為效度與信度之間的關係：

$$r_v \leq \sqrt{r_{xx'}}$$

　　簡茂發（1978）指出「信度低，效度一定低，但信度高，效度不一定高；效度高，信度一定高，但效度低，信度不一定低。」郭生玉（2004）指出效度是指測驗能夠確實測量的特性，亦即所測量分數的正確性與一致性；而信度是指測驗結果的一致性與穩定性，亦即測量分數的可靠性。效度不是信度的必要條件，但效度可以保證某種程度的信度。一旦量表具有信度時，此時量表分數的變異就相當有可能是真分數的變異，但是量表具有信度時，並不保證這些題目所共有的潛在變數，就是量表編製者真正所關心的變數。因此，信度是效度的必要條件，但非充分條件，具有效度之前，必須先具有信度。

貳、效度的種類

　　一般來說測驗效度的證據可以包括以下幾種：(1)內容效度（content validity）表示試題本身是否可以表現出內容領域所需要評量的重要成分；(2)效標關聯效度（criterion related validity）表示測驗分數與目前或未來效標之間的關聯性如何，可分為同時或預測效度（concurrent or predictive criterion validity）；(3)建構效度（construct validity）表示測驗的結構是否與心理建構或特質相符合。

　　Messick（1995）從六個不同的效度方向來加以界定效度，分別是：內容性、實質的、結構的、類推性、外在的和後果的層面。教育與心理測驗標準（Standards for Educational and Psychological Testing）中的效度種類亦如上所述三種：(1)與內容有關聯的內容關聯（content-related）效度，即確定學生的表現與測驗內容的代表性樣本之間具有關聯性；(2)與效標有關聯的效標關聯（criterion-related）效度，亦即預測學生未來的表現或估計學生目前在某些效標表現上的未知狀況；(3)與理論建構有關聯的建構關聯（construct-related）效度，亦即推論學生是否具有某些理論上特質的程度。

　　聯席委員會對於測驗效度的分類亦是三種：(1)內容效度包括邏輯的分析方法、實證的分析方法；(2)效標關聯效度包括同時效度、預測效度；(3)建構效度包括內部一致性分析法、外在效標分析法、因素分析法、多特質多方法分析法。以下將依序說明四種最常見的測驗效度，分別是：內容效度、效標關聯效度、建構效度以及後果效度的內涵。

一、內容效度

　　表7-1所呈現的是CTOPP Elision分測驗（EL），題目為「這20個分測驗的題目主要在於測量受試者可以完整地說明這個字，然後去除括號內的聲音後還剩下什麼？」

表7-1　CTOPP Elision的題目示例

1.	pop(corn)	11.	win(t)er
2.	(base)ball	12.	s(n)ail
3.	Spi(der)	13.	fa(s)ter
4.	(b)old	14.	s(l)ing
5.	(m)at	15.	dri(v)er
6.	(t)an	16.	si(l)k
7.	mi(k)e	17.	(f)lame
8.	ti(m)e	18.	st(r)ain
9.	ti(g)er	19.	s(p)lit
10.	pow(d)er	20.	fixe(d)

　　由上述的測驗內容可以得知，內容效度是指測驗試題的抽樣樣本內容是否符合教學目標，具教材代表性以及適當程度的指標，測驗試題若能涵蓋所有的教學目標與教材內容，並且是根據雙項細目表來命題，有充分的內容代表性，即可以確定該測驗有適當的內容效度，成就測驗、性向測驗、智力測驗以及人格測驗中，以成就測驗最重視內容效度。

　　探討測驗的內容效度可進行邏輯的分析以及實證的分析等兩種方法，其中：(1)邏輯的分析方法是運用測驗編製中所製作的測驗藍圖，亦即雙向細目表來檢驗測驗內容是否符合測驗計畫中的內容。另外亦可以請專家評定出IOC指標，以判斷測驗內容與目標是否符合；(2)實證的分析方法，可以利用Aiken（1980）的內容效度係數來加以判斷，內容效度係數的值介於0到1之間，數值愈大，內容效度愈高。

　　內容效度的用途最適合用於教育測驗的情境中，一般社會中所談論的表面效度（face validity）指的是給人的第一個印象。「好像」（looks like）是在測量某種特質的指標，而不是指測驗事實上能測量到什麼樣的能力或潛在特質。表面效度在效度中的理論基礎是薄弱的，事實上，如果一個量表的目的和表面是相似的，就有可能被判定具有表面效度，否則就會被認定沒有表面效度，這對於任何效度的判斷而言，理論基礎上是很脆

弱的。但從表面來判斷一個量表是否有效，在量表的發展之中並不是無一可取，只是無論是不是有無表面上的意義，其結果與量表是否眞正具有效度是幾乎無關的，或者是根本無關，亦即根據表面效度並沒有辦法去確定是否具有測驗上實徵的效度，不過通常一份具有適當內容效度的教育測驗也會具有良好的表面效度。

內容效度可利用內容效度指標（content validity index, CVI）來加以計算，CVI可以分爲題目層次的CVI（item-level CVI, I-CVI），以及測驗層次的CVI（scale-level CVI, S-CVI），其中S-CVI依計算方法的不同，又可以分爲S-CVI/UA（universal agreement）以及S-CVI/AVE（average agreement）等兩種（Polit & Beck, 2006），詳細的定義架構如下圖所示：

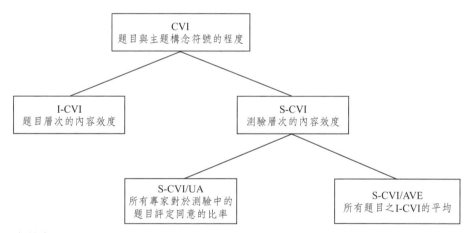

資料來源：Polit, Beck (2006). The Content Validity Index: Are You Sure You Know What's Being Reported? Critique and Recommendations (p. 493). *Research in Nursing & Health, 29*, 489-497.

專家問卷設計時可以使用李克特四點等級評量（four-point rating scale）作爲評量標準，例如：1分「非常不適用」，表示一定要刪除；2分「不適用」，表示要刪除；3分「適用」，表示修改後予以使用；4分表示「非常適用」，表示內容與用詞適當，不須修改即可使用（Burns & Grove, 2004）。亦可以爲1分不適合，2分需大幅修改，3分需小幅修改，4分適合。I-CVI之計算方式爲專家評分大於3分以上皆列入1分（同意），

2分以下皆列入0分（不同意），I-CVI即是將此題目評定爲3分以上的專家人數，再除以專家的總人數，即爲每個題目的I-CVI。

S-CVI依計算方式的不同，可以分爲S-CVI/UA以及S-CVI/AVE。S-CVI/UA的計算方式爲將所有專家同意(1)之題數除以總題數，則得到整體量表內容效度指數S-CVI/UA。另外S-CVI/AVE的計算方式有三種：第一種即是將計算題目I-CVI的平均數即爲S-CVI/AVE；第二種計算方法則是將所有專家同意的比率加總後再除以專家總人數；第三種計算方法則是計算所有專家在所有題目中同意的次數後除以專家題數。

學者建議I-CVI在0.78以上，而S-CVI則在0.8以上，可被視爲良好內容效度（Polit & Beck, 2006; Polit, Beck, & Owen, 2007）。另外Lynn（1986）建議在3至5位專家評定下I-CVI值需爲1.00，6至10位專家則是建議需大於0.78。以下將說明如何利用EXCEL來計算CVI，下表爲10個題目6位專家評定內容效度的結果，其中專家評定的內容1代表不適合，2代表需大幅修改，3表示需小幅修改，4則是表示適合的評定結果。

1	題目	專家01	專家02	專家03	專家04	專家05	專家06
2	1	1	3	3	4	4	2
3	2	3	3	3	4	3	4
4	3	3	4	3	4	4	4
5	4	3	3	4	3	3	4
6	5	4	3	4	3	2	4
7	6	4	4	4	4	3	4
8	7	4	4	4	4	4	4
9	8	4	4	3	4	4	3
10	9	4	4	4	4	3	4
11	10	4	4	4	4	4	4

接下來的步驟即是將專家評定3小幅修改，4適合的評定結果重新編碼爲1（同意），以及1不適合、2需大幅修改的結果重新編碼爲0（不同意），此時可以在新編碼的儲存格，例如：B13中輸入=IF(B2<=2,0,1)，之後再利用EXCEL複製公式的功能，來計算6位專家10個題目重新編碼的結果，結果如下圖所示：

	B13		f_x	=IF(B2<=2,0,1)		
	A	B	C	D	E	F	G
1	題目	專家01	專家02	專家03	專家04	專家05	專家06
2	1	1	3	3	4	4	2
3	2	3	3	3	4	3	4
4	3	3	4	3	4	4	4
5	4	3	3	4	3	3	4
6	5	4	3	4	3	2	4
7	6	4	4	4	4	3	4
8	7	4	4	4	4	4	4
9	8	4	4	3	4	4	3
10	9	4	4	4	4	3	4
11	10	4	4	4	4	4	4
12	題目	專家01	專家02	專家03	專家04	專家05	專家06
13	1	0	1	1	1	1	0
14	2	1	1	1	1	1	1
15	3	1	1	1	1	1	1
16	4	1	1	1	1	1	1
17	5	1	1	1	1	0	1
18	6	1	1	1	1	1	1
19	7	1	1	1	1	1	1
20	8	1	1	1	1	1	1
21	9	1	1	1	1	1	1
22	10	1	1	1	1	1	1

　　接下來計算每個題目專家同意的次數，可在儲存格H13輸入=SUM(B13:G13)，即可計算第1題專家同意的次數。計算I-CVI則是利用專家同意的次數與專家人數的商，因此在儲存格I13輸入=H13/6，其中的6即是為專家人數，之後再利用EXCEL複製的功能，將所有題目專家同意的次數以及I-CVI計算完成，如下圖所示：

	H13			f_x	=SUM(B13:G13)			
	A	B	C	D	E	F	G	H	I
12	題目	專家01	專家02	專家03	專家04	專家05	專家06	同意人數	I-CVI
13	1	0	1	1	1	1	0	4	0.67
14	2	1	1	1	1	1	1	6	1.00
15	3	1	1	1	1	1	1	6	1.00
16	4	1	1	1	1	1	1	6	1.00
17	5	1	1	1	1	0	1	5	0.83
18	6	1	1	1	1	1	1	6	1.00
19	7	1	1	1	1	1	1	6	1.00
20	8	1	1	1	1	1	1	6	1.00
21	9	1	1	1	1	1	1	6	1.00
22	10	1	1	1	1	1	1	6	1.00

此時可接下去計算I-CVI的平均數，可在儲存格I23輸入=AVERAGE(I13:I22)，結果為0.95。計算S-CVI/UA時，可在儲存格I24輸入=COUNTIF(I13:I22,1)/10，其中I13至I22儲存為10題I-CVI的值，其中只要計算題目中全部的專家都同意的題數占所有測驗中的商，而10即為題數，計算結果為0.80，計算結果如下圖：

	I24			f_x	=COUNTIF(I13:I22,1)/10			
	A	B	C	D	E	F	G	H	I
12	題目	專家01	專家02	專家03	專家04	專家05	專家06	同意人數	I-CVI
13	1	0	1	1	1	1	0	4	0.67
14	2	1	1	1	1	1	1	6	1.00
15	3	1	1	1	1	1	1	6	1.00
16	4	1	1	1	1	1	1	6	1.00
17	5	1	1	1	1	0	1	5	0.83
18	6	1	1	1	1	1	1	6	1.00
19	7	1	1	1	1	1	1	6	1.00
20	8	1	1	1	1	1	1	6	1.00
21	9	1	1	1	1	1	1	6	1.00
22	10	1	1	1	1	1	1	6	1.00
23								Mean I-CVI	0.95
24								S-CVI/UA	0.80

接下來可計算每位專家在所有題目（測驗）同意的比率，可在儲存格B26計算第1位專家同意的比率時，請輸入=AVERAGE(B13:B22)，結果為0.90，儲存格C26輸入=AVERAGE(C13:C22)計算第2位專家同意的比率，結果為1.00，其餘專家在測驗中同意的比率可依此規則加以計算。另外在所有專家同意的比率求其平均數，即為專家同意比率的平均數，計算結果為0.95，結果如下圖所示：

	B26		▾ (		f_x	=AVERAGE(B13:B22)		
◢	A	B	C	D	E	F	G	H	I
12	題目	專家01	專家02	專家03	專家04	專家05	專家06	同意人數	I-CVI
13	1	0	1	1	1	1	0	4	0.67
14	2	1	1	1	1	1	1	6	1.00
15	3	1	1	1	1	1	1	6	1.00
16	4	1	1	1	1	1	1	6	1.00
17	5	1	1	1	1	0	1	5	0.83
18	6	1	1	1	1	1	1	6	1.00
19	7	1	1	1	1	1	1	6	1.00
20	8	1	1	1	1	1	1	6	1.00
21	9	1	1	1	1	1	1	6	1.00
22	10	1	1	1	1	1	1	6	1.00
23								Mean I-CVI	0.95
24								S-CVI/UA	0.80
25									
26	專家同意比率	0.90	1.00	1.00	1.00	0.90	0.90	Mean專家同意比率	0.95

此時專家同意比率的平均數即為S-CVI/AVE，與所有題目層次CVI值的平均數相同皆為0.95，因此計算S-CVI/AVE有三種方法：第一種即是將所有專家同意比率求其平均數，以上圖為例即為(0.90+1.00+1.00+1.00+0.90+0.90)÷6=0.95；第二種方法則是計算I-CVI的平均數即為(0.67+1.00+1.00+1.00+0.83+1.00+1.00+1.00+1.00+1.00)÷10=0.95；而第三種方法則是計算10題題目6位專家評分的結果總和，以上圖為例計算=SUM(B13:G22)，結果為57，再與60(10題，6位專家=10×6)相除，結果亦為0.95。

將上述專家內容效度的分析結果，整理如下表所示：

題號	適合	小幅修改	大幅修改	不適合	平均分數	I-CVI
1	2	2	1	1	2.83	0.67
2	2	4	0	0	3.33	1.00
3	4	2	0	0	3.67	1.00
4	2	4	0	0	3.33	1.00
5	3	2	1	0	3.33	0.83
6	5	1	0	0	3.83	1.00
7	6	0	0	0	4.00	1.00
8	4	2	0	0	3.67	1.00
9	5	1	0	0	3.83	1.00
10	6	0	0	0	4.00	1.00
					Mean I-CVI	0.95
					S-CVI/UA	0.80

　　由上述專家針對內容評定的意見，以評分而言，大部分是落在適合與小幅修改之中，若以平均數加以觀察，最小值為2.83，最大值為4.00，還是高於4點量表平均數2.5之上，進一步觀察I-CVI其平均數為0.95大於學者建議I-CVI在0.78以上，而S-CVI/UA為0.80亦大於學者建議值以上（Polit & Beck, 2006; Polit, Beck, & Owen, 2007），因此本測驗的內容效度可視為具良好的內容效度。

二、效標關聯效度

　　效標關聯效度是指以實證的分析方法，來探討測驗分數與外在效標間關聯性的一種指標，又稱實證效度或統計效度（empirical or statistical validity）。所採用的外在效標（external criterion）分為同時與預測效標，外在效標指的是測驗所要預測的某些行為或表現標準。在學校情境中外在效標的變項必須符合適切性、可靠性、客觀性和可用性等，例如：(1)學業成就；(2)特殊訓練的表現；(3)實際工作表現；(4)評定成績或(5)可用的測驗分數。

　　測驗分數和外在效標間的相關愈高，即表示效標關聯效度愈高；效標關聯效度愈高，表示測驗分數愈能有效解釋及預測外在效標。以下將分別從同時效度與預測效度來說明效標關聯效度。

(一)同時效度

　　同時效度（concurrent validity）是指測驗分數與外在效標的取得大約是在同一時間內連續完成，此時計算這兩種資料間的相關係數即代表該測驗的同時效度。同時效度的目的，在利用測驗分數估計個人在外在效標方面，目前的實際表現。

(二)預測效度

　　預測效度（predictive validity）是指測驗分數與外在效標的取得相隔一段時間，測驗分數的取得在先，而外在效標的取得是在實施測驗一段時間之後，計算這兩種資料間的相關係數即代表該測驗的預測效度。預測效度的目的，在利用測驗分數預測個人在外在效標方面，未來的表現情況。

　　實際運用效標關聯效度時，需要注意以下幾點：(1)效標關聯效度產生

變化的原因；(2)外在效標的涵義；(3)受試者母群體的特性；(4)適當的樣本大小；(5)外在效標與預測變項的用法間是否有所不同；(6)效度推論的證據；(7)是否有不同的預測效果。上述這幾點針對效標關聯效度運用時所應注意的事項要特別留意，以提高效標關聯效度運用時的適切性。

效標關聯效度即是以測驗分數與效標之間的相關來探討與目標是否符合的效度，因此測驗分數與效標的相關愈高，即表示效度愈高。實際運用中，若有位老師對全校學生實施數理性向測驗，其中利用學生數學學期分數作為效標，所得出效標關聯效度係數是0.60，此時若以該校數理資優班學生為施測對象時，所得到的效標關聯效度係數會因為數理資優班學生的成績變異遠小於全校學生的成績變異，所以效標關聯效度係數極有可能會小於全校所得的效標關聯效度係數值0.60。

三、建構效度

建構效度是根據理論建構，對測驗分數能否達成它的測驗目的所作的分析或解釋。建構效度的建立過程主要包括以下幾點：

1.先針對理論建構進行分析，發展出一套評量工具和策略。

2.提出可以考證該理論建構是否存在的預測或假設。

3.蒐集資料，從事實證分析，以驗證上述的預測或假設是否屬實。

4.蒐集其他型態的資料，淘汰與理論建構相反的資料，或是修正理論，並重複第二和第三步驟，直到上述的預測或假設都得到驗證，以及測驗的建構效度獲得支持為止。

建構效度的驗證方法包括內部一致性分析、外在效標分析、因素分析、年齡成長測量以及多特質多方法分析等策略，以下將分項說明。

(一)內部一致性分析法

建構效度可以採用內部一致性分析法，這個方法可採用相關分析法以及團體對照法。

1. 相關分析法

計算試題與該測驗總分之間的二系列相關係數或者是點二系列相關

係數，凡相關係數經考驗後達統計學上的顯著水準者，該試題即具有區辨性，亦即有建構效度。

2. 團體對照法

依據學生的測驗總分高低，將學生分成高分組與低分組兩組，然後比較這兩組學生在每道試題上作答結果是否有所差異，若其平均差異達到顯著水準即表示具有區辨性。

(二)外在效標分析法

建構效度除了採用內部一致性分析法外，尚可以進行外在效標分析法，這個方法同樣可採用相關分析法以及團體對照法。

1. 相關分析法

教師透過理論建構的分析，可以蒐集到一個或多個被外界一致公認的適當外在效標，根據理論建構提出測驗與外在效標之間具相關的假設，進行施測，再蒐集外在效標，求出兩者間的相關係數。若相關係數的假設考驗達到統計上的顯著水準，即代表具有建構效度。

2. 團體對照法

學生在測驗上的表現，常因為學生團體特性的不同而有所不同，或者因為實驗控制得宜，而使實驗處理前後的表現有明顯差異。因此利用團體對照法可以了解團體在測驗上表現的差異是否達到顯著性的差異，若達到顯著上的差異，即具有團體間的區辨性。

(三)因素分析法

利用因素分析法來建立建構效度的主要目的，在於確定心理學或社會學上的潛在特質，藉著共同因素的發現，確定這些潛在特質是由哪些有效的測量試題所構成，並且根據因素分析的結果，可以進一步從試題中抽出少數幾個共同因素，用以代表整份測驗的共同結構，從中獲得每一個試題和共同因素之間的相關，該相關係數稱為因素負荷量（factor loading），因素負荷量是可以用來表示試題測量共同因素的重要性指標。因素分析法是目前用來探討測驗建構效度最常用的策略之一。

(四)年齡成長測量

假若測驗具有建構效度，表示測驗得分的平均數和標準差應該會隨著

年齡的增加而增加，亦即國小六年級在測驗上的原始平均得分應該要比國小三年級還要好。而年齡愈小的學童其表現差異幅度應該比較小，年齡愈大則表現差異應該愈大。以語言上的表現爲例，1至2歲的小朋友說話的語詞不多，所以比較起來這個年齡的小朋友的表現應該差不多，但隨著年齡愈大，表現的差異性會愈來愈大，所以標準差會愈來愈大才對，因此利用年齡成長的測量也是驗證測驗建構效度的一種策略之一。

(五)多特質多方法分析

多特質多方法分析（multitrait-multimethod, MTMM）是Campbell與Fiske（1959）提出建立建構效度的方法，使用MTMM的前提必須是具有兩種以上的測量工具以及測量兩種以上的潛在特質，並且潛在特質必須是同一類型。多特質多方法的程序是以一種以上的方法來測量一種以上的構念，因此，可得到一個完整交錯的方法與構念的矩陣來進行建構效度的檢驗。多特質多方法主要會呈現聚斂效度以及區別效度等兩種效度，以下假設有一個研究使用兩個不同的測量程序，分別對兩種比較類似的特質（焦慮、憂鬱）以及第三種不同特質——鞋子的大小，來進行二次測量，而每一個構念都會以兩種方法來進行測量，分別是利用量表的測量以及訪談來蒐集資料（Devellis, 2011）。

1. 聚斂效度

聚斂效度（convergent validity）指的是一份測驗分數要能夠和其他測量相同理論建構或潛在特質的測驗分數之間具有高度相關。以上述的範例中，憂鬱與焦慮是兩個具有相關的構念，即使是以不同的方法來測量，焦慮與憂鬱都應該具有明顯的相關。若資料證明果眞如此，焦慮與憂鬱的相關就可以視爲是新編焦慮量表構念效度的證據，即是聚斂效度。聚斂效度在理論上將具有相關的兩個構念，並且的確觀察到這兩者眞正具有相關的證據，這就是聚斂效度。

2. 區別效度

區別效度（discriminant validity）有時也叫做輻合效度（divergent validity），指的是一份測驗分數要能夠和其他測量不同理論建構或潛在特質的測驗分數之間有低度相關。從上述的範例說明，理論上，焦慮與憂鬱

之間的相關應該會小於兩種測量憂鬱之間的相關，或者是兩種測量焦慮之間的相關，不過，這樣的相關應該都要會比憂鬱與鞋子大小之間的相關還要來得高。因此，不論是測量方法相似或者不相似，焦慮與鞋子大小的測量之間應該都會呈現無顯著的相關，而這樣的證據即稱為區別效度。亦即區別效度是指沒有關聯的構念分數之間，應該呈現的結果是無相關。

　　以下將利用一個例子來加以說明MTMM的方法，在效度上的應用。

表7-2　MTMM矩陣內容說明

		方法1		方法2	
		特質A	特質B	特質A	特質B
方法1	特質A	b_1			
	特質B	m_1	b_1		
方法2	特質A	v_a	d	b_2	
	特質B	d	v_b	m_2	b_2

上述表格中主要相關變數說明如下：b_1表示方法1的信度（重測信度），b_2表示方法2的信度（重測信度），m_1代表方法1的區別效度（同一種方法1來測量特質A與特質B），m_2代表方法2的區別效度（同一種方法2來測量特質A與特質B），v_a代表兩種方法在特質A中的聚斂效度（不同方法來測量同一種特質A），v_b代表兩種方法在特質B中的聚斂效度（不同方法來測量同一種特質B），d則是表示不合理的相關（低度的相關）。

資料來源：Campbell & Fiske (1959). Convergent and discriminant validation by the multitrait-multimethod matrix. *Psychological Bulletin, 56*(2), 81-105.

　　上述的資料中特別要注意的是，MTMM中必須符合下列原則：(1) $v(v_a, v_b) > 0$，而且要夠高；(2)$v(v_a, v_b) > d$；(3)$v(v_a, v_b) > m(m_1, m_2)$；(4)d必須要夠低。下列將以一個範例來說明MTMM矩陣，測驗中測量三個特質，分別是：(1)對於上學痛苦的感覺；(2)快樂感；(3)道德感。使用的三個方法分別是：(1)不完整句「當我作夢夢到關於上學……」；(2)強迫選擇法「當我作夢夢到關於上學……」：①當我起床時我不記得有這一件事；②當我醒來時感到非常高興；(3)是非選擇「當我作夢夢到關於上學，我感到非常快樂」，MTMM矩陣結果如下所示：

表7-3　MTMM矩陣三特質三方法的範例內容一覽表

		TF(True/False)			FC(Forced Choice)			IS(Incomplete Sent.)		
		SG	HG	MC	SG	HG	MC	SG	HG	MC
TF	SG	.91								
	HG	*.52*	.84							
	MC	*.38*	*.50*	.84						
FC	SG	**.86**	.56	.73	.97					
	HG	.53	**.83**	.53	**.61**	.96				
	MC	.63	.54	**.83**	**.70**	**.58**	.92			
IS	SG	**.78**	.51	.63	**.79**	.54	.57	.72		
	HG	.24	**.67**	.23	.33	**.73**	.37	*.32*	.65	
	MC	.47	.40	**.66**	.48	.49	**.70**	.49	.28	.55

說明：SG：上學痛苦的感覺，HG：快樂感，MC：道德感

上述的MTMM表格中，粗體部分是表示有好的聚斂效度，亦即不同的方法針對同一個特質加以測量，而得到不錯的相關係數，代表不同方法對同一特質有其一致性，而這也是聚斂效度的表徵。

斜體字部分則是表示有好的區別效度，亦即相同的方法但是不同特質的測量，其相關係數不會比不同的方法來測量相同的特質還要高，即代表有其區別性，即區別效度。

字體加底線部分所呈現的是，FC（強迫選擇）與TF（是非選擇）的方法中，呈現好的信度（穩定性），亦即相同的方法針對同一特質重複施測二次，若相關係數高即代表有其一致性，而IS（不完整句）這個方法在信度方面則略顯不佳。

四、後果效度

倒流效應（backwash effect）所指的是考試領導教學效應，是指考試對學生學習及教師教學的影響，考試與測驗的倒流效應對教與學的影響深遠。如果太重視標準化及高風險的考試，會對學生的學習造成負面影響，而這即是一種負面的後果效度（Morris, 1996）。評量後果效度的目的，表示評量方式的使用以及評量結果的解釋，都會造成一些影響，有些是預先計畫好的，而有些則是非意圖的。效度的完整，必須要考慮到測驗或評量

的使用後果是否會有正面的影響、測驗的偏差以及不公平是否圖利某個社會階層，或者是不利於某文化。針對測驗使用後果的效度議題上的考慮，是測驗編製者以及結果解釋者、使用者對於社會所應負起的責任。

參、影響效度的因素

測驗的評量歷程中會產生許多因素使得評量的結果無法有效，影響效度的因素包括：(1)測驗編製或評量的因素；(2)作業以及教學的功能；(3)施測與計分的因素；(4)受試者的反應；(5)團體的性質以及效標；(6)教學的評量等（Miller, Linn, & Gronlund, 2012），以下將依上述六個因素分別加以說明如下：

一、測驗編製或評量的因素

測驗評量在編製時，若過程不當，會影響內容符合的程度，例如：(1)含糊的作答說明以及指導說明；(2)測驗的用字過於艱深，讓讀者不易了解；(3)敘述模糊不清；(4)作答時間不足；(5)測驗內容的代表性不足；(6)測驗內容無法評量到重要的結果；(7)題目品質不佳；(8)測驗太短，試題數量過少；(9)測驗組卷編排不當；(10)正確答案呈現有規則的排列。上述各點都足以影響到測驗的效度。

二、作業以及教學的功能

評量學生的學習成就時，所評量的作業不能僅靠檢查試題的形式以及評量內容，就可以決定該作業是否符合目標的程度。若是有一個數學問題看似評量學生的推理能力，但是，若教學的老師已經教過這樣一個看似評量學生數學推理能力的題目，並且提供解題的方法，此時這個試題充其量只是在評量學生知識記憶的能力而已；相同地，若是要能有效地測量到學生理解、批判思考以及其他複雜的學習結果，此時的評量作業必須要能夠發揮預期的功能，才算達到目的，亦即才算是具有效度的作業。

三、施測與計分的因素

實施測驗時，會存在許多降低測驗效度的不利因素，這些不利因素包括作答時間不足、作弊以及不可靠的計分等，或者是施測標準化測驗時未遵照標準化的程序、提供學生額外的協助、計分錯誤等，這些因素都會降低測驗的效度。

四、受試者的反應

學生的作答動機、情緒、焦慮、健康狀態、合作意願、疲勞等生理或心理因素，會限制或改變個人對測驗的反應好壞，進而影響到測驗的效度。受試者的反應心向也是一個影響受試者是否可以表現出真實能力的因素，反應心向是一種功能固著的反應傾向，是指受試者依照某種習慣對測驗試題做一致性反應傾向的作答行為或反應型態。另外受試者的作答風格，作答時是偏重速度性或偏重正確性、傾向猜測或傾向放棄等，都是造成個人無法真正表現出真實能力的因素。

五、團體的性質以及效標

評量的結果往往會被年齡、性別、能力水準、教育以及文化背景所影響，因此，施測時需要注意到效度驗證中效標團體的性質，並且將效標團體的重要特徵與測驗實施的真正對象互相比較，以免因為效標團體與真正實施對象有所差異而影響效度的品質。

測驗與效標之間的相關變低，可能的因素包括：(1)測驗與效標之間所測量的特質並不相似；(2)分數分布的範圍小，變異性不大；(3)分數的穩定度低；(4)兩次測驗之間的間距太長等。

六、教學的評量

測驗的重要特徵中，效度是最重要的，效度驗證的策略往往會隨著時間以及應用的用途之不同而有所變化。不同的效度驗證策略往往會應用在不同的類型或者是不同形式上的測驗，況且應用在相同測驗的不同用途和

解釋的效度驗證策略也會有所不同，所以當需要解釋測驗結果時，要特別地小心。以下是評量測驗效度的一些策略，評估時可考慮以下的問題：(1)測驗的內容是否能代表所欲測量的構念？(2)測驗的題目是否可以引導學生產生符合構念的反應？(3)使用測驗的後果為何？(4)測驗分數與效標之間的關係為何？若能準確地回答上述的問題，該測驗的效度至少會達到一定的程度。

　　效度是測驗中最重要的特徵之一，測驗的效度所代表的是測量內容與目標的正確性。測驗特徵中的重要性遠遠高於信度，測驗的效度愈高，表示測量的結果所代表的才是測量內容的真正特徵，也因此若是一個測驗儘管具有一致的信度，但是沒有足夠的效度，該測驗仍是無法發揮其測量的功能。

自我評量

01.請列舉出測驗分析中效度的種類。

02.測驗分數的變異性包括哪些項目？

03.信度與效度是測驗的二大特徵，請說明效度與信度之間的關係。

04.請說明驗證建構效度的方法與策略。

05.測驗編製過程中，可能影響測驗效度的因素為何？

第八章　測驗分數的解釋

　　針對作業是否達到精熟（效標參照），或者是判斷受試者在某一個參照團體的相對位置（常模參照）等兩種情形下，教育測驗與學習評量的解釋方式會有所不同。效標參照的解釋是在描述受試者是否達到預設的標準，常模參照的解釋則是描述受試者在團體中的相對位置。另外標準化測驗強調的是受試者個別上的差異，著重在常模參照上的解釋，不過目前也出現許多標準化測驗會同時呈現常模以及效標參照兩種解釋結果同時呈現的方法。進行測驗分數解釋的說明之前，首先說明測驗解釋的量尺種類、常態分配、常模，接下來才說明測驗分數的解釋以及量尺分數的應用等。

壹、量尺的種類

　　Stevens（1976）提出在評量的量尺上分成四種層次，而這四種層次則分別是名義（nominal）、次序（ordinal）、等距（interval）、等比（ratio）量尺，這四種層次的量尺所代表的意涵及使用的時機分別有所不同，將依序說明如下：

一、名義量尺

　　名義（nominal）量尺具有辨別類別的特性，所以名義量尺的特性僅在命名、標記或者分屬類別而已。名義量尺的資料是不能排序的，並且在數學的運算中，例如：加法、減法、乘法以及除法皆不適用於名義量尺。人類的血型即是一種名義量尺，因為血型只是代表血型的類別是屬於哪個類型而已。

二、次序量尺

　　次序（ordinal）量尺可以將資料排序，但是資料之間值的差距是沒有意義而且無法計算的。次序量尺可以適用在名義量尺並且可以排序，馬拉松比賽的地點（第幾站）即是一種次序量尺，因為它說明了你在比賽中完成了第幾站，或者是班級比賽的名次也是一種次序量尺。

三、等距量尺

　　等距（interval）量尺可以排序，並且資料之間值的差距是相等有意義的。當等距量尺的資料值為0時，並不代表其值是缺失或者空無，0只是一個位置而已。倍數的計算並不適用於等距量尺的資料上，天氣中的溫度是一種等距量尺，因為溫度中的差距是有相同的單位的，並且溫度中的0度並非代表沒有溫度，0度是代表一種溫度的值。

四、等比量尺

　　等比（ratio）量尺可以排名並且計算倍數的比，數學運算中加、減、乘、除都可以適用於等比量尺的資料中。等比量尺是具有絕對的0，意即等比量尺中資料值為0時，表示結果是真的為0。家庭人口中的手足數是一個等比量尺，當這個變項為0時，代表這個人沒有兄弟姐妹，一個人有4個手足代表是有2個手足數的2倍。另外服完藥後的反應時間也是等比量尺，0代表沒有反應時間，反應時間40秒是反應時間20秒的2倍。體重也是一種等比量尺，當一個物體是40公斤的重量時，它是20公斤重的2倍。

　　上述四個量尺中，名義量尺與次序量尺又可歸類為間斷性量尺，等距量尺與等比量尺又可歸類為連續性量尺，因為連續性量尺可簡化為間斷性量尺，而間斷性量尺無法細分為連續性量尺，因此資料蒐集時應儘量以連續性量尺為主。

　　教育測驗與學習評量中量尺的正確使用是一個相當重要的原則，尤其是在測驗分數的解釋中，不同量尺的分數代表著不同的測驗性質，因此掌握測驗結果解釋責任的施測者或者是教學者，需要針對不同測驗分數量尺的特性下，做適切的解釋，如此受試者才會得到適當的結果。

貳、常態分配

　　常態曲線及常態分配的觀念，在測驗結果的解釋中相當重要，常態分配是一種理論模式，但透過這理論模式，配合平均數及標準差，可以對實

證研究所得之資料分配做適當的推論及解釋。常態分配曲線其形狀左右對稱，呈現鐘形的曲線，因為常態分配本身有些重要且已知的特性，所以在測驗結果的解釋上可以進行相當精確之描述及推論。

　　常態分配曲線在教育測驗與學習評量結果的解釋上，扮演著非常重要的角色，例如：在符合常態分配假定下的資料，只要知道任意兩個標準差，就可以計算出所占的機率，亦即了解個體在群體中的相對地位。在標準化測驗中，若資料的分配呈現常態分配（如圖8-1　常配分配曲線），此時受試者的標準量尺分數為一個標準差，就可以計算出這位受試者在群體中的相對地位百分等級為84，亦即在100人之中，這位受試者是16名，也就是說他勝過84位受試者。

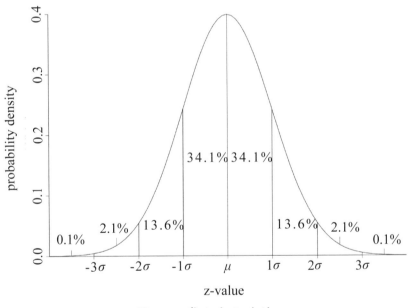

圖8-1　常配分配曲線

參、常　模

　　測驗的特徵主要包括信度、效度、參照性以及客觀性，其中的參照

性即是表示受試者在測驗中的表現水準地位，依測驗的解釋分為常模參照與效標參照測驗，其中的常模參照即是需要了解受試者在團體中的相對地位。若要解釋受試者測驗結果的相對地位即需要輔以常模來加以解釋說明，以下將依常模的意涵及種類等兩個部分，加以說明。

一、常模的意涵

評估測驗與評量的特徵一般會從測驗的信度、效度、標準化程度以及參照解釋性，其中常模即為在測驗的解釋中扮演著相當大的角色。因此，測驗常模的主要特徵為：(1)應該具有代表母群體的特性；(2)常模要足夠大到可以讓測驗的分數解釋上有穩定的特性；(3)具比較不同群體的特性。常模的比較中，需要選擇適當的常模才會對測驗結果有適當的解釋。所以常模是解釋測驗結果的依據，所謂常模，就是指特定參照團體在測驗上所獲得的平均分數，因此常模常被視為平均分數的同義語。

常模的功能主要在於表明個人分數在常模團體中的相對位置，以及提供比較的量數，以便直接比較個人在不同測驗上的分數。

二、常模的種類

常模的種類會依照解釋向度的不同而有不同類型的常模，例如：若以地域來加以區分的話，常模可分為全國性常模、地區性常模、特殊團體常模以及學校平均數常模；發展性常模則可分為年齡當量常模（age equivalents, AE）以及年級當量常模（grade equivalents, GE）；若以統計量尺來區分常模，則可分為百分等級常模、百分位數常模以及標準分數常模等。

評估常模的適切性一般會以新近性、代表性以及適切性等三個部分來加以評估，解釋測驗分數時，研究者應該要注意的原則為解釋測驗者應了解測驗的性質與功能、測驗分數應為學生保密、解釋分數應參考其他相關資料、解釋分數應避免只給數字、對低分者的解釋應謹慎小心、解釋分數時應設法了解學生的感受、解釋分數只作建議，而勿作決定、應以一段可信的範圍來加以解釋等。

肆、測驗分數的解釋

　　施測後獲得每位受試者作答的分數，此分數即為原始分數。原始分數主要的參考是來自於答對的題目數，這種分數是無法應用在不同群體間的比較。就原始分數來看，分數雖然有高低不同，但卻無法確定各項分數的高低位置，因為不同的測驗題數可能不同，難度也不一樣，各項測驗的原始分數也就有不同的單位。為了直接比較這些分數，必須轉換成相同量尺的衍生分數來加以比較相對的差異性，衍生分數中最常見的即是標準分數，因此若要比較相對的差異性，最簡單的方式即是計算出標準分數（Z），而標準分數的計算首先需計算原始分數與平均數之間的差距，再將此差距除以標準差，此結果即為標準分數（$Z = \dfrac{X-M}{S}$）。標準分數的涵義主要是說明原始分數距離平均數到底有幾個標準差，標準分數廣泛應用在許多研究報告或者是測驗的解釋中，但沒有經過教育測驗與學習評量的非專業人士，往往無法了解標準分數其真正的意義，所以若未經過專業訓練時，不可輕易利用標準分數來對受試者做測驗結果的解釋。標準分數是一種可以比較受試者間及受試者內的分數，例如：小明在一次段考的分數中，國語得分為80分（M = 65，S = 10），英文得分亦為80分（M = 70，S = 8），此時若觀察原始分數，小明的國語與英文的得分均是80分，但若以標準分數來比較，小明的國語標準分數為1.5，因為（80－65）÷10 = 1.5，英文標準分數則為1.25 =（80－70）÷8，所以若經由標準分數的計算結果中，呈現小明的國語分數其實是優於英文分數的表現。

　　常見的衍生分數有百分等級、標準九、年齡當量量尺、年級當量量尺、T分數、比西量尺、魏氏量尺、AGCT量尺、CEEB量尺以及C量尺，分別說明如下。

一、百分等級

　　百分等級的真正意涵，主要是反應出個體在常模的群體中的相對位置為何？可以表示出個體在常模團體中勝過多少人的可能。在測驗的解釋與應用上被廣泛地使用，並且不容易產生誤解的情形，不同的測驗有不同的等級區間。

　　常態分配下，若小明的數學成就測驗得分為85分，班上分數的平均數是62分，標準差為23分，則可以得知小明的得分在常態分配下標準分數為1，此時的百分等級則為84。

二、標準九

　　標準九這個衍生分數的平均數為5，標準差為2。標準九並非常被使用，因為它可能常會有誤解的情形發生，並且非專業者不容易了解。

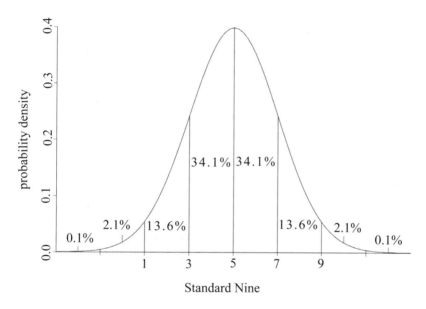

圖8-2　標準九量尺

三、年齡當量量尺

　　所謂年齡當量量尺（age equivalent scale）是指某一年齡階層學生在某一測驗上原始分數的平均數，年齡當量通常是以多個不同年齡層學生的原始分數，先計算其平均數，據以建立年齡常模，而此常模所建立的量尺即為年齡當量量尺。年齡當量量尺在使用時將個人原始分數和年齡常模相對照，並查看其發展相當於幾歲學生的平均表現，此即為該生的年齡當量。例如：若一個生理年齡7歲5個月的學生在識字測驗上得到23分，查表8-1之

後，可以知道他的發展程度相當於8歲1個月到8歲6個月學生的平均表現，
亦即該生的表現比他同年齡的學生表現的更爲優異；反之，若有位生理年
齡是7歲5個月的學生在識字測驗上的得分是15分，可以得知其年齡當量爲
6歲7個月到6歲12個月，亦即其字彙表現比同年齡的表現還不好。

表8-1　識字測驗年齡當量常模

年齡	平均數
9：01～9：06	36
9：07～8：12	29
8：01～8：06	23
7：06～7：12	20
7：01～7：06	17
6：07～6：12	15
6：01～6：06	12

　　年齡當量量尺分數適用於隨著年齡明顯進步的特質，例如：身高、
體重等生理特質或者是語文、數理、識字等認知特質，但過了青少年階段
（通常指15歲以上，高原現象時期）各項特質的發展穩定而緩慢，年齡當
量量尺就比較不適用。年齡當量一般在不同的測驗上會有不同的名稱，例
如：在智力測驗上就稱爲心理年齡、在成就測驗上就稱爲教育年齡、在社
會成熟量表上就稱爲社會年齡，其中以心理年齡這一概念使用最廣，歷史
也最悠久。

四、年級當量量尺

　　年級當量量尺（grade equivalent scale）的原理與使用方式與年齡當量量
尺類似，只是年級當量量尺只適用於成就測驗上，而且只有那些需要連續學
習多年的科目，例如：語文、數學等，才適合建立年級當量量尺常模。

　　年級當量量尺分數很容易造成錯誤的解釋，例如：(1)把常模上的分數

當作該年級學生應該達到的標準；(2)學生表現達到某年級當量量尺分數，即視爲該生已經學會某年級的課程內容；(3)所有的學生每一年都應該進步一個年級；(4)把年級當量量尺視爲等距量尺；(5)將不同學科間的年級當量量尺進行比較；(6)把透過外差法求得的極端數值當作穩定的估計值。因爲它容易造成誤解，所以並未被普遍使用。

五、T分數

　　T分數是一種標準分數，標準分數是以受試者分數高於或低於平均數幾個標準差來表示他在團體中的相對地位。T分數分配的平均數爲50，標準差爲10，例如：T分數爲60者，表示其表現高於平均數一個標準差，60 = 50 + 10×1。T分數可由原始分數進行直線轉換取得，先計算出z分數，之後再將z分數代入轉換公式爲 T = 50 + 10×z分數。T分數也可以經由常態化轉換取得，公式亦如原始分數的轉換公式。直線轉換的T分數其分配型態仍然和原始分數一樣，常態化的T分數所代表的意義是無論原始分數分配爲何，轉換後分數分配皆爲常態分配。常態化標準分數和百分等級的

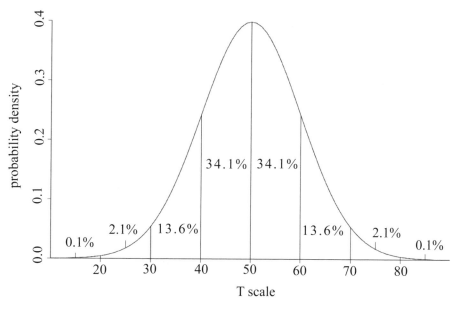

圖8-3　T分數量尺

關係是固定的。舉例來說，T分數為60者，我們不只知道其表現高於平均數一個標準差，也能推知其百分等級為84。至於要將原始分數進行直線轉換或常態化轉換為T分數，視測驗目的和測量的特質而定。

六、比西量尺

心理測驗裡常用智商來表示智力測驗的結果，過去使用比率智商（IQ），是由心理年齡（MA）除以生理年齡（CA）再乘以100所得。如果一個兒童的MA等於CA，則其IQ就是100，所以IQ = 100代表中等。100以下的IQ代表在平均數之下，而100以上的IQ代表在平均數之上，比率智商的問題在各年齡層的標準差可能不一樣。所以10歲IQ = 115和12歲IQ = 125，其優秀的程度可能一樣，因為可能都在其年齡組的平均數以上一個標準差。所以這種智商的缺點是，假定年齡單位相等和生長速率連續不變，這假定很難成立，因此無法做不同年齡間的比較，因而有離差智商（DIQ）的產生。

1905年所建立的比西量尺（Binet-Simon Intelligence Scale, BSIS）原為比率智商，之後1916年Stanford大學的學者Terman將比西量尺修訂，更名為斯比量尺（Stanford-Binet Intelligence Scale, SBIS），目前斯比量尺即是為離差智差。

離差智商是直線標準分數的一種，指採用標準分數來表示智力的高低，是智力發展程度的一種指標。斯比量尺將測驗所得的原始分數轉換成Z分數，再以100為平均數，以16為標準差。將Z分數轉換成IQ分數，其計算公式如下：DIQ = 16×z + 100（斯比量尺，SBIS），採用離差智商表示IQ，其優點是：(1)標準差的單位相等，所有不同的年齡都有一個共同的標準差，可比較不同年齡者所求得的智商；(2)IQ分數易於轉換成百分等級和其他的標準分數；(3)不但可以表示個人智力的高低，而且可以顯示個人在相同年齡團體中所占的位置。要特別注意的是：若欲比較不同測驗的結果時，需注意所使用的標準差是否相同，如果相同，才可以比較；否則便不可比較。

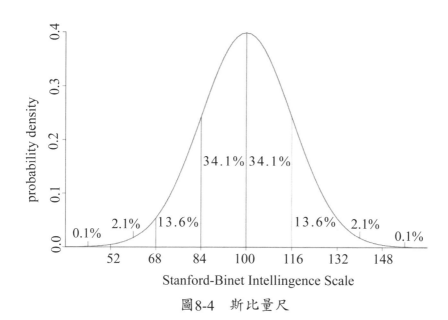

圖8-4　斯比量尺

七、魏氏量尺

　　魏氏量尺（WISC）也是一種離差智商（DIQ）。魏氏量尺將測驗所得的原始分數轉換成Z分數，再以100為平均數，以15為標準差。將Z分數轉換成DIQ分數，其計算公式如下：DIQ = 15×z + 100（魏氏智力量表）。

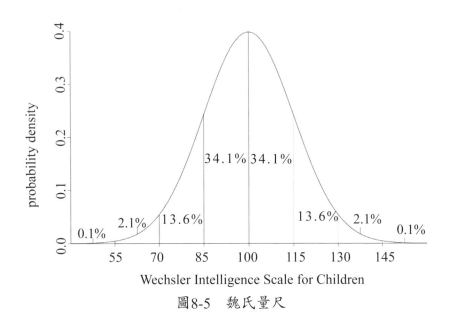

圖8-5　魏氏量尺

八、AGCT量尺

AGCT稱爲美國陸軍普通分類測驗（Army General Classification Test）分數，AGCT分數平均爲100，標準差爲20，即AGCT = 100 + 20×z。

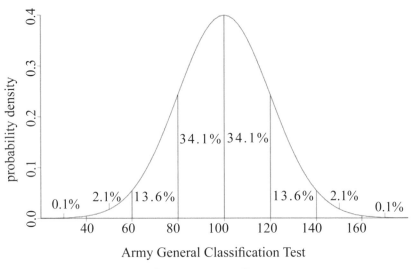

圖8-6　AGCT量尺

九、CEEB量尺

CEEB分數是美國大學入學考試委員會（College Entrance Examination Board）所採用的一種標準化分數，又簡稱為ETS分數。CEEB是以標準分數為基礎所轉化的衍生分數，其計算公式為CEEB = 500 + 100×Z，亦即CEEB的平均數為500，標準差為100。

十、C量尺

C量尺分數（C-scaled score）除了兩端各多出一個等第（0和10）之外，其餘與標準九相同。

伍、量尺分數的應用

常態分配下常見的衍生分數有標準分數、百分等級、T分數、魏氏量尺、斯比量尺、標準九、AGCT以及CEEB等。圖8-7即為常態分配下常見的衍生分數的量尺比較圖。

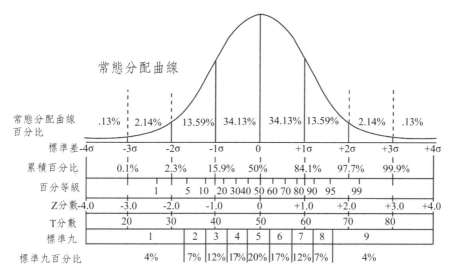

圖8-7　常態分配曲線與各量尺分數對照圖

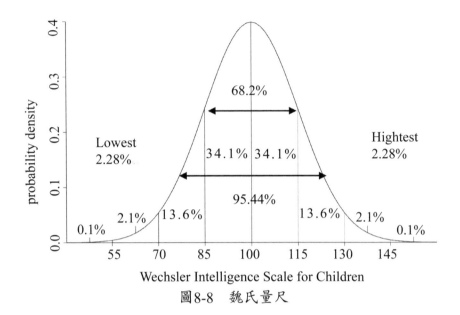

圖8-8　魏氏量尺

下圖為常態分配與標準九量尺對照圖。

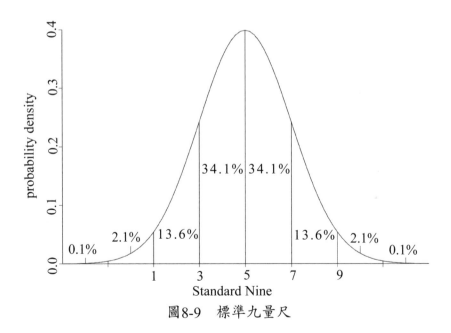

圖8-9　標準九量尺

　　由圖8-7、圖8-8魏氏量尺以及圖8-9標準九量尺中的比較可以發現，當標準分數z = 1時，魏氏量尺的計分為115，標準九量尺則為7，亦即雖然是量尺分數不同，但是這三個分數所表徵在常態分配下的位置是相同的。亦即z(1) = T(60) = WISC(115) = 標準九(7) = PR(84)。若從所占面積（即人數），則z(0~1) = T(50~60) = WISC(100~115) = 標準九（5~7）這四個量尺分數所占的面積皆為0.3413 = 34.13%。假如在某一次標準化測驗的結果中，甲生的分數剛好是班上的平均數，甲生的T分數 = 50，WISC（魏氏量尺）= 100 = SBIS（斯比量尺）。另外，CEEB、SAT與GRE（graduate record examination）的量尺分數中，平均數為500，標準差為100。LSAT（law school admissions test）其平均數為150，標準差為10。AGCT其平均數為100，標準差為20。常態曲線當量（normal curve equivalent, NCE），其平數為50，標準差大約是21.06。NCE這個量尺分數是由美國的教育部所發展，此量尺類似於百分等級量尺，量尺的值介於0至100之間，NCE = 50 + 21.06×z。由於常態曲線當量量尺是一種等距的量尺，所以與百分等級（PR）可以互相轉換，若利用EXCEL的公式中百分等級（PR）轉換至NCE，可以由下列公式加以轉換：

$$NCE = 21.06*NORMSINV(PR/100) + 50$$

　　若是由NCE轉換至PR，則可利用下列公式加以轉換：

$$PR = 100*NORMSDIST[(NCE-50)/21.06]$$

　　假設某英文能力測驗分數為常態分配，在此測驗，小如得分的z分數為2，小武得分的T分數為65，小明得分的百分等級為50，則小如的表現最好，因為小如的z = 2。而小武的T分數是65，因為計算公式為65 = 50 + 10×z，所以T分數 = 65，其z分數則為1.5。至於小明的百分等級50，其z = 0。因為小如的z分數最高，所以小如的表現最好。

　　標準化測驗中的成績報告表中，包括許多標準分數的登錄，例如：原始分數、量尺分數、百分等級等資料供受試者參考，因此受試者可以由成績報告中了解個人在團體中的相對地位。

┌自我評量┐

01.請列舉測量量尺的種類。

02.測驗中常模的主要特徵為何？

03.評估常模適切性的原則為何？

04.請列舉常見的衍生分數。

05.假設某數學測驗為常態分配，在此測驗中，小華得分的z分數是1，小明得分的T分數是55，小花得分的百分等級是40，請問這3位同學誰的表現最好？

第九章　電腦化適性測驗

因應資訊時代的來臨，教學評量與現代科技的結合，已是新世紀教育的主要趨勢，電腦測驗便在這樣的時代背景下應運而生。Bunderson、Inouye和Olsen（1989）曾指出電腦測驗的發展，可分爲四代，其中電腦化適性測驗可說是現今最受重視與討論的電腦測驗，以下共分五個部分，分別依電腦化適性測驗的背景、要素、相關研究、發展現況以及未來趨勢等加以討論。

壹、電腦化適性測驗的背景

電腦化適性測驗乃是運用電腦進行施測，在施測過程中，電腦會依據受試者估計的能力水準估計值自動選擇符合受試者能力之題目來加以施測，且可隨時依據受試者在新呈現的題目答題對與錯的情形，更新受試者的能力估計，並據以選取下一題目，直到受試者能力之估計已相當地精確爲止。此種施測方法，每位受試者被施測之題目不同，施測時間及題數也可以不同。可以在較少的題數達到事先設定的某一精確水準，精確地估算出受試者的能力，係爲受試者量身訂做，故具有適性測驗的特性。因此，其發展背景有二：一爲適性測驗的發展，二爲電腦科技的進步。

一、電腦化測驗的發展

Bunderson、Inouye與Olsen（1989）將電腦化測驗分爲四代，依序爲：(1)第一代，發展的重點在於電腦化測驗（computerized testing, CT），發展的理論基礎則爲古典測驗理論（classical test theory, CTT）；(2)第二代，發展的重點在於電腦化適性測驗（computerized adaptive testing, CAT），此時的理論基礎在於試題反應理論（item response theory, IRT)；(3)第三代，電腦化測驗發展的重點在於系統連續性測量（continuous measurement, CM），此時電腦化測驗發展的理論基礎則在於多向度試題反應理論（multiple dimension IRT, MIRT）；(4)第四代，發展重點爲智慧型評量（intelligent measurement, IM），主要是應用人工智慧理論，建立專家系統、學生個人學習模式。在這個分類的模式下，(1)前兩

代測驗通常是靜態、單一時間點及考生成就狀態的描述；後兩代測驗則更偏重個體隨著學習經驗動態改變的紀錄與解釋；(2)將以往專業、嚴謹而針對機構所需求的測驗，轉向個體或少數人的需求設計；(3)在作業形式上，力求實用而接近生活經驗。

　　另外，Bennett（1998）則針對電腦化測驗的發展有了另外一種分類的方法：(1)第一代，主要是發展電腦化適性測驗，採用適性化的施測方式，而其中有兩項重要元素，分別是題庫和施測邏輯；(2)新世代，在這個階段題目內容、形式皆為電子化，而出題和計分系統皆為自動化，並且施測是透過Internet的環境來施測；(3)R世代，在這個發展階段，將測驗融入教學之中（提供互動式，適性化的教學環境），並且以Internet作為測驗系統的傳輸方法，重要決策所需的資訊，由一連串評量結果所取代，以認知心理學理論為基礎，提供虛擬實境（提供一個複雜卻又真實的施測環境）的施測環境。因此在這個分類的模式下，電腦化測驗的發展中大部分的測驗試題都是客觀性的選擇題與是非題，並且開始注意到測驗的安全性問題，並且需耗費許多經費來完成，此時對於受試者唯一性的辨識在這個階段的科技技術還是有一段距離，不過，所發展的電腦化測驗非常適合運用於數位學習中的數位評量。

　　Magis、Yan 與 von Davier（2017）指出，目前介於電腦化適性測驗與傳統線性測驗（linear test）之電腦化多階段測驗（MultiStage Testing, MST），其發展也是漸受到研究者與實務應用領域的重視。

　　針對電腦化測驗的題型，Eiji Muraki（2004）提出日後電腦化測驗題型的類別發展分別是：(1)實作為導向的試題；(2)具有互動式的反應；(3)真實或模擬的情境下施測；(4)具有高度的認知功能；(5)具有等級計分的功能。

二、電腦化測驗的類別

　　根據何榮桂（2006）的說法，測驗電腦化並非新的事物，早在1934年，美國哥倫比亞大學教授Benjamin Wood即與IBM的工程師合作開始發展電腦閱卷機，而後由一位高中的科學教師Reynold B. Johnson開發出類似目前使用之電腦計分卡，這項發明除了使Ben Wood贏得教育改革的美譽

外，也因有電腦閱卷機的出現，減輕了人工閱卷的勞力負擔，刺激大規模測驗的實施以及增加選擇題計分的可靠性。

測驗電腦化即是運用電腦協助測驗的相關事宜，如上述閱卷機的發明，降低人工閱卷的勞力，可使閱卷的效率提高。而電腦化測驗，則泛指運用電腦為工具所進行的測驗；換言之，電腦化測驗的主要內涵即是利用電腦科技間接地測量人類的某種心理特質，測量的內容廣泛，例如：學習成就、認知能力及性向等。隨著網路頻寬加大及資料傳輸速度提高，透過Internet實施電腦化適性測驗也都不是難事（何榮桂、蘇建誠，1997；陳新豐，1999b）。且除了運用桌上型電腦，也可運用各種行動載具（如：PAD、行動電話、筆記型或平板電腦等）實施測驗，也都可算是電腦化測驗的一種。雖然電腦化測驗的定義如此簡明，但有關電腦化測驗的類別卻十分繁多，如「傳統的電腦化測驗」、「電腦化輔助測驗」、「電腦化適性測驗」、「線上測驗」等各代表不同的內容，茲說明如下：

(一)傳統的電腦化測驗

傳統的電腦化測驗，狹義即指運用電腦來實施測驗。而廣義來說，除運用電腦施測外，利用電腦來計分、解釋、儲存資料，與建立題庫、評鑑試題等也都可算是傳統的電腦化測驗（陳志信，1993）。換言之，只要運用到電腦進行、協助或閱卷，都可稱為電腦化測驗（computer-based tests, CBT），其內涵應包含日後發展的computerized adaptive tests或tailored tests等。為了避免混淆，通常將CBT專指傳統的電腦化測驗，主要是指狹義的定義，運用電腦來實施測驗，也就是傳統紙筆版測驗之電腦版。

特別說明的是，運用電腦輔助測驗，亦有另一英文computer-assisted tests，其簡寫與常用的電腦化適性測驗（computerized adaptive tests, CAT）相同，不過現已很少用CAT來表示computer-assisted tests。

(二)電腦化適性測驗

電腦化適性測驗（computerized adaptive tests, CAT）是以試題反應理論（item response theory, IRT）為理論基礎所建置而成的電腦化測驗，其特性主要是以受試者能力高低來決定試題的內容，因此也被稱為量身定製之電腦化測驗（tailored test）。實施電腦化適性測驗，不僅可節省施測時

間與成本，更具有精確估計考生能力或某種潛在特質的功能。

　　爲什麼要針對每位考生的個別情況給予不同的試題？因爲所謂個別化的適性測驗，意指給受試者做符合其能力（或特質）水準的題目最能反應她／他的能力或特質。對某一受試者而言，太難或太簡單的題目都沒有必要；也就是說，對某一受試者而言，題目太難或太簡單，即使此受試者答了這些題目，施測者也無法從受試者的答題反應獲得受試者之特質與能力，或者說，這些題目並無法回饋受試者的訊息給施測者，這樣的測驗自然失去意義。

　　因此，實施電腦化適性測驗的原理很簡單，當受試者做第一個試題後，如果答對，則下一題會比較難一點；反之，若受試者答錯，則下一題會容易一些。在這個過程中，會根據受試者的答題情況，來調整難易度，以選出最適合受試者目前的能力，如此反覆進行，直到達到預先設定的終止標準（或說測量誤差在可以容忍的程度）爲止。從施測過程看，實施電腦化適性測驗的過程是非線性的，受試者每做一題就是一個階段，每個階段的選題與能力估計都涉及複雜的計算，如果沒有電腦的輔助，實施起來必定困難，目前電腦硬體的功能相當完備，軟體也十分親和，此時發展電腦化適性測驗已是很容易的事（何榮桂，2005）。

　　承前所述，適性測驗（adaptive test）是量身定製的電腦化測驗（tailored test），也是個別測驗（individual test），也是眞正的個別化測驗（individualized test）。雖然進行電腦化適性測驗要牽涉到繁複的運算與能力估計的過程，才能適切的提供下一題的題目，但因IRT的理論與資訊科技的技術已十分成熟，一些常見的測驗工具（如ETS的托福測驗等）就以CAT的方式施測。此外，GRE、GMAT、CAT-ASVAB等，也都運用電腦化適性測驗。

(三)線上測驗

　　線上測驗即是以網路爲基礎的電腦化測驗（web based tests, WBT）。就測驗環境而言，結合網際網路的進行測驗，可具有超越時空、隨選隨測、高彈性的施測環境。再從網際網路的進步所帶來的遠距教學爲例，遠距教學的評量趨向於偏重學習經驗動態改變的記錄與解釋（李台玲，

2001），再加上「動態評量」理念與意義，運用網路進行的電腦化測驗將逐漸重視「評量即學習」的理念，充分運用網路環境的優勢，讓被評量者在評量後可以立即深入思考學習上的缺失，獲得學習成效，焦點擴及學生在學習歷程中的學習與思考過程，而不只是測驗結果。以下茲將三種電腦化測驗的意義，整理如表9-1。

表9-1　電腦化測驗一覽表

	傳統的電腦化測驗	電腦化適性測驗	線上測驗
英文全名	Computer based tests	Computerized adaptive tests	Web based tests
英文簡稱	CBT	CAT	WBT
意義	將傳統紙筆測驗改成以電腦螢幕或網路當作呈現介面，逐一或全部呈現試題的電腦輔助施測的方式。	針對不同能力程度的考生及其不同的作答速度，提供適合其能力作答的適當難度試題，以謀求估計考生能力的最大精確性，達成量身訂作的「因才施測」最高理想境界。	就測驗環境而言，結合網際網路的優點，將能夠提供超越時空、隨選隨測、高彈性的施測環境的測驗方式。
理論基礎	古典測驗理論	試題反應理論	古典測驗理論／試題反應理論
特色	與傳統紙筆測驗內容相同 施測及計分利用電腦輔助	量身定製的施測內容可以顯現個別的能力差異 施測流程非線性 無法跳答 施測長度不同	網際網路的施測環境 施測時間、地點彈性
實例	International Computer Driving Licence(ICDL)、Institute of Certified Management Accountants(ICMA)	TOEFL、GRE、SAT	識字量測驗(http://pair.nknu.edu.tw)

資料來源：陳新豐（2007）。臺灣學位電腦化測驗研究的回顧與展望。《教育研究與發展期刊》，3(4)，217-248。

三、電腦科技的進步

　　資訊科技與網際網路的蓬勃發展，讓人們可以輕易地在網際網路上搜尋、取得數位資訊，人與人之間的資訊交流也更爲快速方便。社會各層面享受著網路在生活上所帶來的益處，無不思索著如何使資訊科技與網際網路功能發揮到極致，當然教育上的應用也不例外。當前教學評量發展的走向是結合網路科技、教育測驗與評量的理論。這項突破讓受試者在遠端透過網路即可接受測驗，不再侷限於空間或紙筆式的測驗。資訊科技的運用簡化了整個試務流程，使得考試效率化及經濟化，也減輕了應考人負擔。隨著國家考試電腦化測驗系統及電腦試場之啟用，考試也正式邁入電子化新時代。

　　電腦化測驗不僅是世界測驗發展的趨勢，也是甄選人才的重要工具。國家考試自民國93年起，航海人員考試採用電腦化測驗，目前考選部已成立了「國家考試擴大實施電腦化測驗專案小組」，並持續在95至97年選擇部分考試類科來辦理，以民國95年爲例，國家考試選擇了「牙醫師」、「呼吸治療師」、「助產師」、「助產士」爲第一階段電腦化測驗的完成目標。這些類科的考試人數除了國家考場所擁有的電腦設備足以應付外，其測驗的形式也是以單一的測驗題爲主，在電腦計分上是屬於比較容易的項目。但眞正的電腦化測驗，除了文字界面的題型之外，尚有多媒體及以多元計分題等其他題型，甚至在構成測驗的要素中、信度及效度議題上，美國心理學會亦鄭重呼籲測驗專業和相關的企業，正視電腦化測驗上的效度及信度議題，而這也是國家考試日後所需面臨的問題。

　　資訊科技的普及化發展，造成應用的人口日益增加，而在每一個專業領域上都受到深遠的影響，當然國家考試的應用與發展也是其中的一環。電腦化測驗如何充分發揮資訊科技的優勢，如何在考試試題題型及作業設計上，發揮電腦的特殊能量，是目前電腦化測驗應用在選拔人才上極需要發展的目標。

貳、電腦化適性測驗的要素

電腦化適性測驗的研究課題常包括測驗模式、測驗的起始點、題庫的性質、試題的選擇方式、測驗的終止與計分等（陳新豐，1999b；Magis, Yan, & von Davier, 2017；Van der Linden, & Glas, 2000），以下為電腦化適性測驗實施的流程圖。

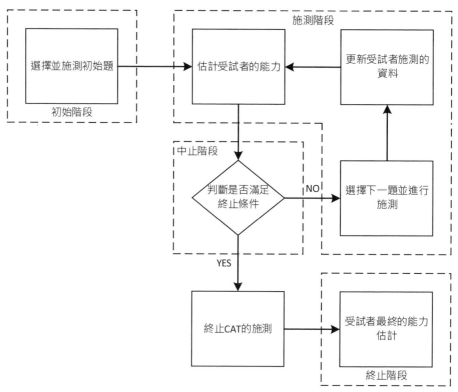

圖9-1　電腦化適性測驗實施流程圖

資料來源：Magis, Yan, von Davier(2017).*Computerized Adaptive and Multistage Testing with R*(p.37).Princeton, NJ:Spring.

設計電腦化適性測驗系統時，每一要素都有幾種可能的選擇，設計者可依測驗目的作適當的選擇，以下將分別詳細說明電腦化適性測驗實施的各要素以及評價。

一、試題反應理論的模式

目前二元計分的試題反應模式有單、二、三參數的對數（logistic）及常態肩形（normal ogive）模式。多元計分的模式則有Samejima（1969）等級模式（graded model）及Bock（1972）的名義模式（nominal model），以及屬於單參數的部分分數模式及評定量表模式等（余民寧，2009；Bennett, Morley, & Quardt, 2000; Cheng, & Liou, 2000）。

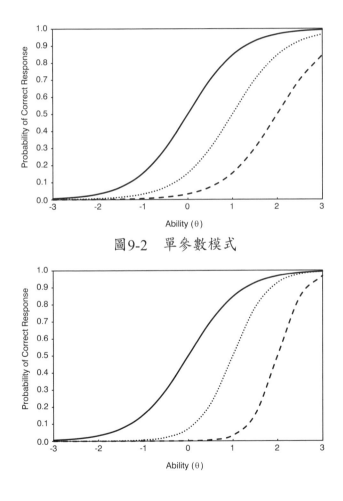

圖9-2　單參數模式

圖9-3　二參數模式

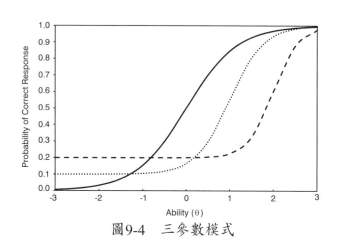

圖9-4　三參數模式

　　目前電腦化適性測驗的研究，大部分採二參數或三參數模式
（Hambleton & Swaminathan, 1985），而每種模式各有其基本假定及適用
範圍，使用者需視題目的性質來選擇適當的試題反應模式。一般而言，如
果是選擇題，那可能以二元計分的三參數模式較爲適切（Hambleton, Zaal,
& Pieters, 1991）。

二、題庫

　　電腦化適性測驗首先要有一個含有試題反應理論測驗試題參數的題
庫，題庫中之參數必須以共同量尺來表示，才能有一致的單位。至於題庫
的性質則有下列特點（余民寧，1993a；陳麗如，1997；Van der Linden &
Glas, 2000）。

1. 題庫的試題參數應包括難度、鑑別度及猜測度等三個參數，若只
   使用難度參數時，也具有鑑別度與猜測參數的資料時亦無妨。
2. 難度參數應能涵蓋所有受試的能力，其範圍不一定限制於±2之
   間，若能力介於±3時，難度參數亦應介於±3之間。
3. 鑑別度參數應在0.8以上，雖然是愈高愈好但不宜超過1.25，若使
   用太高或太低的鑑別度參數時，亦應有理由。猜測參數應在0.3以
   下。

4. 題庫的題數最少在100題以上。

5. 要相當程度的確定題庫中之試題所測的能力或特質相同。

Baker（1992）建議難度參數應在-3.0至+3.0之間，鑑別度參數應在0.5至2.0之間，猜測參數應在0.3以下。

當然，不同的測驗目的也會影響到題庫的試題參數之散布範圍（特別是難度參數）。例如：資優班學生甄選用的電腦化適性測驗題庫，其難度參數最好在1.0至3.0之間；鑑別智力不足用的電腦化適性測驗題庫，其難度參數最好在-3.0至-1.0之間；而測量一般常態分布的群體之電腦化適性測驗題庫，其難度最好在-3.0至+3.0，且均勻分布（Flaugher, 2000）。

至於題庫的大小，當然是愈大愈好。題庫中的題目難度參數要能配合受試者的能力分布。當鑑別度大，猜測參數小時題庫就不必太大；反之，題目品質較差時題庫就需要較大，針對題庫的涵義而言，詳細說明如下：

1. 題庫不只是一堆試題的集合而已，而是一堆經過校準（calibration）、分析、歸類與評鑑後，經過適當的程序組合而成的題目的組合體。

2. Millman與Arter（1984）將題庫界定為一群使用方便的試題彙編；亦即題庫可資應用於各種測驗場合的數量非常龐大，都是經過分析、編碼與結構分類處理後的試題，並且因為科技的整合而有逐漸走向電腦化的趨勢。

根據試題反應理論所得到的試題參數具有不變性（Baker, 1992; Hambleton, Swaminathan, & Rogers, 1991），可使得各個被試團體所得到的試題參數具有可比較性，有利於題庫的建置。而針對題庫建置問題可以從以下幾個方面加以考慮：(1)如何編製試題？(2)題庫應該包含多少試題？(3)題庫系統應該如何分類？(4)題庫內試題是否必須具備量尺化的參數？(5)題庫是否可以公開？(6)題庫是否安全？(7)如何管理題庫中的試題？

三、起始點

適性測驗的施測方式，對不同能力的考生可以由不同難度的題目開始施測。例如：某生的能力或成就水準較高，就可以由較難的題目開始施測。

由於電腦化適性測驗的試題難度會隨受試者的答題結果（答對或答錯）很快地調整過來，所以較不正確的起始點並不會嚴重影響評量的結果，但是較準確的起始點仍有助於減少所需施測的題數及時間（余民寧，2009）。因此，決定合適的起始點，也是實施電腦化適性測驗的要素之一。

Hambleton、Zaal與Pieters（1991）提出測驗的起始，因為缺乏受試者的資訊，所以建議採用中等難度的試題中選擇一題當作測驗的起始點。

余民寧（2009）提出常用的起點方法有三，分別是：(1)自難度適中的試題中隨機抽取一個試題；(2)全隨機抽取一個試題；(3)調查學生的背景，然後再決定出哪一類的試題。

王寶墉（1995）提出決定電腦化適性測驗的起始點，也有三種方式：(1)中難度的題目開始，因試題常由難度高低排列，中難度的題目有限，若每位受試者都使用同樣的試題開始，其保密性則需要考量；(2)根據經驗依受試年齡或年級為起始點。大型測驗或實施行之有年的測驗，可根據受試者的年齡或年級資料來決定測驗的起始點；(3)以隨機方式決定測驗的起始點，因答對者愈答愈難，答錯者愈答愈容易，所以起始點不同，其估計的精確性並無差異。

另一個有關於起始點的考慮與試題的保密性有關。由於介於中間難度較好的試題必然有限，過度使用後必然增加洩題的可能，而且當起始點有限時，分支必成固定的型式，使試題可能的組合類型變得有限。如果能以任意點為選擇起始點的方式，則對試題的保密性實有莫大的助益。而且如果試題的保密性是一很重要的議題，則隨機的起始點似乎是較理想的選擇方式。陳新豐（2002）所建置的線上適性測驗系統的起始點，基於試題保密性及題目內容領域分配、能力估計的精確性考量，先以系統預設之鑑別度適當，中等難度的試題三題，視答題反應之後當作受試者的起始點能力。

四、選題方式

目前在電腦化適性測驗最常用的方法是最大訊息法（Weiss, 1985）及貝氏法（Hambleton & Swaminathan, 1985; Van der Linden & Glas, 2002），

這兩種方法都是由題庫中尚未施測的試題中選出一題，以下將說明這兩種選題的方法。

(一)最大訊息選題法

最大訊息選題法是選擇對受試者目前的能力能提供最豐富的題目，試題訊息公式如下所示：

$$I(\theta) = \frac{P_i'^2}{P_i Q_i}$$

三參數對數模式的訊息如下所示：

$$I(\theta) = \frac{D^2 a_i^2 Q_i}{P_i}[(P_i - c_i)^2/(1 - c_i)^2]$$

$$P_i = c_i + (1 - c_i)\{1 + \exp[-Da_i(\theta - b_i)]\}^{-1}$$

$$P_i' = Da_i Q_i(P_i - c_i)/(1 - c_i)$$

其中a是鑑別度參數，b是難度參數，c是猜測度參數。假如是二參數模式，則c即為0；單參數模式則a為1.00。將考生能力代入公式中的θ，題庫中所有試題的訊息都可以算出，而具有最豐富訊息的題目就用來施測。這種選擇的方式可以使訊息量達到最大，由於訊息與估計誤差成負相關，這種選題的方式可以使每一位受試者能力的估計誤差降到最低。

(二)貝氏選題法

貝氏選題法（Hambleton & Swaminathan, 1985）是假定能力的先驗平均數為0，變異數為1。受試者做完一題，即可估計其能力的後驗變異數，較小者為選題的依據，並以新的能力估計值及變異數作為估計數。換言之，貝氏選題法不以試題的訊息為選題依據，而以最小的後驗能力變異數為依據。

五、計分方法

電腦化適性測驗的能力估計法大部分是採用最大可能性或者是貝氏法（Hambleton & Swaminathan, 1985）。貝氏法能提供能力完整的估計，即使受試者的反應為全對或是全錯，也能估計。其他當受試者只答一題或其

反應向量爲全對或全錯時，最大可能性法則無法估計。貝氏法的優點是全對與全錯也可以估計受試者的能力，但是有向平均數迴歸的現象，尤其是在較短的測驗中，這種迴歸的影響頗大。當測驗長度很長時，最大可能性法是受試者能力的不偏估計，所以如果能在適性測驗的前段採用貝氏法，後段採用最大可能性法，那麼能力的估計可以在較短測驗中達到不偏估計值（Baker & Kim, 2005）。

最大可能性法與貝氏法兩種計分法都能提供誤差變異數，這種變異數可用來估計能力的信賴區間，其區間愈短就表示能力估計愈是準確。

(一)最大可能性估計

根據受試者在各題的得分組型可得到該考生能力的可能性函數，這個函數曲線的最高點即爲最可能的值，這個最可能的值即能力的估計值。具體言之，最大可能性估計的步驟如下，首先依考生其作答反應資料出現的機率爲：

$$Prob[U_1 = u_1, U_2 = u_2, ..., U_n = u_n \mid \theta] == \prod_{i=1}^{n} P_i(\theta)^{u_i} Q_i(\theta)^{1-u_i}$$

此時機率函數代表獨立事件同時發生的機率，在統計上這個連續事件稱爲可能性函數（likelihood function），表示如下：

$$L(u_1, ..., u_n \mid \theta) = \prod_{i=1}^{n} P_i(\theta)^{ui} Q_i(\theta)^{1-ui}$$

若選擇試題反應理論模式之三參數模式函數來解釋作答反應情形時，則其中的$P_i(\theta)$應爲：

$$P_i(\theta) = c_i + \frac{1-c_i}{1 + \exp[-Da_i(\theta - b_i)]}$$

假設其中的a_i、b_i及c_i等試題參數已知，則對不同的θ值其可能性也會大小不等，但該可能性只有一個最大值，而且出現在θ值等於$\hat{\theta}$時，假若經過各種不同的運算嘗試求得$\hat{\theta}$值，則稱該值爲能力的最大可能估計值。亦即，假若受試者能力爲$\hat{\theta}$時，其在n題中的實際作答情形的可能性最大。

若將可能性函數繪成曲線圖（如圖9-5），圖中平滑的曲線是有許多小點構成，每個點上都可以找到一個切線通過該點，通過最高點的切線，斜率應該爲零。在數值運算中即找到切線斜率，即對該函數作一次微分。同

理，找到切線斜率為零的方法，即對可能性函數做一次微分。又因為對可能性函數做一次微分時，θ值是上述公式中唯一的未知數。因為假設試題參數為已知，一個方程式解一個未知數，所以可以得到其解為唯一，而其值即為代表受試者在n題回答反應資料中估計能力的最可能值。

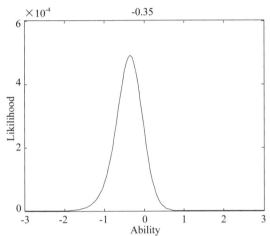

圖9-5　不同能力值所推算出的可能性函數值

　　可能性函數的分散或變異數即是其能力估計準確性的指標，可能性函數變異數的倒數就是訊息量。受試者能力最大可能性估計的標準誤就是訊息的倒數之平方根。如果有某些考生全部答對或答錯時，最大可能性估計就無法估計那些受試者的能力。此外，當受試者的得分組型特異（如：很難的題目答對，但是很簡單的題目卻答錯）時，此種計分方法也是無法收斂，電腦化適性測驗在最初施測的前幾題，因題數少，其能力估計亦相當不穩定。

(二)貝氏估計法

　　最大可能性估計的效能相當好，但當答題組型是全錯或全對時，無法收斂是最大的缺點，貝氏估計法可彌補最大可能性估計的不足（Hambleton & Swaminathan, 1985）。貝氏估計法是在受試者的可能性函數曲線乘上一個先驗分配，所得到的分配即為事後分配。所乘上的那個常

態分配的平均即我們對於該受試者能力的預估，而其標準差即對其能力估計的信心，當對這預估非常確定時，標準差就可以縮小。反之當對受試者能力預估之信心不足時，其標準差就應加大。事後分配的平均數即為能力的估計值，事後分配的標準差即為該能力估計的標準誤（Baker & Kim, 2005）。Bock 與 Mislevy（1982）提出的所謂 EAP（expected a posteriori）是利用事後分配的平均值來計分。這種估計方法的平均值誤差小，所以比其他的方法效率較高，這個方法的另一個優點是不受試題出現順序的影響。

1. 最大可能性估計

$$Prob[U_1 = u_1, U_2 = u_2, ..., U_n = u_n \mid \theta] == \prod_{i=1}^{n} P_i(\theta)^{u_i} Q_i(\theta)^{1-u_i}$$

2. 貝氏估計法

$$L(u_1, ..., u_n \mid \theta) = \prod_{i=1}^{n} P_i(\theta)^{ui} Q_i(\theta)^{1-ui}$$

$$P_i(\theta) = c_i + \frac{1 - c_i}{1 + \exp[-Da_i(\theta - b_i)]}$$

六、中止標準

電腦化適性測驗的主要特徵除了施測題目因人而異外，其測驗的長度也可因人而異。電腦化適性測驗的施測可以持續到對受試能力估計的準確性，達到某一事先設定的標準為止。測驗的目的和性質不同，其終止標準可以有高有低，也可同時設定一個以上的終止標準。

電腦化適性測驗的終止，一般有下列四種情形（王寶墉，1995）：

(一)固定長度法

固定長度法係指所有的受試者都做完測驗所預定的題目，一般以 20 至 30 題之間為原則。既然以電腦進行施測，是希望精確的估計受試者的能力，其題數也因受試者而有差異，所以固定長度法較常用於模擬研究，在實際情境的應用較少。

(二)預定測量標準誤法

測驗的中止的題數是由預定的測量標準誤差或後驗標準差（posterior standard deviation, PSD）來決定。Bock 與 Mislevy（1982）提出測驗的中

止的題數，是可由預定的後驗標準差（posterior standard deviation, PSD）來決定，其計算方法如下：

令其答題反應情形為：

$$x_j = \begin{cases} 1 \\ 0 \end{cases}$$

則受試者反應組型，當答對時可表示為：

$$p(x_j = 1|\theta) = \Xi_j(\theta)$$

可能性函數可表示為：

$$L_j(\theta) = \prod_{j=1}^{J} [\Xi_j(\theta)]^{x_j} [1 - \Xi_j(\theta)]^{1-x_j}$$

能力可能估計值可表示為：

$$\overline{\theta}_j = \frac{\sum_{k=1}^{q} x_k L_j(x_k) W(x_k)}{\sum_{k=1}^{q} L_j(x_k) W(x_k)}$$

則其後驗分配標準差可表示為：

$$PSD(\theta) = \sqrt{\frac{\sum_{k=1}^{q} (x_k - \overline{\theta}_j)^2 L_j(x_k) W(x_k)}{\sum_{k=1}^{q} L_j(x_k) W(x_k)}}$$

且其加權函數必須滿足：

$$\sum_{k=1}^{q} W(x_k) = 1$$

此時的信度係數可表示為：

$$\rho = 1 - (PSD)^2$$

Bock與Mislevy（1982）提出採用二參數模式的模擬研究中，如果以後驗標準差（PSD）0.3為標準（相當於傳統測驗理論信度0.91），那每個人平均要考17題。如果是三參數模式，則需要25題。而此一PSD與最大可能性估計中的標準誤角色類似，如果將PSD提高到0.2（相當於信度0.96），則二參數模式需要37題，三參數模式需要55題。就電腦化適性測

驗而言，PSD = 0.4或0.3的標準可能比較實際；PSD = 0.2的標準可能太高而不切實際了。

(三)無法獲得更多的測驗訊息

未使用的題目中，再也無法獲得更多的測驗訊息時；換言之，能力的估計已穩定，再做題目已經沒有幫助了。

(四)貝氏信賴區間法

貝氏信賴區間法這種終止方法最常用於標準參照測驗精熟與否的決定，Weiss與Kingsbury（1984）稱此種適性測驗爲AMT（adaptive mastery testing）。在此種精熟測驗，考生達到精熟標準所需的能力（θ）水準可預先轉換成能力量尺上的點。例如：某單元我們假定的精熟標準爲0.8（即答對80%的題目），那我們可從測驗特徵曲線（test character curve, TCC）找到與P(θ)=0.8相對應的θ值，該θ值即爲通過標準的值。受試者每答完一題即計算其能力估計值（θ）、後驗分配標準差（PSD）以及θ的95%信賴區間（$\theta \pm 1.96PSD$），只要θ值不在95%的信賴區間內，測驗就可以終止，並作成是否精熟的決定。

七、電腦化適性測驗的評價

電腦化適性測驗是利用電腦來施行測驗，處理選題、計分、能力估計等問題的一種測驗方式。余民寧（1993b）提出電腦化適性測驗的優點有下列幾項：(1)加強測驗的安全性；(2)依據需求來進行施測；(3)無需使用答案紙；(4)適合每位考生的作答速度；(5)立即的計分和報告成績；(6)降低某些考生的考試挫折感；(7)加強施測的標準化過程；(8)容易從題庫中找出並刪除不良的試題；(9)對於試題類型的選擇更具彈性；(10)減低監考的時間。

王寶墉（1995）提出電腦化適性測驗的優點有下列幾點，包括讓受試者在電腦上施測，也是同時輸入資料，並立即評分，能克服紙筆測驗評分時，速度慢及選題上的困難。此外，可依評分的結果及設定的選題方法，如最大訊息法，電腦自動呈現下一個題目。同時也能就不同的適性測驗實施方式或計分方法，評定受試者總分，或將分數轉化成可相互比較及解釋

的量尺，所以，電腦化適性測驗所需要的測驗長度比傳統測驗少很多，甚至只需傳統測驗的一半。至於，電腦化適性測驗的應用類別，可以是常模參照測驗及效標參照測驗，也可以用在證照考試（licensing examination）之測驗及專門職業考評之用。

Sands、Water與McBride（1997）提出電腦化適性測驗的優點有：(1)縮短測驗長度；(2)測驗過程靈活；(3)具標準化過程；(4)易於重複施測；(5)計分方面減少誤差，不會因為抄寫而有錯誤；(6)評量準確度高；(7)測驗具安全性；(8)受試者動機強。

當然，電腦化適性測驗也有其不足之處，例如：電腦化適性測驗的缺點是必須在電腦設備之下才能實施，必須依順序作答，不能跳答，就目前而言，仍有某些題型較不適用（例如：申論題、作文等）。能力分數解釋較為困難，以及需要使用者了解試題反應理論。同時，在結果解釋部分，受試者及家長可能無法完全理解並接受測驗結果，特別是考試題目及題數不同，所得分數如何比較的問題。

參、電腦化適性測驗之相關研究

由於試題反應理論的成熟與電腦科技的進步，不管是國內或國外，有關電腦化適性測驗的研究如雨後春筍，十分可觀。這些研究，基本上可分為幾個類別，隨著資訊科技軟硬體功能的快速發展以及使用者的日益普及，資訊高速公路必將是知識交流最重要的通路。大多數對適性測驗研究的學者，都將焦點放在相當複雜需要藉助電腦的電腦化適性測驗，而不是紙筆的適性測驗。電腦化適性測驗是以心理計量的試題反應理論為理論基礎，使用電腦來施測、選題及計分；換言之，電腦化適性測驗即是使用電腦來實施以試題反應理論為基礎的適性測驗。

近年來，電腦化適性測驗已成為一個熱門的研究主題。國內有多位學者進行電腦化適性測驗相關的研究（林世華，1987；洪碧霞、吳鐵雄，1989；孫光天、陳新豐、吳鐵雄，2001；陳柏熹，2006；陳新豐，1999a、2003b）。

　　以往研究有關的電腦化適性測驗者，其探討的變項包括：信度和效度（Camilli & Penfield, 1997）、測量誤差（Stone & Hansen, 2000; Wang & Kolen, 2001）、試題差異功能（Bielinski & Davison, 2001; Snetzler & Qualls, 2000）、試題等化（equcation）相關問題（陳新豐，2003b；Tsai, Hanson, Kolen, & Forsyth, 2001）、參數估計的問題（陳新豐，2005；Van der Linden & Glas, 2000）、題庫建置相關因素的探討（孫光天、陳新豐，1999；陳新豐，2003a；Van der Linden, Veldkamp, & Reese, 2000）、多向度的試題反應理論（陳柏熹，2006；McDonald, 2000）以及試題反應各種模式的運用，例如：等級反應模式（graded response）、部分給分（partical credit）模式（Baker, Rounds, & Zevon, 2000; Bennett et al., 2000）。

　　Sands、Waters與McBride（1997）提出四大未來發展電腦化適性測驗的主要方向。首先是新題型的發展（new form development）；其次是動態的題目參數估計（on-line calibration）；再來是線上題庫的等化（on-line equating）；最後，則為多向度的適性測驗（multidimensional adaptive testing）。

肆、電腦化適性測驗之發展現況

　　電腦化適性測驗研究的發展，在目前資訊科技的蓬勃發展與現代測驗理論的配合之下，在理論方面已經相當穩定了，不過，尚有努力的空間。有關電腦CAT的發展，參考何榮桂（2006）所整理全球性舉辦的CAT一覽表、參閱2007、2009年由Graduate Management Admission Council（GMAC）所舉辦的Computerized Adaptive Testing研討會資料以及Weiss（2010）的網站內容，綜合歸納如下（陳新豐，2010）：

一、發展機構

　　電腦化適性測驗的發展機構大致可分為：(1)政府機關：如以色列、荷蘭等國家;(2)大學校院：如劍橋大學英文考試院、西班牙奧托諾馬德里大學（Universidad Autonoma de Madrid）等;(3)專業機構：如ETS、ACT

等；(4)學術組識：如AICPA協會、NABP協會；(5)其他：如Microsoft商業公司。

　　由上可知，在歐美較先進國家，由於已有大型且值得信賴的專業測驗機構及學術組織，因此CAT多由此類機構加以建置發展。但在較小的國家，若無專業機構可以委託辦理，實有必要有政府機關以公部門的經費來研發建置，如：以色列、荷蘭等國。臺灣目前是政府機關比較重視CAT的發展，並關切試務技術、建置流程等議題。

二、測驗性質

　　CAT大都集中在能力檢定或入學許可（如TOEFL、GRE、GMAT、SAT、ACT、BULATS、LSAT、GMAT）、證照考試（如MCP、UCPAE、NAPLEX、NCLEX-PN/RN）、能力檢定（如ESS、eCAT）等性質的測驗。同時在其發展過程中，有些是從紙筆式測驗轉變為CBT，再到CAT；也有少數是直接從紙筆式測驗到CAT。在CBT方面，目前舉辦的考試有牙醫師、助產士及航海技術等，是偏向證照考試類別，因此，我國在發展CAT時，可先以目前已電腦化的考試作為基礎，再加以發展成CAT。另外，近年來報考人數大增的考試，則可考慮直接從紙筆式測驗變成CAT，像是華語導遊領隊考試，報考人數眾多，可優先考慮發展成CAT，以紓解試務工作的繁複。

三、施測時間及題數

　　不管是全球性或是各國所發展的CAT，在施測時間方面，約在1小時至3小時之間，少數測驗因含有口說或實作等測驗，如SAT或GMAT需要4小時，在這個部分，我國目前的國家考試，有許多都需要一至二天的時間。因此，發展CAT希望以較少的測驗題數，仍能精準的測量應考者的能力，並縮短考試時間，減低試務工作的負擔，這都是可努力的方向。

伍、電腦化適性測驗之未來趨勢

　　根據Weiss（2010）的網站指出，目前有關電腦化適性測驗的研究主要有五大主題，包括內容平衡（content balancing）、試題曝光率（item exposure）、多重量表（multiple scales）、CAT的終止標準（terminating of CAT）、線上CAT（The Worldwide Web and CAT）等，以下茲討論其內涵，並試著提出未來努力方向。

一、內容平衡方面

　　目前CAT的研究仍然在於初始題的選擇、試題的挑選、考生能力的估計等，不過，多階段的電腦化適性測驗設計（multistage computer-based test designs）以及線性運作中的測驗設計（linear on-the-fly test designs）也是未來電腦化適性測驗發展的重點方向之一。因此，有關兼顧內容平衡的選題策略也就成為未來之研究重點。

二、試題曝光率

　　試題曝光率一直是重要的討論議題。目前在研究上有許多非常重要的方向與此也有關係，例如：在自由反應（free-response）試題的自動計分（automated scoring），試題的自動產生（automated item generation）可以促進下一階段試題的發展，並且對於試題的寫作（item-writing）技巧上、題庫的擴展、試題發展的成本降低上，有顯著的效能存在。同時，試題的自動化，也可解決在電腦化適性測驗上潛在的威脅性問題，例如：試題曝光過度產生測驗的安全性問題，就可以獲得相當的改善成效。

三、多重量表

　　所謂多重量表，是指在CAT施測時，同時包含各種不同類型、不同施測目的的量表，例如：在一個證照考試中，應考者只接受一份CAT，但其

測驗內容包括能力測驗、人格測驗及態度量表等，這與傳統測驗必須分成三個不同的測驗有所不同。因此，在編製CAT時，編製者要考慮的面向較多，所得的施測結果，除了可看到受試者的整體評估外，也可處理到每個考生在每個分測驗的表現，這些結果可以用在諮商或其他的目的。

　　所以在建置CAT測驗時，不同試題格式的標準化、多種格式及多媒體格式試題的採用、多種成分的題組等相關議題（within-testlet balancing、between-testlet balancing）以及認知診斷的試題等，都是在建置CAT題庫需要考量的。

四、CAT的終止標準

　　CAT與CBT主要不同的地方之一，就是施測的題數比CBT少，但有精準的能力估計值。所以，如何根據受試者的答題情況來終止測驗，是很重要的議題。通常依據測驗的目的和性質不同，可設定高低有別的終止標準，同時也可設定一個以上的終止標準。

五、線上CAT

　　區域性的電腦化適性測驗（CAT）轉成廣域性的網際網路的線上電腦化適性測驗（WWW on the CAT, WCAT）是現今時代的潮流。以微軟的認證考試為例，幾乎在所有的考試上（MOS、MCA、MCTS、MCITP、MCPD、MCSD……）都是以線上考試來進行並提供即時計分的服務，不過在線上施測，有關測驗安全性方面也許會帶來更大的風險。但是如何在安全與便利的考量上取得折衷的做法，需要更多在實務與理論上的探討。

　　綜上所述，電腦化適性測驗目前雖然仍有一些需要克服的問題，但基於目前世界各國對於電腦化適性發展的趨勢、資訊科技上技術的成熟、CAT理論與實務研究的豐富資訊等有利因素上，電腦化適性測驗的未來發展是相當有潛力，至於與電腦化適性測驗相關仍有許多議題需要考慮。

　　選題組卷策略及其相關主題，特別是自動化組卷是運用電腦協助組卷，是目前有關電腦化適性測驗中，相當重要的研究內涵。自動化命題與

自動化組卷在電腦化適性測驗的題庫安全及建置上，有著莫大的助益，尤其是目前國家重要的考試，試題的來源益加困難，又由於民情的緣故，往往考試一結束，相關單位即被要求公開題目及標準答案，而這對於題庫的安全以及考試有相當的威脅性。因此，若能在電腦化測驗中，加強研發試題的自動化命題以及自動化組卷，對於電腦化適性測驗的永續經營與發展極有助益。

在數位化時代下，採用電腦進行教學與評量是必然的趨勢，但目前有關電腦化適性測驗應然的理論研究與實然的實際條件研究，就數量來說，相距甚大，前者多，後者少。根據Neil（2006）提出在劍橋的測驗系統（assessment system）包含三大部分，分別為：測驗的建構或構念（conceptual framework）、測驗對人的影響（human-related factors）以及電腦科技的運用（technological means）。其中，電腦科技的運用是整個英國劍橋英語中心的測驗系統的一部分，它與專業人士的貢獻都是為了成就各種語言測驗的進行與品質而把關，因此，有關電腦化測驗試務行政、電腦化測驗試場規劃、電腦化測驗的資訊科技研究、電腦化測驗的政策等，都是未來可研究的主題。

電腦化適性測驗目前評量的取向是傾向組別的平均數（group mean），而不是針對個別成就的平均數（individual mean），從PISA、PIRLS等大型資料庫，世界各國著重的情形看來，的確是有如此的傾向，認知診斷測驗（cognitive diagnositic, CD）、新的試題種類（new item）、多階段的CAT（multistage CAT）等，都是目前CAT發展的趨勢（Hau & Chang, 2001）。

電腦化適性測驗之規劃與實施，須先建置完善的題庫系統，目前探討電腦化適性測驗的系統效能之論文篇數已有多篇，建議可再發展其他相關的主題，例如：選題策略、能力估計、相關的遺傳演算法、類神經理論、模糊理論的結合等。因為，除了建置系統、評估效能外，有關受試者的能力估計、選題策略、等化、連結等策略、終止點的判斷以及學習診斷之應用均需一一考量，而這些研究領域雖然目前學位的論文也已有數篇，但數量仍不多，建議更深入且精實地探討是未來研究可以再加深加廣的領域。

利用ICT（information and communication technology）協助多元計分題的自動計分（Teresa & Robert, 2006），設計並實施複雜型式題目的測驗之電腦化（Caroline, 2005; David, Isaac, & Anne, 2004）等，也是未來研究探討的重要方向。

自我評量

01.請說明電腦化測驗的分類。

02.電腦化適性測驗的六大要素為何？

03.請說明電腦化適性測驗題庫的性質。

04.請比較電腦化適性測驗的計分方法中，最大可能性估計以及貝氏估計法兩者不同之處及適用時機。

05.請列舉電腦化適性測驗中，常見中止標準的策略。

06.請說明電腦化適性測驗未來發展的趨勢。

第十章　學習評量概論

學校情境內的所有學習活動，包括認知、情意及動作技能等領域的學習成果，都需要教師於教學結束之後予以評量，才能得知學習成果的優劣、進步或退步以及教學是否達成預定的教學目標。教學包括學生的學習以及教師的教學成效，教學中主要包括的要素有學生的學習、學習目標、教學方法、教學內容、教學資源、教學環境、教學時間、教學評量以及所教學老師等。其中學生的學習成效為主要的核心，而學習是因經驗而使行為或行為潛勢產生持久改變的歷程，學習評量即是評估學生的學習成效的重要工作。

學習評量是教學歷程中相當重要的一環，學習如何規劃一份妥善的教學評量計畫，便成為教師在進行教學之前的一項重要工作。教學評量主要的目的，在於將評量的結果作為輔導學生學習之用，因此教學評量概論，即在簡要介紹有關教育測驗與學習評量的基本知識和概念，讓教師對自編成就之前的教學評量有個粗淺的認識，以便作為進行研究測驗編製、分析診斷和應用評量的準備。教學是教師和學生共同參與的一種活動歷程。教師在預定的教學目標指引下，運用各種方法，循序漸進地進行教學，以期待學生的學習行為能夠隨著教學的進展而有所改變，以達成既定的教學目標。而要知道教學結果是否達成預期的目標，就必須針對教學效果實施客觀而又正確的評量。因此，教學評量便成為教學歷程中重要的一項工作。

美國高等教育協會（American Association for Higher Education, AAHE）提出九項評量原則如下所述：(1)學生學習的評量設計應基於是否有教育上的價值；(2)當評量是多向度，並具整合學生其他相關整體的表現時，評量才會得到最大的效能；(3)當評量設計者所追求的目標是明確、符合教學目標時，評量的工作才會達到最好的境界；(4)評量需要注意到評量的後果，如何導致相同的評量結果；(5)當評量工作持續地進行，不是偶發且沒有計畫性時，評量工作才會表現最好；(6)評量可以廣泛地改善教學的條件，視評量的內容加入所有的目標；(7)當學習者真正關心的問題是什麼，在使用與限制的條件差異下，才是造成評量差異的主要原因；(8)當教學有許多內容需要改進時，評量即可以提供改進教學的處方訊息；(9)從評量的結果，教育以及教學者可以從學習者的回饋得到改進的訊息。

壹、學習評量的意涵

　　學習評量典範的轉移從對於學習的評量（assessment of learning）轉換成促進學習的評量（assessment for learning），再進一步成為評量即是學習（assessment as learning）（Earl, 2003），其中在對學習的評量的過程中，主要目的在於了解學生安置、學習等成就的判斷，進行評量者即是教師，強調的是了解學生的學習結果，促進學習的評量階段，主要在於提供教師教學決定的重要訊息，評量者依然是以教師為主，強調的是教師的教學與學生學習的改進。至於目前的趨勢則是以評量即學習為重點，目的在於讓學習者自我監控、自我修正、自我調整，激勵學生改進自我的學習，成為主要的學習者，評量者的角色則是由教師與學生共同來擔任。

　　學習評量會依各種條件下而有不同的分類方法，例如：可依教學流程、評量結果而有不同的教學評量種類。依教學流程分為：教學前的安置性評量、教學中的形成性及診斷性評量以及教學後的總結性評量；依照評量結果的分類分成：常模參照評量以及效標參照評量；依照評量時間與對象的選擇上可以分為：橫斷式的評量以及縱貫式的評量；依照評量實施的階段可以分為：現況性與加值性評量（current state and value-added assessment）；依照評量的關係可以分為直接性與間接性評量。其他的評量類型，主要有下列幾種類型：實作評量（performance assessment）、另類評量（alternative assessment）、真實評量（authentic assessment）、檔案評量（portfolio assessment）、脈絡（情境）評量（situated/contextualized assessment）、動態評量（dynamic assessment）、課程嵌入式評量（curriculum-embedded assessment）、展覽式評量（assessment by exhibition）等。

　　談到教學，就必須了解什麼是教學模式，而所謂的教學模式，是指把教學的整個歷程做系統的處理，包括所有會影響教學成果的因素在內。Glaser（1962）指出教學歷程（圖10-1）包括四大部分：(1)教學目標：預期教學結束時，學生要達成的終點行為；(2)起點行為：教師未進入單元前，學生已具有用來學習該單元的基本起點行為；(3)教學活動：教師為進

行教學所採用的所有教學方法及學生為學習而參與的各項學習活動；(4)教學評量：針對學習結果是否達成預期的終點行為所實施的評量活動。

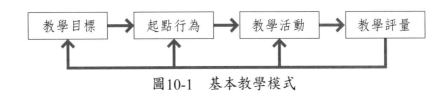

圖10-1　基本教學模式

　　從基本教學模式中可以發現，學習評量所扮演的角色是提供教學者檢視教學目標是否適切，起點行為的決定是否恰當，教學活動的設計及進行是否適宜的回饋訊息，所以教學、學習與評量之間的關係是密不可分的。

　　若將教師所教學活動的進行，切分成教學前、中與後的話，則可以將教學前了解學習者的先備知識的評量稱為安置性評量；教學中所進行的評量活動稱為診斷及形成性評量，目的在於獲得教學中的相關資訊，並進行實施差異化的教學內涵；教學後則是進行整個教學活動內涵的總結性評量，如下圖10-2所示。以下即依照教學前的安置性評量、教學中的形成性與診斷性評量以及教學後的總結性評量等，分別說明如下：

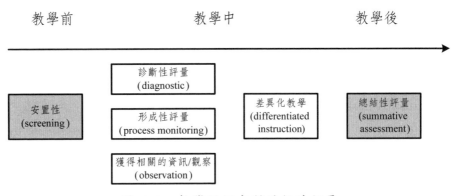

圖10-2　教學歷程中所進行的評量

一、安置性評量

　　教學前所進行的安置性評量，主要目的在於確定學習者進入教學後的效能表現是否達到預期的水準。例如：教師想要了解學生的程度，以便決定教學起點時，所選擇的評量方式即為安置性評量或者是預備性評量。或者是教師在教學前先以學習單了解學生的先備知識，作為學生分組依據，此種做法亦是屬於安置性評量。安置性評量包括準備的向度以及安置向度等兩個部分，準備的向度是在考慮學習者是否具備有教學內容的先備知識，假若沒有的話，則需要提供或者在進行教學活動前補充所需的先備知識；若具備有學習內涵的先備知識時，則依教學的流程進行預定的教學活動。至於在安置向度上考慮的是，學習者是否已經具有預期教學結果的能力，假若有的話，則需要安排學習者學習更高階的教學內容；若沒有的話，則進行正常的預定教學內容，安置性評量決定流程，如圖10-3所示。教學之前不一定都須實施安置性評量，唯有教師對新接任班級能力不熟悉或預期教學效果相當明確且具連貫性意義時實施才有價值，反之則否。

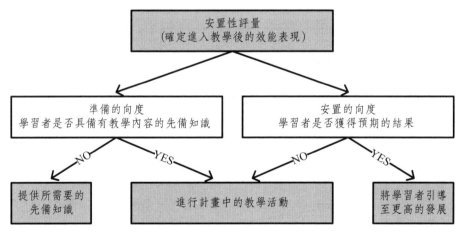

圖10-3　安置性評量在教學流程中的角色

資料來源：Gronlund, & Waugh (2009). *Assessment of Student Achievement* (p.7). NJ: Person Education.

二、形成性及診斷性評量

　　教學中所進行的形成性及診斷性評量，其主要的目的在於監控學習者學習的歷程，並且藉由形成性的評量來判斷學習者是否達到預期的學習目標？假若學習者未能達到預期的學習目標時，教學者需要進行團體或個別的補救教學，並且診斷學習者學習困難的原因為何？當然若完成補救教學則需要持續進行預期的教學活動。若是學生可以達到預期的學習目標，教學者則可以提供適當的回饋讓學習者知道，並且穩固學習的內容，之後再繼續進行預定的教學活動。例如：教師在講解兩遍數學解題方式後，進行課堂中的小測驗，用以了解學生的學習情形，此種評量方式即為形成性評量，如圖10-4所示。

　　形成性評量重視測量所教過特定內容的學習效果，並使用測量結果改善學習，因此評量重點放在學習是否達精熟或非精熟的訊息判斷，避免累積過多的困難，增加實施補救措施的負擔。形成性評量被視為教學歷程中針對教學活動所實施的品質管制，不能和總結性評量相提並論，也不能和安置性評量視為相同。

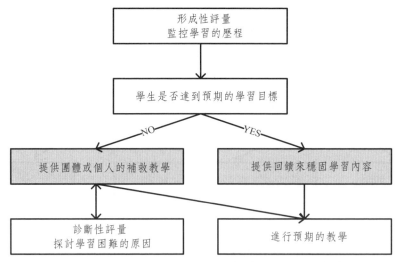

圖10-4　形成性評量在教學流程中的角色

資料來源：Gronlund & Waugh (2009). *Assessment of Student Achievement* (p. 9). NJ: Person Education.

　　診斷性評量是針對形成性評量無法矯正的嚴重困難，提出更精密的診斷訊息，屬於一種程度的問題。診斷性評量則是針對學生特定的學習內容或知能上的障礙，做更綜合且精密的評量，需要專業的輔導教師或諮商專家協助。例如：教師在教學開始或者是學習困難時，為了全面了解學生學習困難的原因所進行的評量策略，即為診斷性評量。

　　總而言之，形成性評量是屬於急救式處理，對於簡單的問題可立即找出並加以解決；診斷性評量是屬於重大困難，需要比形成性評量更精密、準確的分析和處理。

三、總結性評量

　　教學後的總結性評量，目的在於決定學習者最終的表現，判斷學習者是否達到預期的教學目標，若學習者已達到教學目標，則總結性評量可以提供學習後的成績等級或者可證明學習結果是否精熟。假若學習者未達到預期的教學目標時，教學者則需要再提供額外的學習內容、經驗。安置性評量與總結性評量在評量內容的取材範圍以及試題難易度的分配上，是比較接近的，如圖10-5所示。

　　綜上所述，依教學流程的前、中與後所進行的學習評量，皆具有不同的功能及決定的流程，例如：若以評量的取材範圍與試題難易度的分配來說，安置性評量與總結性評量是較為接近，但是教學中的形成性與診斷性評量對於學習者學習效果，有顯著且明顯改進的功能，教學者在教學中應該不要忽略形成性以及診斷性評量的實施。所以學習評量的功能，包括了解學習的結果，也知道學習者的學習歷程，學習評量可以做個體間的比較，了解學習者的進步情形，除了了解學習者的學習效果之外，對於教師的教學成就，亦可以從評量的結果獲知，不過因為評量是抽樣的程序，所以並無法了解學生全部的學習結果，因此，多次的評量對於學生結果的認知，可以更為周全。

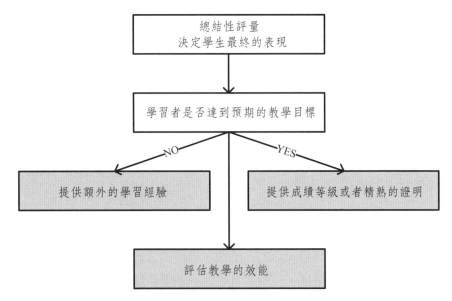

圖10-5　總結性評量在教學流程中的角色

資料來源：Gronlund & Waugh (2009). *Assessment of Student Achievement* (p. 10). NJ: Person Education.

四、學習評量的目的

　　學習評量的目的（Gronlund & Waugh, 2009）主要包括下列幾項：(1)學生的動機（student motivation）；(2)保留與轉換學習（retention and transfer of learning）；(3)學生自我評量（student self-assessment）；(4)評估教學的效能（evaluating instruction effectiveness）。另外余民寧（2022）提出學習評量的目的包括：(1)了解起點行為及適當安置學生；(2)知己知彼，百戰百勝；(3)分類與安置；(4)規劃教學活動及調適教學步調；(5)預期目標是否達成；(6)評估方法與策略是否有缺失；(7)診斷學習困難及激勵學習動機；(8)進行適當的補救措施；(9)了解學習狀況，激勵學習動機；(10)評定學習成就及報告學業成績等。

　　綜上所述，學習評量的目的，可以歸納成以下四點：(1)了解起點行為及適當安置學生：在教學前進行評量，有助教師了解學生的起點行為，

便於規劃教學活動；(2)規劃教學活動及調適教學步調：教師在執行教學一段時間後，可透過教學評量所獲得的回饋，得知學生是否達成教師預計的教學目標，並針對結果調整學習活動及步驟；(3)診斷學習困難及提供學習回饋：由教學評量所獲得的回饋訊息，可讓教師了解學生的學習類型及困難，採取因應的補救以及輔導學生學習的措施，而這也是教學評量中最主要的目的之一；(4)評定學習成就及報告學業成績：教師可以依據評量的結果，給予評定等第，並將評定的結果視為學生的學習成就指標。

貳、學習評量的演進

學生學習成果評量的目的，在於改善教學，因此教師在主動參與之下，會讓參與的教師擁有教學與評量的主導權，並且了解提供教學與評量的資料，不再只是配合外界的要求，而是學生學習成果及自我教學的檢視，進而將所獲得的資訊運用於未來的教學上，藉以改善教學，提升學生的學習成果。因此，學習評量與教師的教學是息息相關密不可分的，以下將說明學習評量的演進。

Earl（2003）主張學習評量的演進可分為三個階段，分別是：學習的評量（assessment of learning）、促進學習的評量（assessment for learning）以及評量即是學習（assessment as learning），將分別說明其意涵如下：

一、學習的評量

傳統的評量是「學習的評量」（assessment of learning），這種評量就是為了打成績，對學習做認證，知道學生在學校進步與學業成就的情形，通常是指總結性的評量。在大學課堂經常代表性的評量就是以考試、報告、期末論文等來打分數，評量的結果就是分數，但常常缺少了回饋的機制和改進的措施。

二、促進學習的評量

其次是「促進學習的評量」（assessment for learning）觀點，重點是

藉著評量來促進學習，必須預先告知學生對學習成果的期待，學習者本身要能自動自發去確認他已經學習到了，同時藉由評量也為下一階段的學習提供訊息，促使教師蒐集多方資料以調整教學，讓學生不斷地改進，這也就是所謂的形成性評量或診斷性評量。例如：在大學課堂上有小考，有習題，讓學生去解答，進而讓學生了解懂了哪些、哪些不懂，而能再改進。

三、評量即是學習

最後是「評量即是學習」（assessment as learning）的觀點，強調學生必須積極主動參與評量的過程，學生在自我評量上扮演重要的角色，學生是主動且關鍵的評量者。評量就是學習發生，藉由各項學習活動任務的評量，學生個人自我監控學習，並且從所獲得的回饋訊息中，調整學習的內容與方式。而且評量方式除了自我評量外，還有同儕評量，再加上教師評量，結合評量，成為整體學習過程的全部。

學生學習成果導向的評量，是將過去「稽核式評量」，轉換成「教育式評量」。把從前以「教」為中心，演進到以「學」為中心的評量。過去重視教師的輸入，未來強調學生的成果，評量的意義必須放在學校改革的框架中思考。當今教育改革主流是「學習革命」，教師必須引導學生進行高度的學習，而評量則是學生學習的一部分。

參、促進學習評量的原則

知識經濟與全球化時代促使教育改革蓬勃發展，而教學、學習評量的理念推陳出新，教師與學生的角色亦在教學的過程中有所改變，教師不再是學生學習成效的唯一評量者，而學生在教學的過程中，也不再只是消極地完成教師所指派的作業、測驗的被評量者，顯然地，目前以學生為主的評量正在蓬勃發展之中。邁向學生評量的最大意義，在於任何評量的安排都應該以學生的學習為依歸，評量應該是一種誘導學生認識學習的重點以及學習方法；換言之，評量亦可以當成是有意義的教學。如何促進學習評量呢？以下將列出十個原則提供參考（梁佩雲、張淑賢，2007）：

一、評量連結教學與學習

　　評量是在教學活動中一定會出現的活動之一，評量必須要與課程及教學的目標一致，而教學活動中所採用的評量方法也可以應用在不同的課程教學的主題，亦即評量的內容是要與所教學的課程有密切的關係，並且評量的結果需要可以確實地反映出學生的能力。教師可以根據預先擬定的規準，利用不同的方法，例如：觀察、記錄以及分析學生的學習表現，然後根據所蒐集資料的結果，診斷和評量學生學習的情形以及能力上的表現，除了給予學生回饋之外，亦可根據評量分析的結果調整教學的策略，如此在教學與學習互動而良性的循環中，不斷地修正，使教學方法以及課程安排上更為理想，而這也正是促進學習評量的重要原則。

二、採用多樣的評量方法

　　評量的方法應該針對不同的課程以及教學的屬性，設計不同的評量方法，有實作、模擬、觀察等方法，反映出不同的學習式樣，也評估出不同的學習結果，並且多樣化的評量方法可以提高學生的學習興趣。

三、選擇有利學習的評量

　　選擇適當且有利學習的評量方法，可以帶給學生大量學習的機會，採用多樣的評量方法，例如：學習檔案、觀察、實作、模擬、面談、演示等，都可以加深學生多方面的學習。

四、尋求同儕評量的合作

　　同儕之間評量上的合作、互相討論評量的方法及結果，可以讓評量者加深對學習內容的了解。評量上的合作可以讓教師確立準確的評量規準，包括各種不同能力，利於建立適用於不同層次的評量。

五、持續評量學生的表現

　　學習評量應該要持續地評量學生的表現，長時期持續不斷地蒐集學生

的表現，並且有系統地加以整理，有助於了解學生整體的表現而不是零碎片斷的表現。教師不應該只根據學生一次的表現就判斷其整體上的能力，教師可以一邊觀察、判斷，一邊鼓勵、引導與提供回饋的訊息，來修正學生的學習。如此的學習評量，除了可以讓學生清楚地看出自己進步的情形外，也可以讓學生比較自己學習成果的優缺點。

六、提供學生參與的機會

如前所述，教師不再是學生學習成效的唯一評量者，而學生在教學的過程中，也不再只是消極地完成教師所指派的作業、測驗的被評量者，評量不應該只由教師單獨來進行，學生可以藉由評量自己以及同儕來促進本身的學習。

七、評量了解學生的學習

學習評量的主要目的，在於改進學生的學習，而不是只是爲了提供學生的成績而已，因此教師應該要儘量採用多樣的評量方法來評估學生的表現，提供及時的回饋，並且了解最終的學習成果。

八、學生了解評量的規準

評量學生學習成果所需要注意的主要問題是，如何評量學生在核心能力上的成果？教師必須要在學生需要達到的核心能力上，建立學生學習上的能力指標，以作爲評量學生在核心能力表現上的基準。爲了確保學生達成學習目標的願景，因此在評量的過程中，先確立核心能力以及評量規準，讓學生了解學習的目標以及評量的規準爲何，再透過評量來檢核學生學習成效，可以讓學生更容易達成學習目標。

九、回饋輔助學生的學習

回饋是在學習的過程中，提供學生即時且有效的資料，協助學生達成學習目標。形成性的評量對於教學過程中，將教學與評量緊密地結合在一起，並且形成良性的循環互動，提供教師以及學生學習結果的回饋，更能

促進學生學習、改善教學方法以及課程安排。

十、分析報告學生的成績

　　針對學生的學習結果進行系統性的分析，可以幫助教學方法的改善以及課程的妥善安排，如此教師的教學得到回饋，學生也清楚個人的學習成效。

　　從上述十個促進學習評量的原則中可以歸納出，目前學習評量的最大意義在於所有評量的安排，應該都是以學生的學習爲最大的考量因素，而評量也就是一種誘導學生學習與認識學習重點的有意義學習。

　　無論是「促進學習的評量」、「評量即是學習」或是「學習的評量」等三者，都與教師所定的教學目標息息相關，而教學目標如何達成又與學習領域的特質以及學生的特性息息相關，因此從教學目標、教學形式與教學活動，就會有相對應的評量形式，亦即這三種形式的多元評量在交互作用影響下相當地複雜，教師必須透過多次教學實踐的經驗來轉化評量實施原則以及學習評量策略，才能順利完成學習評量。

┌ 自我評量 ┐

01.請簡述學習評量的意涵及主要功能。
02.請說明形成性與診斷性評量的意涵及兩者相異之處。
03.請簡述學習評量的目的。
04.請說明學習評量的演進。
05.請說明促進學習評量的原則。

第十一章　真實評量

　　過去的教室中，老師的腦袋就等於今天的網際網路，加上教科書，就是學生全部知識的來源；但今天，網路和科技挑戰老師的權威，學習中更重要的，已經不是標準答案（網路3秒鐘就替你算出來），而是你獲得答案的思考歷程……你「知道」什麼並不重要，如何將所知「表現、做出來」才是關鍵。這是美國推動專案學習的喬治盧卡斯教育基金會榮譽總裁陳明德，清楚地描繪學生學習變化的脈絡。也因此，全世界都在嘗試評量與考試的改革，試圖擺脫硬背的死知識，採取「眞實評量」，引導學生及學校的教學，與生活連結、解決眞實的問題（親子天下，2013）。以下即依眞實評量的意涵、特性、面臨的困境、未來的展望以及傳統評量的批判等，分別說明如下：

壹、眞實評量的意涵

　　以下將針對眞實評量的意義以及優缺點，分別說明如下：

一、真實評量的意義

　　眞實評量可以視爲脈絡取向的評量典範，眞實評量中所謂的「眞實」是與傳統標準化測驗「虛擬」的測驗情境、項目與內容互相對應。眞實評量所要評量的是學生所要達成的學習目標及直接教學的結果，包含「評量情境的眞實」與「評量內容的眞實」兩層意義，前者係指眞實評量是在學習的情境中形成、進行；後者係指直接從學生的作品或實際的表現去評量學生的能力，而此評量方式所得到的結果較接近學生的眞實能力。所以眞實評量的評量情境，是以自然且實際的問題情境爲情境，以實際問題爲評量內容，重視解決問題的能力以及鼓勵受試者開放性的思考。評量的方法可以包含以下的技術：實驗、作品集、表演、展示、檢核表、教師觀察等。其實施的方式可以是日常教室的形成性評量、總結性評量，其評量是以人的判斷爲主，強調多元化的評量方式。評量改革論者雖強調眞實評量可以改進與延伸教學目標，並可評估學習者的進步情形，但因爲教師在教學過程中對於學生表現過於眞實、過於複雜，教師也會遭遇如何去詮釋、引

導或評量學生作品或表現的難題（莊明貞，1995；Fisher & King, 1995）。

當教育改革與高風險測驗（high-stakes tests）在全世界被重視，已有另一種測驗形式的改變出現，而那即是從選擇題、是非題等選擇式的測驗形式轉變成採用更具彈性的評量形式，有愈來愈多的聲音都要求評量應該要注意評量程序中的正義問題，而不是只注意到評量題目的形式而已。目前教育測驗的發展過程中，除了傳統的選擇形式，已逐漸大量利用補充題型、知識組織型的評量、檔案與實作評量。其中實作與檔案評量可視爲一種眞實評量，意指這些測驗的評量可能較傳統測驗更具眞實與有效。

眞實評量近年來已經變成教學評量中重要的主題。眞實評量的倡導者覺得客觀測驗，特別是多重選擇式的測驗已經不能符合現在的需求（通常只能測量到測試的技巧，而不是生活技能的應用）。關於客觀測驗主要存在有四個重大的缺失如下：(1)追求標準答案；(2)窄化課程；(3)專注於零散的技能；(4)忽略了低社經地位考生的表現（Fisher & King, 1995）。

測驗與評量的專家學者把「眞實評量」又稱爲實作評量，在學習歷程中的寫作評量、游泳考試、口頭測驗、開車考試，即是一種眞實性的評量。眞實性評量所要評量的是學生所欲達成的學習目標以及直接教學的結果，並且使其達到更高的認知技巧，例如：問題解決、批判思考和判斷力，眞實評量的專家希望評量可以接近學生應該知道的，並且是有能力去做它，也就是說直接去測量學生在某一課程的實際操作的表現，例如：讓學生完成一個科學實驗、寫一篇有說服力的文章、準備一個關於新英格蘭農業的報告、發表一個演講等。

眞實評量在教育上是一個新的主張，其實這個論點是不太正確的，「眞實評量」的名稱是新的，但是眞實評量基礎的概念是反應在實作評量以及檔案評量，而這兩種評量策略在心理測量學方法領域裡已存在很長的一段時間了（吳毓瑩，2003）。

二、眞實評量的優缺點

(一)優點

在教學方面，眞實評量促使教師改變了課程內容和教學的方式，教師

花更多的時間指導學生思考、解決問題，不只是死教課本內容知識，並且用心探索課程內容與生活經驗的連結，知識不再是零碎、片斷的。在學習方面，學生從真實評量中學習對自己負責，所有的知識不限於老師、課本上所傳授的，學生可自主學習，累積學習歷程，因此真實評量的方式對學生來說是較有趣、較自由、較多元，也較具挑戰性的。

(二)缺點

雖然真實評量能給予教師與學生較多自我成長的學習機會，風評也不錯，但真實評量卻缺乏傳統評量可以量化學習成果的客觀、公正特點。真實評量的評量方式較主觀，當大規模實施真實評量時，沒有依循的標準，所以在信度及效度方面都無法準確測得，其可行性就相對的受限制。例如：檔案評量，不同班級實施檔案評量所要求的標準可能就不一樣，如此一來，就缺乏客觀的比較性，缺乏信度的資料。再者，真實評量可以藉由他人的幫助來完成，例如：檔案評量，可能家長就可以幫學生到處蒐集學習資料，而並非由學生自己主動完成，這樣一來，就無法代表學生真實能力的表現，只能憑學生自由心證，其效度也很可疑。而且真實評量所花費的成本也很高，教師對學生作品、表現的評分很費時費力，必須投入更多課程設計的心思，擬定一套完善的計分規準，同時也必須輔助學生完成教學與評量的標準，透過反思來調整自己的教學，因此大規模施行時，所需的成本是相當高的。

貳、真實評量的特性

真實評量是一種重視學習過程與結果的評量策略，真實評量的設計必須符合以下四個基本特徵：(1)評量的設計必須能真正的表現出該領域所應有的表現；(2)評量的內容，需依照教學與學習的情形或過程來設計；(3)真實評量中，自我評量所扮演的角色要比傳統測驗的角色更為重要；(4)真實評量中，學生預期可呈現工作或學習的成果，並且會以公開與口頭的方式來為自己所學的內容加以說明，教師更可以藉此確實的了解學生學習精熟的情形（Wiggins, 2000）。換言之，所謂「真實評量」所重視的是實質內

容的評量，而不是形式上的評量。即是能夠透過適當的設計，透過多元的評量方式，確實的評量出學習者眞正能力的評量方法。眞實評量的目的，在於能確切了解學習者實際具備某種能力的程度，以作爲教學與學習改進的依據。

參、傳統評量方法的批判

客觀測驗對於學習者的評量，因爲追求正確答案的結果，往往讓學習者助長了找一個正確答案的心理特質。而且在課程方面，總結性評量窄化了課程的內容，客觀性評量的焦點往往都只著重在抽象能力的評估，評量結果對於低社經地位受試者的低落表現有著標籤化的效應。Hambletion與Muryphy（1991）即針對客觀性評量提出了四點批評的觀點：(1)缺乏測量較高層次之認知技能的能力；(2)焦點是放在結果於過程中的損失；(3)不要求去創造答案，而較要求去選擇答案；(4)缺乏建構效度。以下將針對Fisher與King（1995）所提出對於傳統客觀評量方式的批判，詳細加以說明。

一、追求只有一個標準答案的表現

客觀測驗因爲沒有評量到較高層次的思考和測驗歷程性的知識以及事先對受試者做假設的部分，限制影響了學生的思考歷程而備受批評。也因此造成對世界有過度簡化觀念的影響，導致人們無法有效的應付在眞實世界中有細微差異的問題。客觀測驗發展出一種只有一個正確答案的心理特質，並預期眞實世界的事件與問題會反映在多選一測驗題型中的模擬結構中。而客觀測驗目前被討論與批評主要有以下幾點：(1)多選一測驗題型提供給受試者的情境是從四至五個狀況，抉擇出單一正確答案和最好的答案；(2)對於部分反應現實的多選一測驗題型而言，只有一個正確答案的過度簡化問題方式似乎是較適合、也較無害的常用方式。但是在眞實生活中的許多問題是有更多元的情境，所以多選一測驗題型不需要去試圖提供對問題所構想出來的正確答案；(3)大多數的多元選擇測驗題型的選項是「最

好的答案」，而不是「正確的答案」；(4)多選一選擇題測驗假設可以形成學生的價值建構的特點和能力，但這樣的觀點是尚未被證實的。

　　也因爲客觀測驗追求只有一個標準答案的缺失所導致的討論與批評，因此產生了眞實評量的觀點，主要的特徵如下：(1)假如政策和預算允許，像是簡答題、申論題、或是其他類型的填充題型可能都可以被使用；(2)創造比起一個正確答案還要包含更多多元選項的題型，讓受試者從中選擇每一個正確答案而得到學分，可以避免只有一種正確答案的窘境。例如：多元是非題；(3)在多元是非題型中，受試者被同時要求選擇回應任何數量的正確答案。因此，受試者在選擇答案時，會更加小心謹愼；(4)測驗使用者不需要爲了增加評量的效度而去犧牲傳統測驗的信度，結合式的使用可以讓每一種形式互相截長補短。

二、窄化偏離重要真實的教學課程

　　目前典型的客觀測驗，特別是多重選擇，過於定義教學內容與方式的具體化。爲了提供政策製造者、立法者、家長以及一般大眾衡量教學品質的標準，大規模的測驗是設計課程的教師與行政人員最有效的工具。如果測驗偏離教學內容、或教學方式過時、抑或有不正確的假設，這些缺陷將藉由教學活動傳遞給學生，所導致的討論與批評如下：

　　(一)對許多教師而言，考試領導教學是不可否認的事實。

　　(二)對許多教師而言，在分數決定一切的情況下，教師是不太能對自我教學能力以及學生吸收能力保持信心。相反的，如果課程能確實、準確的依據考試內容和方式來設計，將會更容易被教師接受。

　　另類評量的取向中，肯定眞實評量在教育上的成果，不過卻缺乏其客觀性，因此爲有效達到測驗的目的以及教育學者的需求和關注點，有時可與其他測驗方式結合，以達到目的。

三、評量僅爲離散形式的技能內容

　　對於客觀測驗的一種共同批評，特別是標準參照測驗，是學科取向測驗將有關的領域內容劃分成較小的、離散的內容。這種劃分方法的結果，

會造成學科內容無邏輯性、無系統性，無法反映練習者在練習時是如何思考及操作，所導致的討論以及批評如下：

(一)有一個明確的傾向，就是測驗發展者會為了測驗的目的，而將大範圍的技巧或能力劃分成較小的單位。

(二)有三種解釋可以來說明這種傾向，並非只有負面的觀點：

1. 因為要創造一個可以有效評量出具備所有知識整體的測驗，並非是容易的。

2. 為了考試能涵蓋整體的知識或者是有系統的去測驗這些知識，需要去建立一個系統來確保多項的學科都能夠被測驗到。但除非一些分析表格或是內容細目能夠被使用，否則這項工作接近不可能。

3. 一個重要的測驗指導原則，就是希望去提供一些資訊可以用來幫助考試的制定、型態和有利害關係的缺失，來幫助矯正錯誤。

真實評量的取向中，相較於傳統量化評量方式的各種評量策略，真實評量是採用質性的評量方式。真實評量所指向的內涵著重於主張評量方式應有別於傳統評量的紙筆測驗，評量透過重複、自然以及不同的方式與生活中的真實情境、實作表現等結合，來得知學生學習的程度，真實評量強調的特色如下：(1)學生對知識的自我決定；(2)學生對知識的自我組織性；(3)學生自我評鑑與自我校正的能力；(4)考核學生的實際生活表現；(5)解決問題的取向；(6)知識獲得的統整性而非零碎知識；(7)老師的開放心靈；(8)學習歷程與活動；(9)較長時間所發展的學習成果；(10)考核學生高層認知能力；(11)建立評量基準的發展階層。

相較於以前傳統式的評量，開放式的問題現在常被使用於真實評量當中。以下是對於真實評量格式以及測驗內容調整的幾點要求：(1)有效性；(2)避免出現負面的結果；(3)建立合理、有效的心理測驗的標準，並且要去除偏見。

四、無法展現劣勢學生的真實表現

客觀性的測驗往往無法展示低社經水準學生真實的能力表現，因此對

於低成就以及低社經地位的學習者，客觀性的測驗無法適當地加以描述其特徵。況且社經地位與學業成就間有高度的關係存在，而學生的年級為社經地位與學業成就關係的一個顯著的調節變項，社經地位與學業成就的相關有隨年級增加而降低相關的趨勢；學生在不同科目的學業成就表現與社經地位的關係強度有顯著的差異，從結果顯示單一科目相較於總成績，所得之相關係數平均要來得高。至於單一科目方面又以數學科的學業成就表現與家庭社經地位的關係最強。因此若是一直強調客觀的二分變項，其所得的相關係數低於其他非二分變項的研究所得的相關，亦即對於學生真實能力的評量，往往客觀測驗無法展示出低社經水準學生的真實表現。

肆、真實評量面臨的困境

真實評量目前面臨的挑戰，主要在於極少的教育測量專家對於實作測驗有豐富的建構和使用的經驗。假如連學者都是如此，在教室內的教師和執行者知道的就更少了。實作評量將要比客觀測驗花很多時間去建構、管理和計分，真實評量主要面臨的困境，可以從以下幾個方面加以討論：

一、需要花費較多的時間

真實評量在時間上有其難題，真實評量在實施上和計分上所需的時間較多。

二、經費與設備需要較多

真實評量在經費和設備上，其花費通常比紙筆測驗要來的多。

三、空間設備的維護問題

真實評量有時需要購置一些器材，在空間的需求和器材的保管維護上可能會遇到較傳統的紙筆測驗較多的問題。

四、評分上客觀性的問題

真實評量評分上的難題，真實評量除了需要時間和人力去計分外，評

量和觀察重點的掌握以及計分規準的訂定也是一個難題，尤其是對非結構性的作業項目進行評量時，計分規準的訂定需要更多的考量。

五、評量結果信度與效度

眞實評量在技術品質上也常常會遇到一些難題，主要是在評量結果的信度和效度。

六、執行評量者的能力問題

執行眞實評量時，需要考慮的因素與紙筆測驗相較之下更爲廣泛，因此需要考慮執行眞實評量者的能力。

七、主觀與文化上考慮因素

執行眞實評量時，存在著許多主觀決定的問題以及文化層面的影響因素，無法做決然二分的價值性判斷，例如月暈效應（halo effect）的偏差影響、自我應驗預言（比馬龍效度）的效應，而導致在眞實評量中產生計分上的偏誤。

上述幾個層面都是在眞實評量上可能會面臨的問題，因此在執行眞實評量時需要更多的經驗與技巧策略，以免造成無法達成預設的評量目標。

伍、眞實評量未來的展望

測驗必須保持靈活性以符合教育及社會的需求；在必要時，依照考試的模式及練習方式作最適當的調整。近年來，適切性受到質疑的客觀測驗，事實上，不論客觀測驗與眞實評量都各有優缺點，在選擇測驗方式時應該更加謹慎。雖然分數的客觀性與其他建構和管理方面不是決定某特定測驗格式最重要的準則，不過卻不應該被低估，因此，在選擇多重選擇題測驗或其他（例如：眞實評量）時需要更謹慎。對客觀測驗批評的建議中沒有證據顯示多重選擇測驗如同它聲明般地有效，而眞實評量的優勢也有

待持續性地研究與實務上的證明資料，所以在針對真實評量未來的展望中，應該有更多元且持續性的證明真實評量在學生的學習評量中，扮演著重要的角色。

目前評量典範的轉移主要有以下四個重要的發展趨勢（王文中等，2004）：(1)由過去注重的靜態評量（static assessments），轉變為動態評量（dynamic assessments）；(2)從配合教育行政單位或學校措施進行的制度化評量（institutional assessments），轉變為強調個人化的評量（individual assessments）；(3)由單一性評量（single assessments），轉變為多元性評量（multiple assessments）；(4)由不重視題材的生活化和應用化的虛假性評量（spurious assessments），轉變為強調測驗的題材與情境力求真實的真實性評量（authentic assessments）。

因此真實評量的未來展望在於讓學生所學與其經驗相結合，測驗的題材與情境力求真實，促進學生內在智能與品格發展的評量終極目標。

┌ 自我評量 ┐

01. 請說明客觀測驗目前主要存在的缺失為何？
02. 請簡述真實評量的缺點。
03. 請說明設計真實評量必須符合的基本特徵為何？
04. 請說明真實評量目前所面臨的困境。

第十二章　實作評量

　　實作評量是近年來教育測驗領域興起的評量方法，其目的主要在於補足傳統紙筆測驗不足之處。Messick（1994）指出，實作評量亦稱為實作及產物評量（performance and product assessment）、另類評量（alternative assessment）或者是以實作為基礎的評量（performance-base assessment）。探討其主要特性，實作評量乃是真實評量（authentic assessment）的一種，其意義在於實作評量期望透過測量學習者在真實情境脈絡中的表現，直接地了解個體的能力。

　　因此，實作評量在形式與做法上應該要能反應實際情境脈絡及直接測量的目標，亦即要特別強調測量的真實性與直接性。實作評量的目的在於檢視學生的學習成效與教學目標是否相符，期使教師能夠藉由實作評量的過程來了解學生的成就，增進學生的技能與能力，並且結合課程、教學與評量等三個部分。

　　Linn與Gronlund（2000）提出，實作評量的目的在於建立學生能專注於真實學習活動的模式，當實作評量與課程緊密結合，將形成以課程為導向的評量方式，這樣的評量系統可以激發學生與教師更努力提高學習效果。實作評量不僅能反映教學活動，亦能反映現實社會所遭遇的問題，實作評量的結果可以預測學生實際情境的表現，學生能從實作評量中習得解決真實社會遭遇問題的能力。

壹、實作評量的意涵

　　實作評量至今已成為學習評量的主流，而影響實作評量發展的因素包括對標準測驗的批判，尤其是傳統紙筆測驗使用時往往被人質疑所測量的知識並非是實作的能力，並且所測量的內容與生活情境脫節，產生了考試引導教學和學習的不良效應。以下將從實作評量的意義以及實作評量的優缺點等兩個方面，來說明實作評量的意涵。

一、實作評量的意義

實作評量著重於學生將所學所知表現在具體的成果以及應用的過程，另外，實作評量也著重於高層次認知能力，例如：思考、分析與表達能力的啟發，尤其是在思考過程和邏輯推理程序上的考量。

實作評量要求學生要自己尋求答案，而不僅是選擇答案而已，所以針對某一個問題的答案不是只有一種而已，評量不單單只是注重成果，也需要考量過程。評量的內容同時考量多項過程與技能，評量問題的取材與實際生活問題密切相關，評量的時間是有彈性的。另外，實作評量往往可以成為教學過程的一部分，目的在於促進教師的教學以及學生的學習。

綜上所述，實作評量的實質內涵包括實作的表現、真實的情境、彈性結構的特質、強調解決問題的過程、社會化互動的結果、彈性及多元的計分規準等。

二、實作評量的優缺點

實作評量的提倡者宣稱，實施實作評量的結果，從解釋、後果和情境相關等向度來說都是非常正面的，也就是具有所謂的系統性效度（Messick, 1994）。而系統性效度所指的即是評量本身是否是一個值得做的教育實務，以提供促進學習動機和引導學習的機會。學生不只應該知道要評量的是什麼，也應該清楚的告知評量的標準和好的表現指標。假如可以將在評分時的實作標準，也運用在師生教學過程中，則主觀的給分標準可能直接地反映並支持師生所強調的評量重點和傾向。評量方式直接影響教育系統中，課程和教學的改變。

實作評量的優勢可以從以下三個方面來說明：

1.結果解釋部分，相對於標準評量，實作評量的結果被視為能在特定複雜的教育領域提供比較有效的解釋。

2.使用後果上，現今許多對選擇題等標準測驗和實作評量的效度爭論並非因技術性的效度考量，而是教學和學習的後果效度（Messick, 1994）上，因為實作評量中的評量項目和工作本身就是值得學生花時間和精神去

努力的，所以實作評量在使用後果上，被認為是非常有價值，且可以引導有意義的教學和學習。

3.情境相關方面，實作評量提供可以用來決定學生真實能力的資訊，也同時提供解釋評量結果的重要資料，所以實作評量特別注重在情境脈絡中的作業。在實作評量中發生的情境，直接或間接地影響到表現的認知複雜度。

實作評量雖然縮短了評量與教學間的距離，但在主流與非主流的多元文化的觀點下，實作評量的實施上仍有其主觀的限制，主要包括以下幾點：

1.課程經營中，往往因為實作評量的實施而中斷學生的學習。

2.經濟效益方面，實施實作評量的時間與經濟問題是很難去評估的，實作評量是一種勞力與時間密集的評量方式。

3.結果缺乏比較性，因為實作評量在施測條件與施測本身都不如標準測驗客觀，導致計分的結果缺乏比較性。

4.能力的評定容易產生偏誤，實作評量因為評量目標和表現行為缺乏連貫時，結果容易產生偏誤，此種偏誤，不但提高了評量間的歧見，也可能會導致錯誤教學或課程設計的推論。

5.信度普遍偏低，實作評量的計分過程需要人為的判斷及多元的指標決定，造成實作評量的信度與標準化測驗相較低了許多。

6.類推性程度需要再確認，實作評量的研究中顯示，其表現的類推性程度是多麼地脆弱，表示實作評量的類推性於事實上是有所限制的。

7.效度考量的問題，Miller、Linn與Gronlund（2012）等人指出，不要誤以為是複雜、開放的問題，若知識可以適當地應用在情境脈絡中，就會產生適當的推論程度。因此，實作評量在效度的議題上仍然需要加以重視。

綜上所述，在對傳統與標準測驗失望之餘，認知心理學與專家的研究提供了實作評量的發展基礎，在樂觀的期待之下，教育工作者應該對實作評量保持客觀的態度，實作評量並非萬靈丹，從傳統的評量角度與實徵

研究的結果中，實作評量實施時最令教學者感到困擾的問題無非是長度、計分、觀察重點與計分標準的訂定，實作評量亦容易受作業、計分標準等因素影響其信度、效度。因此若認為實作評量是理想的評量方式更不該濫用，要能發揮實作評量的本質，就有賴教學者明智地選擇實作評量適當的應用情境與合理的結果解釋。

貳、實作評量的特性

實作評量主要是針對無法利用客觀紙筆測驗所評量的學習行為表現，強調實際的表現行為。實作評量中的實際操作只是學習的表現形式之一，也並非動手操作就是實作評量的形式，因此若能評量到學生應用知識的能力，不論是評量知識結構、解題策略或監控能力，都可稱為實作評量，例如：閱讀課時，老師採用口試的方式來評量學生的口說能力、服務學習課程要求學生參與社區服務並且製作學習檔案、體育課的老師要求學生實地在游泳池游泳來評量學生的游泳運動知識等，都是屬於實作評量。

實作評量具有讓評量情境更為真實的特性，強調評量的真實情境並且與教學做連結，評量上的特色是以著重過程的形成性評量為主，包括評量的整體性、動態性、互動性、情境性、多樣性以及客觀性，以下將針對實作評量的特性，詳細說明如下：

一、重視實作的表現

實作評量的第一個特色即是重視實作的表現，而所謂的實作即是重視對能力評量的真實性及直接性，並且在有意義或真實的情境脈絡中的學習與評量，因此重視實作的表現即是實作評量的特色之一。

二、情境真實且直接

真實性評量與實作評量都是強調評量的情境必須是真實且直接，評量時豐富脈絡化且真實性的問題，可提升學生的學習動機與興趣。情境的脈絡化意味著題目具有足夠內容，足使問題情境更有意義，當然也會幫助學生活用知識，成為解釋問題與解決問題的基礎。

三、探討弱結構問題

實作評量除了強調情境真實且直接之外，所選擇的問題是偏重於模糊不清與缺乏結構性的弱結構問題，實際情境中所面臨的通常是沒有公式可循的弱結構問題。而弱結構與結構清楚的問題，所採用的策略以及最終的結果是截然不同的。而實作評量的特色之一即是在問題的選擇中，通常是偏重於弱結構的問題。

四、強調實作的過程

實作評量所面臨的是真實情境脈絡下的弱結構，甚至是無結構的問題，此時沒有明確的正確答案，問題解決的過程將益顯重要。所以實作評量的另一個特色，即是強調問題解決中實作的過程與經驗的累積。

五、注重社會的互動

真實情境中，所面臨的問題往往需要團隊合作才能完成，團體中的個人針對問題會選擇各自感到興趣的問題加以解決，之後再討論問題解決的心得，所以實作評量所強調的評量問題，不再侷限於單獨完成，而是可以選擇以團隊合作的互動方式，依不同的工作需求來共同解決所面臨的評量問題，而這也是實作評量不同於標準化測驗的特色之一。

六、彈性思考的時間

傳統的測驗通常會要求在有限的時間內來評量學生的學習成效，往往會過度窄化了學習的結果。實作評量所選擇的問題需要相當的思考建構，會提供充裕且彈性的思考時間。

七、表現的多元向度

實作評量的內容多元且複雜，所以評量的標準相對複雜。實作評量的評分系統至少應包括知識的產生、專業的研究及附帶價值三個層面（Newmann & Archbalk, 1992），所以實作評量考慮的內容是多元且複雜的內涵。

參、實作評量的類型

實作評量的表現會受到教學目標的特性、課程的教學順序以及客觀的條件限制等三個因素影響，實作評量的類型可以從問題的真實程度、限制反應的程度、測驗情境真實程度等分類方法加以區分，例如：(1)紙筆式的實作評量；(2)辨識測驗；(3)結構化的實作測驗；(4)模擬式的實作情境；(5)工作樣本；(6)學生的實作專案；(7)寫作的報告；(8)口語表達等不同的實作評量類別，以下將詳細說明各種實作評量的分類及其類型。

一、依測驗情境真實程度分類

Gronlund（1993）將實作評量的分類依測驗情境的真實程度，分為：紙筆表現、辨認測驗、結構測驗、模擬表現以及工作樣本等五種類型的實作評量，說明如下：

(一)紙筆表現

紙筆表現的實作評量（paper-and-pencil performance）並非傳統紙筆測驗強調認知性的知識，它要求受試者在模擬情境中應用知識與技能，完成一連串建構的歷程與實際活動。紙筆表現的實作評量在實施時較為簡便，並且其評量結果可作為日後評量時的參考。

(二)辨認測驗

辨認測驗（identification test）的實作評量，指由各種不同真實性程度所組合發展的評量方式，辨認測驗要求受試者辨認解決實作問題所需的知識與技能。辨認測驗有許多的形式以及不同的複雜度，幾乎所有的領域都可以使用辨認形式的實作評量。

(三)結構測驗

結構表現的實作評量（structured performance test），所指的是此測驗可以當作標準且有控制情境下的評量工具。結構化的實作測驗要求受試者在標準、控制的結構化情境下，完成實作評量。

(四)模擬表現

模擬實作（simulated performance）所指的是要求學生在模擬情境中，

完成與眞實作業相同的動作。模擬表現是配合或替代眞實情境中的表現，可以是局部或者是全部模擬眞實情境而設立的一種評量方式，例如：飛行人員的訓練中，利用模擬飛行的訓練機來完成飛行訓練的評量方式。

(五)工作樣本

工作樣本（work sample）的實作評量，要求受試者表現實際作業情境下所需要的眞實技能，工作樣本可以說是眞實性最高的一種評量方式，它需要學生在實際的作業任務中，表現出實作評量目的所要測量的所有技能。

二、依問題的結構分類

實作問題的類別，可視爲一條連續性線上的許多點，呈現的結構、已知條件的多寡、可接受的方法或詮釋的多寡以及問題、方法與結果的彈性，來決定在線上的位置。

線的一端是最有結構、定義最清楚的層次，這個層次的問題敘述清楚、解題條件充分、問題解決的方法明顯、解題結果已知，這類實作類別或稱爲限制反應題的實作評量。

線的另一端則是最無結構、定義最模糊的層次問題，這個層次的問題，問題敘述不清、解題條件不足、解題方法未知、解題結果未知，這種類別的實作問題即是開放式的建構反應題，而這種無定義的建構反應題則是要求學生從更多元的來源蒐集資料，其中學生如何使用資料的過程則是評量重點，解題過程中產生的結果也會有多種不同的形式。無定義的問題類型，學生自由思考的程度很高，能證明學生在選擇、組織、整合和評價資料的能力。

在這一條線兩端之間則是其他層次的問題，屬於定義不清的問題。總之，結構愈清楚、條件愈充分，但也表示限制愈多，所需的高層次思考也將會變得愈來愈少（王文中等人，2004）。圖12-1即是這三個類型的實作評量問題。

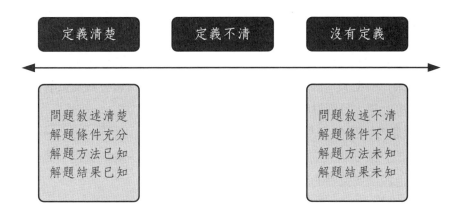

圖12-1　實作評量問題的三種成分類型

資料來源：王文中、呂金燮、吳毓瑩、張郁雯、張淑慧（2004）。《教育測驗
　　　　　與評量──教室學習觀點》（p. 236）。臺北市：五南。

(一)定義清楚的問題

　　定義清楚的實作問題是以十分直接的方式來清楚地界定問題，敘述清
楚、問題解決的條件、方法充分且明顯。定義清楚的實作問題結構清楚、
評量時間短、計分容易，可以在一定時間涵蓋更多想評量的範圍。但是因
結構過於清楚明確，反而會限制學生的思考，往往無法評量出學生資訊整
合的能力和原創性。

(二)定義不清的問題

　　定義不清的問題包含了很大的彈性和不確定，學生需要去判斷該做什
麼，想到了哪些點子，以及如何表達這些想法等。因為定義不清的問題包
含了許多的模糊不清之處，所以學生若想要得出特定的結果，其中的解決
策略即可能會有很多的不同。

(三)沒有定義的問題

　　沒有定義的問題結構性低、執行時間較長、計分不容易，所以面對這
類型的問題需要具備統整的能力，學生必須自己找出問題並且負責完成這
項工作，而這類的工作可以提供成就的真實性且多樣性的指標，並且知識
和技能的應用都是可用最富意義且有趣的方式表現，沒有定義的問題也是
實作評量中最真實的問題類型，但同時也是最具挑戰性的。

三、依表現的類型分類

　　Nitko與Brookhart（2010）將實作評量的類型，依反應表現的類型分為結構式、典型式、長期性、檔案、示範、實驗、口頭發表及戲劇化的實作評量等七種，分別說明如下：

(一)結構式的實作評量

　　結構式或限制式的實作評量可以分為兩大類，一為紙筆式，另一種為需要其他設備或資源的非紙筆式實作評量。

(二)典型式的實作評量

　　典型式的實作評量指的是教師在自然情境下觀察與評量學生表現，此時教師可以觀察到最自然典型的學生表現。

(三)長期性的實作評量

　　長期性的實作評量需要長期的時間完成，適合用於複雜的任務。這類實作評量的方式需要學生應用、統整各類知識、能力以及創造力。

(四)檔案的實作評量

　　檔案的實作評量中的檔案必須根據實作評量的目的來加以挑選，目的需要由教師、學生共同或自行決定。

(五)示範的實作評量

　　示範的實作評量中，學生必須要展現運用知識、技巧來解決被指派的任務，此任務會有明顯的範圍以及正確、最佳的表現方式，但也允許學生具有個人風格特色的表演示範。

(六)實驗的實作評量

　　實驗的實作評量中，評量重點在於回答特定研究問題或研究假設，透過實驗的操弄，教師能夠評量出學生是否使用適當的技巧、方法，來解決所被指派的任務。

(七)口頭發表及戲劇化的實作評量

　　口頭發表是希望學生透過訪談、演說、口頭發表，呈現所學的知識與口語技巧。戲劇化的實作評量結合了語言、口頭發表、技巧以及動作，可以評量到學生的多種能力，但需要較多的準備時間。

四、依限制反應程度分類

Miller等人（2012）將實作評量的類型，依限制反應程度分成限制式以及擴展式等兩種分類的實作評量。

(一)限制式反應

限制式反應（restricted）的實作評量，其作業的界定相當地狹隘，對於所指派的作業會有所限制，並且會指出對於預期表現反應的限制。

(二)擴展式反應

擴展式反應（extended）的實作評量，其作業的要求，除了學生在作業本身所必要的資料外，還必須多方面蒐集資料。

　　一般而言，與限制式實作評量相較，限制式實作作業比較結構化，施測時間比較短，因為作答時間短，所以教師在實施限制式實作評量時可以指派較多的作業，也因此可以涵蓋更多、更廣的內容。但是若要測量弱結構性沒有定義的問題時，擴展式反應的實作評量就比較適合評量這種類型的學習成果。

肆、實作評量的製作與實施

　　Stiggins（2005）提出實作評量的設計步驟包括：(1)決定實作評量的目的；(2)澄清要被評估的表現；(3)設計實作的形式；(4)評量計畫的表現等四個步驟，詳細資料如實作評量的設計藍圖，如圖12-2所示。

一、決定實作評量的目的

　　實作評量製作的第一個步驟即為決定實作評量的目的，在這個步驟中，設計者必須考慮評量的內容為何？決定策略的人員以及評量結果的用途是用於排名次，或者是判斷是否精熟。另外，需要陳述被評量者的特徵內容。

實作評量設計藍圖

步驟1：決定評量的目的

1.決定評量的內容

2.決定策略的人員

3.評量結果的用途
☐精熟用途 ☐等級順序 ☐綜合(精熟+等級)

4.被評量者的特徵
人數：＿＿＿ 年級：＿＿＿
人格特質：＿＿＿＿＿＿＿＿＿＿＿＿＿＿＿＿＿

步驟2：澄清被評估的表現

1.詳細說明評量內容、技巧與重點

2.選擇被評量的表現形式
☐過程:確認過程 ＿＿＿＿＿＿＿＿＿＿＿＿＿

☐成果:確認成果 ＿＿＿＿＿＿＿＿＿＿＿＿＿

☐綜合:確認上述的過程與成果 ＿＿＿＿＿＿＿

3.列出評量準則

因素	意義	詳細說明

步驟3：設計實作的形式

1.選擇練習的形式
☐結構式練習:設計樣本練習 ＿＿＿＿＿＿＿＿＿

☐自然的事件:描述被觀察的事件 ＿＿＿＿＿＿＿

☐綜合的形式:設計樣本練習與描述被觀察的事件 ＿＿＿＿＿

2.決定觀察的形式
☐應試者有覺察 ☐應試者未覺察 ☐綜合(部分應試者有覺察，部分應試者未覺察)

3.決定證據的數量
☐一次一個樣本 ☐一次多個樣本 ☐長時間多個樣本

步驟4：評量計畫的表現

1.成績的形式
☐整體式 ☐分析式 ☐綜合式(整體與分析)

2.評分的人員
☐教學者 ☐自評 ☐其他專家 ☐同儕互評 ☐綜合

3.記錄的方式
☐檢核表 ☐軼事記錄 ☐等級量表 ☐檔案評量 ☐綜合

圖12-2 實作評量的設計藍圖

資料來源：Stiggins, R. J. (2005). Design and Development of Performance Assessments (p. 40). *Educational Measurement: Issues and Practice, 6*(3), 33-42.

二、澄清要被評估的表現

澄清被評估的表現時，需要詳細說明評量的內容、技巧與重點，並且選擇被評量的表現形式為何？最後需要建立評量的準則規準的內容。

三、設計實作的形式

第三個步驟為設計實作的形式，包括選擇結構式或者是自然事件的形式、決定觀察的形式以及證據的數量。

四、評量計畫的表現

設計實作評量藍圖的最後一個步驟是規劃評量計畫的表現形式，包括成績的評量形式是整體式還是分析式、評分的人員以及成績記錄的方式內容。

伍、發展實作評量的評分規準

測驗題型中包括選擇式反應及建構式反應等兩大類型，其中選擇式反應包含選擇題、是非題、配合題等，此測量的方式雖然可以測量到學生是否學習到書本知識，但往往無法得知學生是否具備應用能力，不過因為選擇式反應的答案客觀，評量規準較容易建構。建構式反應包含申論題、實際作品成果發表等，由於建構式反應的答案並不固定，所以評量規準的發展較為複雜，因此建構式反應中，如何建構較為客觀的評量規準是值得探討的議題。

實作評量的評量規準即為所測量學生作品的原則及規準，評量規準必須具備描述學生作品應呈現的特質，評分者在評分時會認為學習態度與表現有密切的關係。若沒有具體明確的評量規準提供評分者評分參考時，評分者往往會產生給予學習態度佳者較高分數的邏輯偏誤（logical error）情形，因此，發展實作評量的評分規準是相當重要的一件事。以下將從實作評量規準的種類以及如何設計實作評量的規準等兩個方面加以說明如下：

一、實作評量規準的種類

實作評量規準有許多類別，以下將說明：(1)整體型與分析型以及(2)一般型與任務型等兩種分類方法。

(一)整體型與分析型規準

實作評量中的整體型規準主要是提供作品整體印象的分數，並且作品應呈現的重要要素皆包含在此一分數中。分析型評量規準則將分數標準區分成數個項目，再評斷成果發表在每個項目中的得分。而評量規準項目的多寡則沒有一定，項目多寡依據作品的複雜度而定，但卻必須包含重要項目。

整體型評量規準的優點包含：由於評量規準細項不只一項，而整體型評量注重作品呈現的整體；評量規準較不繁雜，因此在大型考試中常被使用，以迅速地評量學生們的回答；評斷作品呈現是否達到目的，如論說文是否具說服力等。但是由於整體型評量規準未包含評分細項，因此教師較無法利用整體型評量規準診斷學生學習上的不足來改進教學。

分析型評量規準的優點包含：可評斷學生在每個細項中的表現，而非僅是整體印象；也可幫助學生了解自己寫作上的優缺點，且給予教師教學上應加強的指引。然而分析型評量規準的評分較耗時，因此較不適用於大型考試；而細項的規準及評分比重也難達成共識。

(二)一般型與任務型規準

一般型評量規準可用於相似性的成果發表，任務型取向評量規準則只適用於單一任務。教師認為一般型評量規準較有用的原因是：不用依據不同任務而設定不同標準；學生雖然用不同的資料呈現成果，教師也不用為此特別建構評量標準；學生能清楚知道評量標準，因此在從事不同任務時也能遵循評量標準；學生可將上一任務的學習應用於下一項任務；簡化複雜任務的評量標準，且能維持評量的一致性；任務型取向評量規準太詳細而使得學生放棄發揮想像力，而只是一昧地迎合標準；任務型取向規準較難包含具創意的答案。

而教師選擇使用任務型取向評量規準的原因如下：在分數差距大或是影響較大的測驗時，任務型取向評量規準能提高評分的一致性；可列出具

體的學習目標以檢視學生是否達成；在某些情況下，教師希望能結合一般型和任務型取向評量規準。

　　總而言之，一般型評量規準較適用於普遍性任務或較複雜的技能中，而任務型取向評量規準則適用於檢視較細項的教學目標。

二、實作評量規準的設計

　　實作評量規準的設計在實作評量的實施中，扮演著重要的角色，以下將依如何發展實作評量規準的方法以及步驟，分別說明如下：

(一)發展評量規準的方法

　　實作評量中，評量規準發展的方法主要有以下幾項：(1)依學習經驗列出學習目標，並將其轉換成學習的規準；(2)閱讀相關的文獻；(3)依據學習目標之不同，小組給予不同的任務，進而考量學生實作的表現，轉換成評量規準，並且確實參考學生的現有成品，以建構出更完整實作評量的評量規準。

(二)發展評量規準的步驟

　　實作評量發展規準的步驟依序說明如下：(1)蒐集學生的作品；(2)將學生的實際作品加以分類，並列出分類的具體規準；(3)尋找不同評量規準的內涵；(4)列出每項規準的實際內涵；(5)尋找評量規準的指標性作品；(6)隨時依據作品調整更新評量規準，以達到最適切的規準內涵。

陸、實作評量的計分工具

　　實作評量的計分，實需要發展計分規準（scoring rubrics）來提供實作評量的信度以及效度，而計分規準是使用簡短的描述語句，評定學生在實際表現中可被接受的最低表現水準的一種計分規準。計分方法則與檔案評量等真實性評量類似，採用整體的計分（holistic scoring）以及分析式計分（analytic scoring）。至於實作評量中的實作情形可以採用許多的程序以及方法工具加以記錄，其中記錄以及評分的方法包括：系統性觀察、軼事記錄、檢核表、評定量表等，以下將逐項說明。

一、系統性觀察

教室觀察是教師獲得實踐知識的重要來源之一，也是教師用以蒐集學生資料、分析教學方法以及了解教學行為的基本途徑，教師的教室觀察能力是重要的教師專業素養，也是成為一位有效的教師所不可或缺的能力。系統性教室觀察（systematic observation）的主要目的在於提供教師有效的回饋，促進班級教學品質。

二、軼事記錄

軼事記錄（anecdotal records）是在觀察學生行為表現中，對有意義的偶發事件，做扼要事實描述的記錄，記錄的內容包括對象、時間、地點、觀察者、偶發事件和行為、備註與摘要等項目。

三、檢核表

檢核表（checklists）是將一系列觀察的特質或行為列出，並且提供該特質或行為「有」或「無」、「通過」或「不通過」的記錄資料，特別適用於能細分成一系列明確且具體固定程序的技能，記錄每個步驟是否達成。

四、評定量表

評定量表（rating scales）類似於檢核表，評定量表是將一系列觀察的特質或行為逐項列出，根據判斷給予某項程度的評定。評定量表與檢核表大致上相同，兩者主要的差異是：評定量表不僅提供二分法的簡易判斷，尚且提供了評定某種特質或行為出現情形的多寡，所評量的行為屬於等距量尺以上的連續性量尺。評定量表依表現形式的不同，可分為：數字型、圖表型以及描述型的評定量表。

本章從介紹實作評量的意涵與優缺點、特性、類型之後，再繼續說明實作評量的製作與實施、評分規準與計分的內容，從中可以發現，實作評

量是目前學習評量的主要評量策略，尤其是在十二年國民基本教育課程綱要中強調學生爲終身學習者，學習需要結合實際的生活情境的目標，實作評量更是完全符應新課綱的精神，也因此教學者對於實作評量的實施策略與意涵，需要更爲精準地加以掌握。

┌自我評量┐

01.請說明實作評量實施中，主觀的限制條件爲何？

02.請簡述實作評量的特性。

03.請說明實作評量的設計步驟。

04.請說明實作評量中，整體型評分規準的意涵及優點。

05.請說明發展實作評量規準的步驟爲何？

第十三章　檔案評量

　　檔案評量（portfolio assessment）有許多中文的同義詞，包括「卷宗評量」（吳毓瑩，1995；莊明貞，1995）、「案卷評量」（盧雪梅，1998）、「歷程檔案評量」（張美玉，2003）等。1980年代以後，因有感於傳統以知識為主、以紙筆測驗為尊的學習評量，不足以培養自我負責、自我反省、自我評量與自我成長的下一代，使得學習評量多元化的改革浪潮風起雲湧，而此浪潮中最受矚目者則為「檔案評量」。

　　教學檔案強調蒐集學生學習表現的各種訊息，加上學生能夠透過學習歷程檔案的發展來了解自己的學習過程，促使學生為自己計畫相關的學習，故可說檔案評量是一種評量學生學習的作業方式，也可作為學生進行自我反省的學習工具。若教師想要了解學生長時間的學習歷程與進步情形，檔案評量是最適合的評量策略之一。

　　檔案評量是近年來興盛的一種評量觀念和做法，是紙筆測驗評量思潮的反動，也是學習評量的一種革新方法。檔案評量是指有目的之蒐集學生作品，以展現出學生在一個或數個領域內長時間的努力、進步與成就的一種評量策略。整個檔案評量從內容的決定、資料收錄、標準的決定、評量的決定等，都有學生參與其中，同時檔案內還包括學生的自我反省證據。

　　因此檔案評量可以說是一種新興評量理念和策略，不僅可以適用各學科領域的學習成果評量，包含認知、情意和動作技能等教學目標，更是一種綜合改良紙筆測驗與實作評量等學習評量策略的革新方法。

　　檔案評量是結合教學、學習與評量的評量策略，從檔案評量的結果中可以了解學生學習的歷程與成果，不過檔案評量並非是一種絕對客觀的評量，也並非所有的作品都需要放入檔案，檔案評量是一種有規劃，長時間綜合評估學生學習成果的評量方式。以下即針對檔案評量的意涵、特性、類型以及如何製作檔案等部分，分別說明如下。

壹、檔案評量的意涵

　　檔案是介紹自己、展現自己的必備工具，利用個人檔案處理自己豐富而多面向的表現，這種檔案的特質，早已存在於檔案評量未變成學習評量

的風潮前。檔案評量的興起，就美國而言，乃是針對學校內大量使用選擇題形式的標準化測驗的一種反省。就國內而言，檔案評量的興起也是由普遍存在的單一成就觀點，走向多種形式，強調學習歷程成果的觀念後，逐漸被重視。

一、檔案評量的意義

　　針對檔案評量的意義，許多專家學者提出不同的看法，其中Paulson、Paulson與Meyer（1991）即指出「檔案的意義在於學生作品有目的之蒐集，展現出學生在一個或數個領域內的努力、進步與成就。檔案評量從檔案內容的安排、選擇的標準、評估的規準，都有學生參與其中，同時檔案內還包含學生自我反省的證據。」張麗麗與蔡清華（1996）認為檔案評量是學生長時間、有目的及有系統蒐集與彙整而成的一份記錄成長歷程與學習成果的作品集。檔案評量可以透過省思及合作，協助學生成為自我評量者，而教師也可以根據檔案中的具體證據來對學生學習歷程與成果進行評鑑。Miller、Linn與Gronlund（2012）認為檔案評量是系統性的蒐集學生作業並且彙集成檔案，檔案評量的過程可以滿足各種教學與評量所需達成的目的，檔案的價值性則是取決於評量目的是否清晰、內容指引說明是否清楚以及評鑑檔案的規準是否明確等。

　　綜合上述，檔案評量是針對學習者在學習的過程中，長時間、有目的及有系統性地蒐集與彙整學生學習的過程記錄，藉由這長時間及系統性的檔案，教師可由學習檔案中，評量學習者成長以及學習進步的證據。

二、檔案評量的優缺點

　　檔案評量存在許多優勢（余民寧，2022；張麗麗，2002；Miller et al., 2012），如下所示：

　　1.因為檔案包含班級教學的作品，因此容易與教學系統互相統整。

　　2.檔案評量提供學生機會去展示學生們所能做的內容。

　　3.檔案評量鼓勵學生成為反省的學習者，並發展出評鑑其作品優點和缺點的技巧。

4.檔案評量可以協助學生負起設定目標和評鑑其進展的責任。

5.檔案評量可以提供教師和學生有機會合作與反省。

6.檔案評量可以是一種與家長有效溝通的方式,可以顯示學生作品的具體範例。

7.檔案評量可以提供學生引導家長討論的範例。

8.檔案評量可以與家長長期共同經營學生的發展。

9.檔案評量是一種兼顧歷程與結果的評量,學生呈現檔案時,必須同時呈現努力歷程與結果的訊息,作為教師評量依據。

10.檔案評量可以讓學生獲得更真實的評量學習結果,傳統測驗僅能測量學生記憶的能力,難以評量處理實際生活的真實能力。檔案內容取自日常生活或長期學習活動,評量內涵針對日常生活或長期活動的評量,當能更真實地評量出學生的學習結果。

11.檔案評量可以呈現多元資料激發創意,檔案評量允許學生以各式各樣的樣式來呈現學習結果,不僅讓學生有充分的選擇權與自主權,更可充分激發學生的創造力。

12.檔案評量其動態歷程可以激發學生的學習興趣,檔案評量擺脫以往靜態測量,採取長時間累積、蒐集、製作成品的動態歷程,學生可「做中學」,更可激發學習興趣。

13.檔案評量是一種兼顧認知、技能與情意的整體學習評量,設計檔案評量時,可從學生的成果看出其認知、技能的學習成果,亦可從學生操作時的用心、努力的歷程,評量其情意領域,不像傳統測驗較侷限於認知領域的學習結果。

14.檔案評量可以培養學生主動積極的學習精神,傳統測驗學生只是被動地回答教師的題目,按照教師指示逐一完成任務。檔案評量時,教師僅強調評量重點、原則、程序,其餘均可由學生主動地蒐集資料、自由創作,而使學生成為評量的主導者,教師的角色僅是協助者與輔導者。

15.檔案評量可以培養學生自我負責的價值觀,檔案評量讓學生在主動、積極參與過程中,尊重學生選擇作品呈現方式,激發學生自訂成就水準,培養自我負責的價值觀,亦可體認終身學習的精神。

16.檔案評量可以讓學生增進自我反省能力，檔案評量提供學生回顧和反映其作品與表現的機會，學生必須自己省思檔案可改善部分並著手修改，此過程可增進學生自我反省能力。

17.檔案評量可以增進各類人員的溝通，參與檔案評量的人員中，除教師外，尚包括家長、學生本身與同學，兼顧教師、家長、同學、學生本人的評量意見，能增進各類人員間的相互溝通。

18.檔案評量可以增進師生關係，檔案評量過程教師充分尊重學生的自主性，尊重學生間的個別差異，評量更納入學生自我評量，與以往紙筆測驗相比，更能增進師生關係。

19.檔案評量可以增強學生溝通表達與組織能力，檔案評量要求學生長時間、有系統地蒐集與彙整而成一份檔案，學生必須思考如何讓教師或他人接受與了解，如何有系統整理、美化檔案，此過程可以增強學生溝通表達與組織能力。

至於檔案評量的缺點則包括下列幾項（王文中等人，2004；余民寧，2022；張麗麗，2002；Miller et al., 2012）：

1.檔案評量會增加教師批閱時間，增加教師工作負擔。

2.檔案評量的製作必須投入較多經費，宜考量學生的經濟負擔或採取變通策略。

3.教師若事先未擬定明確的評分標準，評量易流於不客觀與不公平。

4.檔案評量易受學生語文程度、表達、組織能力影響。

5.檔案由教師評定結果時，易受月暈效應而降低評量效度。若欲將檔案評量設計成為標準化的評量工具，檔案評量之信度、效度不易建立或難以令人滿意。

6.若教師、家長與學生的接受程度與執行意願不高，則難以發揮檔案評量的優勢。

7.家長參與程度不同，影響其子女檔案的優劣，教師宜顧及家長參與所造成的不公平現象。

8.若學生根據教師的看法來選取優劣作品，將喪失自我反省、自我評量的意義。

9.檔案評量不應作爲評量學習結果的唯一評量工具，尙必須輔以其他評量方式或工具。

貳、檔案評量的特性

檔案評量是一項多面向的評量方法，強調有系統且有目的蒐集學生學習歷程的資料，利用與評量目標互相結合的評量規準，評估學生學習的成就，檔案評量主要的特性分列如下（王文中等人，2004；余民寧，2022；張麗麗，2002）：

一、適應個別教學

檔案是長時間的評量方法，可以將教學目標視爲評量的目標，由於每位學習者都有專屬於個人的檔案內容，教師也需適應個別差異地評閱檔案，因此檔案評量可以適應個別學習者的教學目標，所以在評量方法上，是具有相當大的彈性，檔案評量包含任何評量工具，所以檔案評量的評量方式是多元多向度的。

二、強調縱貫歷程

檔案評量是有目的且系統性地蒐集學生連續一段時間的學習歷程，以呈現學生努力、進步與成長情形，具有形成性評量的概念，而非像傳統紙筆測驗僅著重學生記憶的知識量或學習結果。檔案評量強調思考或成長改變的歷程，而非僅重視答案或結果。檔案的內容包括反映出各種教學目標成果的代表性作品、已完成或者是半完成作品的過程，檔案作品的蒐集是長時間的進行。

所以可看出學生的起始能力、學習過程以及學習結果，並且與教學計畫相結合，以學習的目標作爲評量的目標。綜合言之，檔案評量是一種縱貫性且強調學生作品的評量方式。

三、確認學生優點

　　檔案評量中的展示型檔案所強調的是學習成果的最佳表現，而非學習者表現不佳之處。在檔案評量中，學生常常會被鼓勵繳交出最好的代表性作品，在這種情境下，自然會強調學生已完成的學習成就部分，而非其尚未完成的缺失部分。檔案評量中，強調學生自我的反省與自我的評量，期待學生反省製作檔案中的歷程，自我評量選擇的檔案內容與成果的品質，如此一來，不僅可讓學生深入地了解學習內涵，且促使學生成為主動的學習者。

四、學生主動參與

　　檔案評量的製作過程中，依照系統性以及評量目的指引之下來製作檔案，因為檔案評量是一份長時間蒐集的工作，教師與學生需要針對學生所製作半成品的檔案持續地修正與更新，所以，檔案評量中的學生需要主動地參與檔案內容的製作。

五、多人共同參與

　　檔案評量的規準，除了教師依據教學目標來加以擬定之外，也可以開放與學生來共同討論，討論什麼才是檔案評量目標所期望學習到的能力。因此，檔案評量是師生共同合作的評量方法，檔案的分享中，除了可以供教師省思是否達成預先設定的學習目標之外，學生本身也可以藉由檔案內容的建立來反省學習的成效。另外，家長以及學校的行政人員，更可以藉由檔案評量來了解學習者的成長與進步的情形，這些檔案中的評量證據，會提供評估學習者學習成效的直接性參考架構。

六、勞力時間密集

　　檔案評量是屬於長期蒐集資料的評量方式，不僅時間費時，在實施上和計分上所花費時間也較多。因此教師若要執行檔案評量，從規劃、執行、調整到提供回饋給學生，都需要花費相當大的勞力與時間。

七、評量信度偏低

信度依古典理論的定義來看，指的是測量的一致性，亦即信度要有意義性，必須具有相當程度的一致性與可複製性，但是檔案評量由於受到檔案計分時屬主觀型計分、檔案項目數量有限、檔案內容差異性大以及資料為長時間蒐集等因素的影響，分數變異的來源就變得多且複雜。

因此檔案評量的信度普遍偏低，相對地，紙筆測驗的評分信度則比較高。一般教室情境下，標準化測驗因為投入大量的時間和人力，已具有公平、公正的計分機制，所以，標準化測驗信度係數會比檔案評量的信度係數來得高一些。

參、檔案評量的類型

檔案評量可用學生不同形式的表現和作品來呈現，至於檔案的類型，學者看法則有所不同，如Cole、Ryan與Kick（1995）將檔案分成過程檔案、成果檔案兩類。Valencia與Calfee（1991）將檔案分為展示檔案、文件檔案以及評量檔案。王文中等人（2004）將檔案依檔案評量建立的方向，可分為能力檔案、主題檔案以及特質檔案。余民寧（2022）將檔案評量依檔案使用地點的不同，分為官方、學校、班級以及教學用的檔案。Miller等人（2012）將檔案評量依照檔案使用的不同目的，分為檔案的目的、教學的目的檔案、評量的目的檔案、目前成就與進步檔案、展示檔案和文件檔案、完成檔案和工作檔案。

綜合上述專家學者對於檔案評量類型的說法，僅以學習評量中常用的檔案，分類為成果檔案、過程檔案以及評量檔案等，分別說明如下：

一、成果檔案

成果檔案用於班級情境，展示學生彙整最優秀的作品或成果。展示的主題由教師與學生共同決定，可選擇一個主題、多個主題或一系列的核心主題。此種檔案常展示於親子座談會、家長教學參觀日或者教師在職進修

的工作坊或研討會，藉以達到相互觀察與學習的效果。

　　成果檔案中，教師通常先決定學生必須精熟的學習任務，學生再自行決定與選擇、彙整優秀或滿意的作品成為成果檔案，以作為達成學習任務的證明。

　　成果檔案展現學生個人獨特本質、達成學習精熟任務或富創意的學習結果，教師僅扮演輔導者，引導學生從不同角度作更適切的思考與表達。參觀成果檔案的觀眾包括教師、家長和學生，教師宜引導學生考慮三種不同身分者的需求與觀察向度，激勵其更周詳的表達與呈現。

二、過程檔案

　　過程檔案能提供豐富、動態的歷程資料，不僅有助於深入了解學生學習過程，且具有診斷功能，因此過程檔案著重呈現學生學習歷程進步、努力與成就的觀察和紀錄。

　　過程檔案係師生依據特定評量目的，有計畫、有系統的蒐集學生資料或作品，只要是師生討論後認為與學習歷程有關的資料或作品均可納入。

　　過程性的檔案常用來作為蒐集及確認活動的紀錄，適合形成性評量的過程使用，它可以提供教師有關學生學習進步的即時資訊，並且也可以提供學生正式的回饋訊息，以作為學生修正或精進其作品的參考。

三、評量檔案

　　評量檔案係教師先依據教學或評量目標來設計學習內涵與評量標準，再要求學生就學習內涵與評量標準著手蒐集或製作檔案，然後依據評量標準實施評量，此歷程可將檔案內涵與評量標準化，引導學生有系統地檢視、反省作品，更可提高評量的效度。

　　綜上所述，檔案評量應針對不同檔案的用途，分別清楚地向學生說明所擬使用的檔案目的為何，不僅可以提供學生發展檔案的基礎，更能夠提供準備檔案的指引方向。成果檔案和過程檔案最常在班級中使用，而評量檔案通常用於班級間與學生間比較，並且評量檔案較宜經由標準化的程序來加以進行。

肆、檔案評量的製作與實施

　　檔案評量的製作與實施需要考慮的因素很多，舉凡檔案的內容要放些什麼？評分規準要如何訂定？學生如何參與等。實施成功的檔案評量需具備的要點有幾點建議：(1)檔案製作的過程必須是有趣的，要能夠抓住教師和學生的幻想力；(2)檔案評量的內容必須是學生可以駕馭的，必須在教師及家長的引導下，由學生來建立和維護；(3)檔案評量中的檔案必須成為一種教學工具，在課程範圍內統整到每一種科目中；(4)檔案必須要被分享的，能夠定期與他人分享，才是一種令人尊敬、覺得有價值，且又有表達關懷的檔案（余民寧，2022）。以下將分別就檔案評量的製作與實施中需要考慮的因素，說明如下：

一、建置檔案的內涵

　　通常在教室情境下，欲使用學生檔案作為評量學生成就的依據，教師就必須先知道如何實施檔案評量的相關做法，再規劃如何實施檔案評量，因此，值得被放入檔案裡的內容，應該都是與學生的學習表現行為有關的各種資料，至少包括下列四大類的資料（余民寧，2022）：

　　1.背景資料：例如：在準備某些學生檔案前，有關學生過去的各項學習紀錄、心理測驗資料、教師評語等內容，都可以視為是檔案內的背景資料。

　　2.過程紀錄：包括準備與學生檔案有關聯的各種學習活動的過程錄影帶、錄音帶、照片等內容。

　　3.反省證據：反省證據的檔案內容是準備與學生檔案有關聯的各種學習活動的反省心得、手札、筆記、講義、日記、週記等。

　　4.評鑑資料：評鑑資料的檔案內容包括準備與學生檔案有關聯的各種學習活動的書面成果資料、實際作品、同儕的評語與評分紀錄、參與各項競賽或表演的成績與得獎證明等。

　　Peter（1993）建議教學檔案可包括以下四種內容：(1)結構化的結果與反省；(2)開放式的結果與反省；(3)過程的紀錄；(4)他人的評鑑資料。檔案

內容的選擇除了可參考上述的內容之外，所選擇的內容應該由教師與學生共同討論，一同決定檔案內容的建置項目。

二、規劃計分的規準

　　檔案評量由於內容與種類的多元，並且屬於主觀性的評分，因此為了要提高評分的一致性及其穩定性，具體的計分規準對於評分者是必要的，檔案評量在製作與實施時，應該要根據評量的目標訂定明確的計分規準。

　　計分規準的規劃可以從資料類別與能力內涵兩個層面來加以設計，其中的資料類別層面可以包括學習表現、多元表現與能力特質等，至於能力內涵表現則可以從被評量者的邏輯、語言、自我學習、問題解決能力等內容來加以說明。

三、鼓勵學生的參與

　　檔案評量若要實施成功，被評量者（學生）是否能夠認同這樣的評量方式，且能主動參與評量內容的建置是一個重要的因素。因此要能引起學生主動參與，有幾個原則提供參考（王文中等人，2004；余民寧，2022）：

　　1.發展檔案時，開放讓學生參與討論。

　　2.容許學生參與，並且師生共同決定檔案的內容。

　　3.讓學生可以隨時檢視檔案。

　　4.培養學生尊重自己及他人的檔案。

　　5.讓學生自己設計檔案封面、目錄等格式。

四、確定未來的目的

　　檔案評量實施時，要讓學生確定檔案未來使用的目的，提高學生製作檔案的動機，而確定檔案的使用目的主要有下列幾項建議（余民寧，2022）：

　　1.提供學生表現的成長紀錄。

　　2.強調學生的最佳作品。

3.促進學生自我反省的能力。

4.診斷學生表現，提供即時補救措施。

5.提供學生本人及家長學生進步的訊息。

6.辨認需要改進的課程與教學。

7.提供學生學習表現與評定成績。

8.提供升學與就業的參考。

五、建立評量的目標

檔案評量的實施中，需要建立檔案評量的教學目標，建立目標清單，作為利用檔案內容建立時的參考標的。

六、轉換目標與行為

檔案評量實施時，可以確立檔案評量所要評量的知識能力為何，並且確定檔案所蒐集的行為表現資料，進而確立該具體行為表現的計分規準。

七、有效評閱的方法

檔案評量中檔案的計分，可分為整體式與分析式評分法。整體式評分法是以整體的印象為評分基礎，而不是考量構成整體的個別細節部分，在整體判斷確立後，才給予每件作品或成果評定分數。分析式評分法則針對構成每件作品或成果的每個重要細節進行評斷（余民寧，2022）。

八、多次觀察提高信度

檔案評量因為屬於主觀的評分類型，缺乏評分的一致性，教師可以利用兩個策略來提高檔案評量一致性：(1)仔細說明學生作品範本的特性，並且針對作品範本中的每項目標發展計分規準；(2)運用這些計分規準對學生檔案進行多次的觀察和評分。

九、分享檔案溝通成就

檔案評量中，所謂成功的檔案是讓學生自己去管理和將所擁有的成果

呈現出來。學生分享檔案，其中最大的成就價值即在於他們自己的參與。設計檔案時，增加學生參與動機，完成檔案的方式即是讓學生認為和同伴一起完成一件檔案是一件簡單的事。因此，檔案的分享在檔案評量實施歷程中，扮演相當重要的環節，並且檔案的分享也有助於學生與家長之間的互動。

伍、檔案評量計分規準之發展

　　檔案評量與實作評量等非制式的評量策略，實施時由於其實施的彈性以及重視過程技能的特性，往往會被人質疑評分的一致性以及是否符合評量目標的疑慮，亦即評量的信度與效度。然而在檔案評量實施時，明確的評分規準是達成理想信度與效度的重要關鍵。

　　Stiggins（2001）認為，學生表現標準的確立是發展有效檔案評量的重要因素。因此建議在表現不佳學生的施測作業前應先給予回饋，讓學生了解作業的要求標準為何？並且認為要先鼓勵學生完成任務，才能評鑑其表現。選擇或發展學生的作業時，就應建立規準，讓教師和學生都能了解其規準的內涵，才有信賴、公平和有效的評量可言。談到檔案評量計分規準的發展，Fischer與King（1995）提出發展評量規準的有效步驟包括以下三點，分別是：(1)列出學習活動中最重要的要素或預期結果；(2)決定量表的計分規準數目；(3)清楚地描述評量規準的期望表現內涵。接下來要說明的是Linn與Gronlund（2000）所主張，檔案評量規準建立應考慮的因素。

一、評量特徵應具有教育意義

　　檔案評量中的評量內容要與學校目標、預期的學習結果互相配合，當學習結果能以行為表現清楚地陳述時，通常只選擇那些能以評定量表做最有效評量者，然後修正敘述以符合評定的格式要求。

二、確認作業中評量的學習結果

　　清楚地確認學習結果，有助於建立評量的優先順序，減少與評量目的

無關的因素干擾。當多項作業都與學習結果有關時，應有不同的評等來對應每一項結果，且可以提高學生形成性回饋的價值。

三、評量特徵應是能直接觀察的

評量特徵應是要能夠直接觀察的，但是直接觀察涉及兩個考量因素：(1)評量特徵應限制在學校的情境中，以便教師觀察；(2)對觀察者而言，評量特徵應是清楚可見的。另外，公開的行為很容易觀察到和確實評定，然而，對於較不具體的行為類型的評定，常常推論自不明確、易變與偽裝的表面特徵中。

四、評量特徵和量表分數應予以清楚界定

描述型評定量表應使用簡要的敘述，當使用描述型量表不可行時，可另外單獨使用一張指導語提供想要的描述特徵。

五、選擇最適於作業和評量目的的評分規範類型

整體式的評分規範中，在三到七等的量表中，每個表現僅給予一項評等或分數，所給予的分數最好是有效且容易轉換成等第。分析式評分規範中，重視那些需要改善的層面，比較具有診斷價值。若被評量的特徵或向度差異大，會出現不能反映整體印象的結果。

六、量表應提供三到七個評分位置

根據檔案評量中判斷數量，來設計量表上的分數個數。若是只需大約判斷的領域，需要的量尺位置比較少，但最多通常不要超過七點，最少也以三點為限。

七、一次只評量所有學生的一個作業

檔案評量計分時，應該要評完所有學生同一項作業的表現，才能再繼續評量下一個項目，若遵循此步驟，比較容易將計分規準清楚地記住，運用規準也較為一致穩定可信，並可降低學生在一項作業的表現判斷受到先

前作業表現判斷的影響。另外可將學生受評的順序做改變，讓學生的作業被評量時的順序，不會完全都是同一個位置。

八、評量表現時盡可能匿名

評量時為了避免一些先入為主的印象影響，最好是匿名來評量檔案，但是此種評量方法並不能適用於所有類型的表現，例如：口頭發表時就無法採用匿名評量的方式，匿名評量可以減少評分受到月暈效應的影響，並且提高評分的公平性。

九、當評量結果有重要影響，應增加評分者

檔案評量時與只有一位教師評量相較之下，合併數個教師的計分之下，學生的表現較為可信，此時也需要注意教師背景和經驗的相似性，所可能產生共有的偏誤。

Morgan（1999）在針對實習職前教師領域的專業發展中，建立一套檔案評量的計分規準提供參考，如表13-1所示。

表13-1 Morgan（1999）實習職前教師專業發展檔案評量計分規準一覽表

成分	不充分 unsatisfactory	基本 basic	卓越 proficient	傑出 distinguished
表達部分 presentation	不夠專業的表現，沒有好的組織架構，沒有目錄	具目錄內容，有分類，組織明顯	呈現出完整的組織，目錄內容和分類易於一目瞭然，容易應用	創造非常正面的第一印象，外觀整齊專業，組織完整，目錄內容一目瞭然且又實用
簡歷（1-2頁） resume	沒有解釋而造成問題，包含偏見的資訊（年齡、獎勵、信仰），簡歷沒有清楚的脈絡或極為混亂	具結構性的組織內容，可是結構內容前後不一致	簡歷完整且結構界定清楚	簡歷完整且結構界定清楚，能表達個人的人格及專業

教育哲學觀（1-2頁）educational philosophy	對有效率的學校工作或基本教學策略有些了解或不清楚	能了解學校實際運作效率或教學的指導策略	能運用專業有效的學校運作或教學指導策略	表達完善的學校運作知識，且研究基本教學策略。角色像教師且分享其專業內涵
課程計畫（包括合作學習、概念獲得、分類等）lesson plans	課程不適合學生或教學目標，無法有組織的進程，無法反應最近的專業研究	僅有一些學習活動適合學生或教學目標，教學活動與課程是不一致的，並且僅有一些活動反映最近的專業研究	大部分的學習活動適合學生及教學目標。課程活動程序相當穩定，且大部分的活動反映最近的專業研究	學習活動對學生及教學目標非常適合。他們學習程序很有條理，有整體性且反映出專業研究
反省評論 reflective commentary（5頁半）	表面性的陳述，無法反應出學習到的內容	評論學習的探索內容	評論學習的探索內容，並且發現優缺點	反思評論探索個人的成長，闡述優點及缺點且計畫更專業的發展
學生作業 student work（最少5項）	沒有學生作業的例子或只是非常有限的例子	包括有限的學生作業內容（只有二至三種不同項目的作業）	多樣的學生作業內容，從大部分（典型）的作業或班級活動明顯看出（至少5種不同項目的作業內容）	多樣性的學生作業（測驗、論文、測驗資料、每日作業、學生參與學習活動的照片、圖表、圖畫、報表、訪談資料等）（5-10項）
正式評量（形成與總結性評量）formal evaluations	沒有正式性的評量活動或者只有一些	只包括必要的評量	包括各種不同的評量	有正式的如導師、教授、校長和同儕評量與學生的回饋等
聯絡人或推薦信（5位聯絡人和三封推薦信）contacts and/or letters of recommendation	沒有聯絡人或推薦信，或者是資料不齊全	包含至少5位聯絡人的名字、地址及電話號碼等資料，沒有推薦信	包含名字、地址及電話號碼、與學生關係資料（例如：緊急聯絡人、導師等），並且有一些普通的推薦信	包含名字、地址及電話號碼且與學生關係資料，並包括一些詳細的推薦信
其他項目（約5-10項）additional items	沒有其他項目	包括教學資源、期刊文章和參與工作坊的證明	包括最新的教學資源、目前的期刊文章、工作坊參與的證明、各式證書、專業成員、服務證明、研習證書等	包括最新的教學資料、期刊文章、各式證書、專業成員、服務證明、研習證書，還有更多資訊可表現出教師專業成長邁進的證據以及學生的回饋資料等

資料來源：Morgan, B. M. (1999). Portfolios in a preservice teacher field-based program: Evolution of a rubric for performance assessment. *Education, 119*(3), 422-424.

陸、檔案的分享

當學生要去蒐集檔案資料時，有一個工作團隊來共同完成是相當有效率的。學生通常會要求老師幫忙決定一些檔案的重要事項，但是若有工作團隊時，往往群體之間的討論所達成的共識更有助於學生對於檔案內容的決定，亦即以工作團體取向的方式來幫助學生練習決定。

檔案資料的蒐集需要一個工作團隊來集思廣益，而檔案建立完成之後，檔案的分享可以造成團體成員之間的資訊流通，有助於團體成員之間的了解與成長的分享，以下就依檔案分享的實施策略，提供具體的建議。

一、提供學生發表的機會

首先在檔案的分享方面，可採用讓學生發表的方式來達成分享的目的，學生在發表中創造新的資料，並且產生對於某些檔案內容的特殊興趣。發表的過程中，讓學生自己去思考，自己的檔案內容項目與自己感到興趣的項目之間的相關為何？這種方式會使學生的檔案內容有個別的特色，而不只是千篇一律依照老師的要求來蒐集個人檔案而已。

二、可採用錄影的發表

檔案的分享可採用錄影發表的方式，若在學期的開始即要求錄影其學習生活的成長與發展，這對於學生本身檔案內容的充實性是相當有所助益的。長期的檔案資料蒐集中，學生將會在個人的成長與發展中得到完美的成就表現。學生所製作的錄影中，可以製成屬於學生本身的檔案，這種多樣性的錄影帶將可充實學生本身自己的檔案內容。學生檔案內容不是只有寫作、閱讀作品和演說而已，也可以允許學生準備一些簡單的錄影展示，而且這些錄影的發表作品是可以幫助學生發揮創意的表現。當然錄影的檔案也可以成為工作檔案（working portfolios）的一部分，錄影的檔案甚至可融合成學生的展示檔案（showcase portfolios）和特殊檔案（special portfolios）等來加以呈現。

三、建立專屬的小型展覽空間

　　檔案的分享中，學生可將其最佳的展示型檔案加以保存，亦即可以在學校或教室中建立一個小型的展覽空間，這可能是一個有趣的方式，建立一個屬於他們自己的園地，而這些檔案可以是一種屬於個人的專案或者是藝術作品，可能具有保存或鼓勵學生將成果儲存在個人檔案中，教師教學中可以鼓勵學生這種保存習慣，甚至成為例行工作的一部分，給予各式各樣的學生在工作中有多元的方式來表現，通常會造成豐富內容的學生展覽。

四、建置美好的檔案

　　美好的檔案（portfolios fairs）是一種很好的方式，結合檔案呈現內容來幫助學生以及老師建立共同的價值觀。美好的檔案可以利用開放式的教室來呈現，利用班級的開放以至於擴展至整個校園中。學生分組展示美好的檔案也是一種方式，利用共同分享美好的檔案，增加他們對於自己所選擇檔案部分的認可。

五、資訊科技協助檔案的分享

　　假如學校已經可以連結至網際網路，可以利用網際網路將學生的檔案，公布在網頁上面。利用網頁學生可以迅速且廣泛地達到宣傳分享的效果，讓更多的人可以分享學生的檔案內容。學生檔案的內容可以利用數位相機、掃描機、印表機等資訊周邊設備，將學生的作品迅速製成網頁作品。此時若學校已建置學生電子郵件的話，也可以利用學生的電子郵件達到和遠方的朋友，互相溝通、互相欣賞，分享學生彼此的成就。

六、鼓勵家長的參與

　　家長的參與將使學生檔案更為完整，學生檔案的製作過程中亦可加入家長的參與歷程，家長的參與可幫助老師扮演監護者的角色，而老師扮演一個指導者的角色。通知家長參與的內容設計，應該具體明確，明白地告

訴家長，檔案是什麼、學生檔案的類型以及內容特徵，例如：可明確告訴家長，歡迎家長進入學生檔案的製作過程。

　　檔案可以分為工作檔案（working portfolios）、展示檔案（showcase portfolios）、特殊檔案（special portfolios）、專案檔案（project portfolios）等類型，進一步可要求家長扮演類似代理者的角色，給予一些學生檔案的範例，告知家長有些學生的成品可以放入學生檔案之中，家長在學生檔案中的角色，可以類似於神話故事中英雄角色，可以在學生的檔案中成為學生強而有力的支柱。例如：家長可以參與學生檔案製作，並且提供意見使學生的檔案可更接近真實的世界，而不至於不切實際，所以家長亦是學生檔案的顧問，而這個家長顧問可以幫助學生製作檔案。

　　學習檔案強調蒐集學生學習表現的各種訊息，加上學生能夠透過學習歷程檔案的發展來了解自己的學習過程，促使學生為自己計畫相關的學習，故可說是一種評量學生學習的作業方式，也可作為學生進行自我反省的學習工具。

　　因此檔案評量可以激勵學習興趣、建立學生的自信心、協助學生認識自己及培養寫作技巧，在個人檔案評量中，學生可以完全自主地蒐集資料、抒發想法意見，家長亦可參與學習歷程的意見，更可以幫助教師了解兒童發展過程的點滴，是一種廣泛評量兒童學習的方式。在檔案評量中藉由檔案的分享，展示蒐集的資料與整理的結果，可了解學生對於問題的認知程度以及歸納的能力，並可真實與完整地了解與掌握學生學習的成長歷程、學習的困境與問題以及學習的成效，達到真實評量學生學習表現的目的。

柒、檔案評量的發展

　　檔案評量在目前多元評量的潮流下，逐漸地受到重視，而這種著重歷程性、系統性地去蒐集學生的表現，從文獻中可以發現有相當顯著的優點。但是因為在評量中強調蒐集學生的歷程資料，因此在評量時間的花費以及經費上的支出考量下，往往無法從事多次或者大量的檔案內容資料，

也因此造成整個評量之信度與效度常常被廣大的使用大眾所質疑，其中信度以及效度的提升，從文獻中可以發現，若根據評量的目標建立完整的評量標準（criterion）以及規準（rubric），是對檔案評量結果的穩定性及對評量目標的一致性有顯著性地提升效率。

課程的實施若是為了具備適合檔案評量的教學環境，教師必須要擅長處理、管理、評估檔案以及在檔案評量實施過程中使用認知和後設認知策略訓練。在師資培育機構有效的教師培育中，應該提供教師複習所習得技巧的機會以及在職的支持，尤其是當他們實行學習評量的革新時，應該給予更多的支持，讓評量的改革達到更完美且令人接受的境界。

┌自我評量┐

01.請說明檔案評量的涵義。

02.請簡述檔案評量的特性。

03.請說明檔案評量的信度為何普遍偏低？

04.請說明檔案分享實施的策略。

05.請說明評量檔案的意涵。

第十四章　動態評量

　　動態評量（dynamic assessment）的源起主要來自於對傳統評量的批判、認知心理學的蓬勃發展、人文取向的教育觀，強調教學歷程中師生的互動等。動態評量的發展歷史始於對傳統智力的批判和Vygotsky社會文化認知發展理論的提倡，建立了動態評量研究的理論基礎。之後由於研究取向的差異，針對不同的研究對象進行有關動態評量的實徵研究並對傳統資料處理的缺失，提出「潛在特質理論」的現代心理計量方法，對評量後的資料進行較為嚴謹的分析。目前動態評量在歷經多年來的努力，動態評量已經呈現日益重要的趨勢。

　　動態評量的源起來自於對於靜態評量方式的改進，並且在認知心理學的發展之下，強調評量應該是著重於教學、診斷及評量功能等三方面的綜合運用。之後的人文取向的教育觀注重於人的價值，探討師生之間的互動，而並非在評量歷程中，師生之間扮演著獨立無關的角色。

　　動態評量是一種評量與教學持續互動的評量策略，傳統靜態評量方式，多偏重在知識層面以及著重於機械式的記憶，雖然可以有效的預測學生的學業成就，卻也扼殺了學生創造思考的能力以及預測學習者可能的表現。傳統的紙筆測驗無法有效地解釋學生在課室學習的結果是否受到學習型態、注意、記憶、發展速度和性向等個別差異的影響。因此，隨著認知心理學蓬勃發展，在評量觀念逐步改善下，測驗與評量的專家學者開始重新思考測驗的本質，因而產生了許多新的評量觀念以及做法，動態評量便是其中之一，簡單地說動態評量強調的是評量與教學互動的歷程，以下將從動態評量的意涵、特性、類型、範例以及符應數位時代的數位化動態評量等分別說明如下。

壹、動態評量的意涵

　　動態評量是一種重視評量者與被評者之間互動的評量策略，以下將從動態評量的意義以及優缺點等兩個部分加以說明。

一、動態評量的意義

　　傳統的評量方式偏重對學習結果的評估，忽略了對於思考過程的探討，而且還強調施測者要遵守中立立場，不得與受試者有協助性互動，所以本質上傳統的評量方式是屬於靜態的評量，無法對於個人的學習過程提供充分診斷、評量處方和預測的訊息。動態評量的理論基礎源自於俄國心理學家Vygotsky的社會認知發展論，其中以「社會中介」（social mediation）與「內化」（internalization）等概念的影響最大，社會中介的意義在於經由他人支持、自我支持、內化自動化、去自動化的循環歷程，使學習者的能力不斷提升。

　　動態評量是針對靜態評量所做評量的改良，它結合教學與評量，在評量過程中深入觀察學生的解題歷程，並適時給予協助，評估學生在不同程度協助下的獲益程度、學習能力以及學習遷移能力。

　　動態評量中的基本模式是教師以「測驗－介入－再測驗」的形式，進行持續性學習歷程的評量，並且藉此來了解教師介入與學生認知之間的關係以及學生認知發展的可修正程度為何，確認學生所能發展的最大學習潛能，並診斷學生學習錯誤原因，提供處方性訊息，以進行適當的補救教學措施。

　　「動態評量」一詞首先是由Feuerstein（1979）提出，之所以被稱為動態評量，主要是相對於傳統評量靜態測量的形式，動態評量主要有三個涵義：(1)著重學習歷程或認知改變的評量；(2)在評量中進行教學；(3)評量者與被評量者的關係是互動的。動態評量透過評量內容與方式的特性，並給予必要的指導或協助，使受試者的水準提高，動態評量在評量過程中，所提供的協助程度與方式，是經由評量者與受試者間頻繁的雙向互動結果來決定，因此，動態評量是一個跨越多個時間點，以偵測受試者在表現上改變的一種結合教學與診斷的評量策略。

　　綜上所述可知，動態評量是一種注重學生學習歷程以及認知改變的評量策略，並且由評量的結果中來加以了解學生需要協助的歷程，亦即由評量的結果來進行教學內容的設計，而由教學結果中再評量，以了解學生所

獲得的助益效果爲何，而由教學、評量、教學之間的互動即蘊涵著動態的主要內涵。

二、動態評量的優缺點

傳統評量中學生測驗同樣的試題，以分數高低來鑑別學習結果，所以它的計分標準客觀、公正，尤其在施行大規模施測時傳統的客觀測驗評量可以節省很多成本，非常的經濟實用，是教育界普遍採用的評量方式。但是傳統評量只能測出學生粗略的學習結果，以測驗的分數代表學生的所有學習表現，並不能提供有關學生在學習過程中學習能力的成長記錄。評量的分數等級常被教師、家長或同儕過分強調，導致有貼標籤作用，以至於造成低成就學生心理傷害，喪失其學習興趣及動力。動態評量是結合教學與評量的評量方式，教師與評量不再是獨立無關，而是由評量的結果即時進行教學，再由評量的過程檢視教學的成效，以下即說明動態評量的優缺點。

(一)優點

動態評量在「前測階段」跟傳統評量一樣，不提供任何協助系統，目的爲評估受試者「目前」的表現水準。在「中介訓練」階段設計一套完善的協助系統，依不同提示程度給予學生測驗分數，最後再進行「後測」以評估受試者最大可能達到的表現水準。所以，「動態評量」具有「傳統評量」客觀、公正的優點，有實際的評量分數依據，動態評量又具有能鑑定與分類學生學習能力以及給予學生學習方面的診斷與處方的評量功能。在動態評量中透過不同程度的提示系統或中介訓練及依程度不同給分的策略，可以細分學生的學習程度。在傳統評量中得到相同分數的學生，在經過動態評量後更可以細分區辨程度的不同。動態評量可依學生不同的學習情況提供不同的中介系統，也可透過評量預測學生未來的學習表現，掌握學習者的精確學習動向，提供更適當的學助，所以動態評量對學生的學習具有很大的助益力及預測力。因此，有「因材施教」特性的動態評量是較具人性化的評量方式，能建立學生的學習信心。

(二)缺點

　　動態評量雖然有這麼多優點，但由於它需要個別施測，針對個別的學習差異提供個別的協助，所以成本太昂貴，以至於通常只用於弱勢族群或一些核心問題，並不能廣泛的施行。且動態評量的主要特色——中介提示系統的設計並不容易，不同的學習內容需要不同的專業能力，設計此一提示系統者必須了解此一學習內容的專業知識，並要能掌握學習者的特質，融合相關教育知識（例如：認知心理學、教育心理學等）以及了解學生的認知發展程度才能設計出有效的提示系統，幫助學生突破學習困難、瓶頸，在這樣高標準的要求下，設計出能搭配良好提示系統的題目數就會相對的比傳統評量少很多，題目較少，信度也會較低。

貳、動態評量的特性

　　動態評量是企圖評量學習過程中改變的情形，同時在評量程序中包含教學的介入（Haywood, Brown, & Wingenfeld, 1990）。李坤崇（2006）指出動態評量的特性包括：(1)著重學習結果與學習歷程；(2)著重回溯性評量與前瞻性評量；(3)著重鑑定、診斷與處方；(4)著重認知能力的可塑性；(5)著重師生雙向溝通的互動關係；(6)融入教學與評量等。一般而論，相較於靜態評量，動態評量其主要特色如下所述：

一、基本測量過程為測驗─介入─測驗

　　動態評量的基本測驗過程為測驗、介入之後再進行教學，或者至少是教學後測驗的程序。學習評量應考量時間的連續性，亦即定點定時的評量不足以作為最後價值判斷的唯一依據。動態評量是透過評量內容與方式的特性，給予受測者必要的協助與指導，使受試者的表現水準提高。動態評量是一個跨越多個時間點，以偵測受試者在表現上的演變，是一種結合教學與診斷的評量。所以，動態評量遵循測驗─介入─測驗的程序，於評量學生時，不是中立的觀察者，而是協助學生學習的教學者，扮演雙向溝通互動的協助者。

點結論：

(一)評量重點

學習潛能評量模式的評量重點，主要在於評量受試者從訓練中的獲益能力。

(二)評量目的

鑑定被錯誤分類的智能不足的兒童，和鑑定在特殊班級中，經由適當教學能獲益者。

(三)評量結果

區分出獲益者、無獲益者和高分者以及獲益能力與人格動機和學業成就有關。

二、學習潛能評量設計模式

學習潛能評量設計模式（learning potential assessment device, LPAD），強調中介學習是認知發展的要件，以診斷學生認知功能缺陷、評量學生對教學反應爲目的，所使用的題材是視覺與動作組織作業、高層次認知歷程、心智運作作業等，評量的程序爲前測—中介—後測，介入程序採用非標準化臨床介入，計分的方式爲分析後測分數。LPAD的優點有助於提升受試者的認知與遷移能力，但是其缺點在於：(1)非標準化介入使得不易實施與推廣；(2)評分者間信度不高。綜合而言，學習潛能評量模式的評量重點、目的以及結果的特色如下：

(一)評量重點

評量中介教學後的認知改變。

(二)評量目的

診斷認知功能的缺陷以及評量學生對教學的反應。

(三)評量結果

經由中介訓練後，個體有較佳的表現，且能將所學遷移運用在新情境上。

三、測驗極限評量模式

　　測驗極限評量模式（testing the limits assessment），為Carlson與Wiedl（1978）所提出之動態評量模式，主張個體訊息處理深受智力與人格因素影響，主要是在改變測驗情境，而非改變傳統測驗內容與架構。介入程序採取「測驗中訓練」的標準化介入模式，評量程序為標準化施測→指導與說明→說明選擇原因→簡單回饋對錯→精緻回饋→綜合指導語說明與精緻回饋，計分方式為分析上述六種情境操弄與後測分數。測驗極限評量模式的優點在於：(1)後測分數比前測分數更能預測受試者未來表現，肯定介入對認知評量的預測效度；(2)降低評量過程「非認知」因素的干擾，減弱種族文化、經驗背景、人格因素對測驗表現的干擾；(3)「測驗中訓練」的標準化介入模式易於實施與推廣。至於其缺點在於由於無前、後測歷程難以評估標準化介入的協助效益。綜合上述，測驗極限評量模式的評量重點、目的以及結果的特色說明如下：

(一)評量重點

　　評估不同之施測情境之最佳表現。

(二)評量目的

　　探討學習者特徵和人格因素，在各種施測情境中的交互作用效果。

(三)評量結果

　　在「受試者說明答題理由，主試者給予詳細解說精緻回饋」的測驗情境中表現較佳。

四、漸進提示評量模式

　　漸進提示評量模式（graduated prompting assessment, GPA）是Campion與Brown（1987）以Vygotsky的近側發展區間觀點為基礎，認為不僅評量過去已有的經驗、技能或知識，更應評量成長、改變和學習預備度，所使用的評量題材為數學、閱讀與邏輯推理作業，評量程序為前測－學習（訓練）－遷移－後測，介入程序為標準化提示系統（一般→抽象→特定→具體），計分方式為以提示量多少來核算（每提示一次計點一次，提示量愈多，表示能力愈低）。GPA的優點在於：(1)評分客觀；(2)易於實

施與推廣；(3)精確評估遷移能力；(4)強調與學科領域結合。至於其實施上的缺點在於用於複雜度較高的學科會因過於複雜，而導致認知分析與提示不易。

目前漸進提示評量所面臨之難題在於需要克服「近測發展區」量化的問題，而且需要加以留意動態評量在質化與量化設計的問題，因為需要克服其量化問題，所以動態評量的心理計量問題在實施這個模式時是需要加以考慮的。另外則是在動態評量測量的「極限效應」問題，也是需要在實施漸進提示評量中加以注意的項目。綜上所述，GPA模式的評量重點、目的以及結果的特色說明如下：

(一)評量重點

漸進提示評量，初期透過邏輯推理作業（例如：字母系列完成測驗、瑞文氏補充圖形測驗）評估一般性的認知能力，而後逐漸跨入學科領域（數學、閱讀），使評量與教學密切結合。本模式評量的重點，主要在評估受試者的學習量數（在教學階段時，所需的提示量）及遷移量數（在遷移階段時，所需的提示量），尤其是遷移量數，是評估學習潛能、區辨個別差異、預測未來表現的良好指標。

(二)評量目的

漸進提示評量的評量目的為評估學習者未來學習潛能，並且分析認知思考歷程，進而提供教學處方訊息。

(三)評量結果

強調個人學習進步的程度以及順利完成更多作業內容或是類化至新的學習與解題策略。

五、心理計量取向評量模式

心理計量取向評量模式（psychometric approach assessment, PAA），此模式是由Embretson（1987）所提倡，強調認知的可變性，以「空間推理測驗」為訓練材料，採用「前測—訓練—後測」的方式來評估受試者的能力，運用具體操作、增進空間處理技巧的標準化訓練介入來協助受試者，以受試者的後測分數與前、後測分數的差異來評估受試者訓練後學習

能力的改善情形。PAA的優點在於克服傳統評量改變分數未必等距、評量誤差未必相等的缺失。至於實施上的缺點在於仍未充分運用到學科領域，所以，PAA仍尚待發展。

(一)評量重點

在訓練後，評估受試者最大的學習能力。

(二)評量目的

發展適當的心理計量模式，來測量認知的改變以及提供受試者特定能力較佳的估計。

(三)評量結果

受試者透過動態測驗介入，空間能力有顯著的進步，而受試者前、後測間的改變分數，可預測文書編輯的表現。

六、連續評量模式

連續評量模式（continuum assessment）是結合中介教學及漸進提示而成的評量模式，採此模式的Burns、Vye、Bransford、Delclos與Ogan（1987）認為有效中介學習是增進認知發展的重要條件，以檢視不同教學介入效果、確認有效介入成分為評量的主要目的，所使用的題材為數學、閱讀、知覺領域作業，評量的程序為前測→訓練→再測→訓練→後測，分兩大階段來鑑定受試者的能力及認知缺陷，介入程序為標準化介入，計分方法為依受試者的表現（中介訓練）和作業分析（漸進提示）依序排列。連續評量模式的優點在於：(1)包括多次設計的靜態評量使訊息蒐集更為有效；(2)分階段採用不同評量方式來診斷受試者的認知缺陷，更能有效區辨個別差異與預測未來表現；(3)重視不同教學介入效果，促使評量與教學結合。至於實施上的缺點在於設計困難，難以實施推廣。

(一)評量重點

了解受試者在訓練後（即經過中介和漸進提示訓練後），在保留和學習遷移作業上的表現。

(二)評量目的

視不同的教學介入，對受試者的學習效益為何以及確認有效介入的成分。

七、六種動態評量模式的比較

由分析以上六種動態評量介入的模式，可知在所依據的理論方面，有的主張「改變個體認知能力的發展」、「增進個體的學習技能」，有的則以「鑑定」個體認知的缺陷、學習的困難或是達到正確「分類」兒童的目的。在研究的方法上，則以「標準化」及「臨床式」這兩種介入方式為主。

在評量的重點方面，有的重視學習「結果」的評量，有的則計算達到個體獨立解決問題目標時，所需的教學「提示量」。

在研究工具方面，由注重「一般心智功能」（知覺能力、圖形推理能力、語文類推理能力等）到「特定的學科領域」（例如：閱讀、數學等）都有。

在評量的結果方面，有的以「前、後測之間的差異分數」為主，有的計算個體在互動過程中，所需要教學「提示的數量」，有的主張了解哪一種「評量情境」能讓受試者發揮最大的潛能。

當研究者運用動態評量進行研究時，在介入模式的選用上，宜視研究材料的性質而決定。如果為測驗一般心智能力的「標準化測驗」內容，或許漸進提示評量模式及連續評量模式的使用，會使研究結果流於測驗「練習」之嫌，影響結果解釋的效度，而以「學習潛能評量」、「測驗極限評量」中，對測驗情境的操弄、改變為佳。如果研究的材料為特定的學科內容，特別要求對測驗內容的精熟及學習困難的診斷，則似乎以「漸進提示評量」模式、「連續評量」模式及「心理計量取向評量」模式為佳。

肆、動態評量的範例

以下將以漸進提示評量模式，來加以說明如何設計動態評量，漸進提示評量模式的評量程序為前測─學習（訓練）─遷移─後測，而且介入提示程序為標準化提示系統（一般→抽象→特定→具體），計分方式為以提示量多少來核算（每提示一次計點一次，提示量愈多，表示能力愈低），

範例說明如下：

範例14-1

評量主題：數學，二位數不進位的加法計算

評量對象：國小二年級學生

評量題目：

42+20=?

(1)44

(2)52

(3)60

(4)62

標準答案：4

動態評量的提示系統設計範例如下：

學習階段之實施程序	評量者的提示語	得分
不需提示，作答完全正確	無	答對4分
1.簡單回饋：		
→若學生答錯，但可自己改正，則提示解題錯誤訊息，給予受試者自我矯正的機會	提示1：想想看或檢查看看可能是哪裡想錯了！是哪個環節不小心誤會了呢？	答對3分
若答錯，給予其解題錯誤原因，進行下一個提示		
2.提示思考方向：		
→提醒學生思索方向（0+任何數=任何數之數字本身）	提示2：想想0這個數本身的特性	答對2分
若答錯，進行下一個提示		
3.提示解題重要關鍵：		
→個位數先相加，確認有無十位數進位，再進行十位數相加	提示3：想想看加法中個位數字及十位數字之間的關係	答對1分
若答錯，進行下一個提示		
4.直接教學：		

→設計簡單步驟引導學生 4-1加法的用法及定律 4-2提示解題公式 4-3個位數、十位數分別相加，無須進位	提示4： 十位數：4+2 個位數：2+0 （此題無須進位） 計算結果： 4+2=6 2+0=2 所以答案=62	答對0分
若任一過程答對，則讓學生嘗試獨自解一題，老師在旁給予適當支持，此時仍繼續給予提示量，直到學生連續答對兩題以上。		

範例14-2

　　評量主題：國語，譬喻修辭的句子

　　評量對象：國小五年級學生

　　評量題目：

　　「山邊白雲湧起，像千堆雪，又像成群的綿羊，更像朵朵的浪花。」

　　請問這句話中使用了什麼修辭法？

　　(1)頂真

　　(2)映襯

　　(3)摹寫

　　(4)譬喻

　　標準答案：4

　　動態評量的提示系統設計範例如下：

學習階段之實施程序	評量者的提示語	得分
不需提示，作答完全正確	無	答對4分
1.簡單回饋：		
→若學生答錯，但可自己改正，則提示解題錯誤訊息，給予受試者自我矯正的機會	提示1： 請你再仔細的讀一遍題目，看看你的答案是不是正確？	答對3分
若答錯，給予其解題錯誤原因，進行下一個提示		

2.提示思考方向：		
→提醒學生思索方向	提示2： 哪一種修辭法是使用有類似特點的人、事、物來輔助說明所要描寫的對象？	答對2分
若答錯，進行下一個提示		
3.提示解題重要關鍵：		
→提醒學生解題的重要關鍵	提示3： 句子中有「像」這個字，這是哪一種修辭法常會使用的關鍵字？	答對1分
若答錯，進行下一個提示		
4.直接教學：		
→教導學生按步驟解題	提示4： 4-1「譬喻」就是使用有類似特點的人、事、物來輔助說明所要描寫的對象。 4-2「譬喻」修辭法分為明喻、暗喻、略喻、借喻四種，其中明喻常會使用「好像」、「像」，例如：經過報紙與電視的報導，來自各地的發票，好像雪片般飛來。 4-3利用雪、綿羊和浪花的顏色（白色）、形狀來比喻白雲。展現山邊白雲變化多端，令人目不暇給的情景。	答對0分
若任一過程答對，則讓學生嘗試獨自解一題，老師在旁給予適當支持，此時仍繼續給予提示量，直到學生連續答對兩題以上。		

　　由以上動態評量的範例中可以得知，漸進提示評量模式的動態評量系統中之提示，設計的原則是由一般到具體特性，而且完成後會有遷移題的設計。

伍、數位化動態評量

目前已是數位化的學習時代，隨著電腦軟、硬體等科技的迅速發展，電腦化測驗增加了試題的靈活度，所以將評量網路化已是不可擋的趨勢（陳新豐，2007、2014）。電腦數位科技的進步，使教育研究者將電腦科技與動態評量理論相結合，開發出可改善傳統動態評量費時、耗力，且不易中介教學等缺點的線上動態評量系統。陳新豐（2007）認為電腦化測驗的發展是測驗發展的趨勢，也是甄選人才和學校評估個體學習成效的工具。

數位化的動態評量主要的優點（陳桂霞、陳惠謙，2007；Wang & Chen, 2014）包括以下幾項：(1)可以提高信度，降低測驗誤差；(2)具有實用性，可節省測驗時間，易進行群體（大量）施測，也可用於一般班級的補救教學上；(3)中介歷程與中介內容標準化；(4)易於記錄歷程（例如：讀題時間、答題時間、使用提示次數）、分析與診斷，受試者可獲得立即性回饋；(5)適應個別差異，施測時間、施測環境具有彈性；(6)測驗管理較好（測驗系統的紀錄、分析、製表）；(7)應用多媒體數位動態評量，學習者學習動機較強。

數位動態評量結合了電腦數位科技與評量的模式，使用電腦作為呈現試題與受試者應答的工具與媒介，並透過受試者和電腦互動的過程，了解受試者在測驗過程中習得的能力與認知能力變化的情形。以漸進提示評量而言，數位動態評量提供標準化中介教學，不受時空限制，是教師實施補救教學或個別化學習的好方法。

陸、動態評量的發展

藉由動態評量，評量的改革，評量調整的原則主要可以有以下的做法，分別是：不變、調整、改變、替代以及全方位設計，其中的不變所強調的是接受與一般普通學生完全一樣的評量條件；調整（accommodations）在於調整評量場所、時間、設備以及試題呈現與反

應方式，但不改變試題難度、內容以及通過標準，評量的信、效度不改變；改變（modifications）則是改變評量的內容或評量的工具。替代評量（alternative assessment）則是以不同的評量內容與工具來實施；全方位設計評量（universally designed assessment）則是選擇最適合、最少限制的方式接受評量。

　　傳統的紙筆評量是我們所熟悉與慣用的，對我們而言，也是最為省事簡單的；但如此的評量結果，雖謂公平，但很難看出學生的盲點與自己教學上需補強之處，因此愈來愈多的評量方式應運而生。在這種評量多元化的背景下，動態評量是我們值得去學習與運用的，雖然動態評量需要較多的專業知識培養，且須花費許多時間在評量準備與實施上，但動態評量的結果能提供更多的訊息，讓我們在教學的思考與方式上，作為改進的依據，更重要的是能在教學過程中，隨時針對學生的不懂之處，加以解惑與引導，不必在學習結束後，才發現學生在某一個點上的疑惑，導致學生後來的學習困難。讓每個孩子發揮學生最大的潛能，是教師應盡的義務，也是一種使命。雖然教師的社會地位已漸低落，且教改的步調，增加了教師許多的負擔和困擾，但既然選擇教師這條路，就應該盡自己最大的努力去做好教學的工作。

┌ 自我評量 ┐

01. 相對於傳統評量，請簡述動態評量的涵義。
02. 請說明學習潛能評量模式的評量目的。
03. 請說明漸進提示評量模式的優點及評量重點。
04. 請說明數位化動態評量的優點。

第十五章　數位閱讀評量

　　「閱讀素養」隨著世界潮流的趨勢，已經成為重要的教育推動重點之一，閱讀是教育的靈魂，學生學習一切知識的基礎都從閱讀開始，目前教師也都將培養「閱讀素養」當成是教學的重點之一。閱讀是一個複雜的認知歷程，須介入許多認知歷程中高度複雜的能力，它是讀者與文章間交互建構意義的過程，閱讀理解是讀者在閱讀過文章後，對於文章內容及字句意義的正確了解程度。目前閱讀在臺灣是相當重要的學習活動，而閱讀評量則是為了了解閱讀是否有所成效的重要策略。至於數位閱讀評量則是探討在數位學習時代中，數位閱讀中的評量策略與方法。以下將先依閱讀的成分談到閱讀評量，再繼續談到數位閱讀評量的發展及其影響的相關因素。

壹、閱讀的成分

　　影響閱讀教學中有五個重要的因素，分別是：(1)音韻覺識；(2)拼音；(3)流暢性；(4)字彙與(5)閱讀理解等（National Reading Panel, 2000）。其中前三個因素（音韻覺識、拼音以及流暢性）在基本閱讀的解碼工作中是相當必要的，這三個因素可以讓讀者辨識字詞與拼音的正確及流暢性，最終的目的還是要讓讀者了解所閱讀的內容是什麼？因此後兩個因素（字彙與閱讀理解）則是使讀者可以建構出字詞的意義。因此一個成功的閱讀因素可以具體表徵，如圖15-1所示。

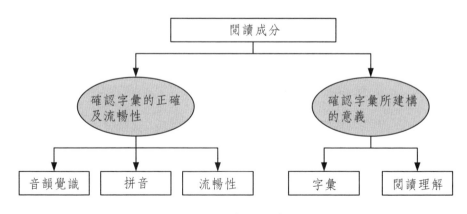

圖15-1　閱讀主要成分

　　由圖15-2　語文相關能力架構圖中可以得知，洪儷瑜、王瓊珠、陳長益（2005）提出語言的評量可包括口語、閱讀以及書寫等三大部分。而口語則包括表達以及聽覺理解，閱讀則包括閱讀理解以及識字，至於書寫則包括寫字與寫作等。以下將綜合上述兩種說明後，依閱讀理解（comprehension）、字彙（vocabulary）、流暢度（fluency）、拼音（phonics）、音韻覺識（phonological awareness）等五個部分加以說明：

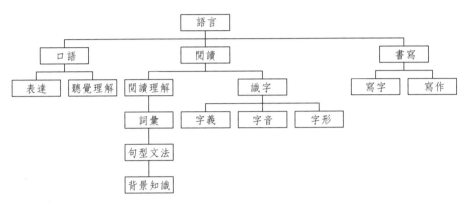

圖15-2　語文相關能力架構圖

資料來源：洪儷瑜、王瓊珠、陳長益（2005）。《突破學習困難：評量與因應之探討》（p. 7）。臺北：心理。

一、音韻覺識

　　音韻覺識（phonological awareness）涉及到學習者必須要了解在說話的過程中，可以將語言分解成更小的單位，句（sentence）中的字（word）、字（word）中的音節（syllables）、音節（syllables）中的音素（phonemes）。音韻覺識是一個廣泛的概念，包括口語技能中的押韻（rhyming）、頭韻（alliteration）、音節（syllables）的結合與分割、起始音—韻腳（onset-rime）的結合與分割以及音素（phonemes）的結合與分割。音韻覺識的教學中，必須提供學習者了解在字與音素之間關係的基本技能。有效音韻覺識的教學必須要包括：(1)字的覺識；(2)音節的覺識；

(3)音節中的覺識；(4)音素的覺識。

　　評量音韻覺識的工具則包括：(1)蕭淳元（1995）：音韻組合、音韻分割、音韻能力；(2)陳淑麗、曾世杰（1999）：聲韻分割、聲韻結合、聲韻覺識、聲韻轉錄；(3)曾世杰（1999）：韻母分類、聲母分類、聲韻母處理、聲韻轉錄；(4)李俊仁（1999）：去音首（國字、非國字）、拼音（國字、非國字）等。

二、拼音

　　拼音（phonics）在閱讀中主要是探討字母（letters）和它發音（sounds）之間的關係。拼音的教學包括教師教導學生如何讓學生在不熟悉的字彙文本中來了解字母（letters）與音（sounds，音素）之間的解碼。包括教導學生在字母與發音之間基本的對應，如何將音素結合在一起來產生字的發音，並且在閱讀文本中利用這些音素解碼的技能。有效拼音的教學包括：(1)字母的辨別；(2)字母發展的對應；(3)音節模式；(4)字的分析；(5)拼寫的模式／規則；(6)語素的模式。

　　評量拼音的工具則以黃秀霜（2003）——國小注音符號能力診斷測驗最為常見。

三、流暢性

　　流暢性（fluence）的能力包括快速（quickly）閱讀文本、正確（accurately）以及適當的表達（proper expression）。流暢性的發展可以藉由重複閱讀的練習中獲得成長。學生的流暢性由學生藉由看到字彙的視線中，解碼不熟悉的字，並且快速地建構它的意義。重要的是教師在教學中必須要了解的是，學生由視線中看到的字並不只是當老師直接教字過程中的少許規則而已，更重要的是需要學生重複閱讀正確的文本後所形成的結果。

　　基本上在有效的流暢性教學中，為了讓學習者變成流暢的閱讀者，首先必須是正確的閱讀者，所以在教學中必須要依賴以下的原則：(1)加強音素覺知和拼音；(2)增加許多的機會去聽流暢閱讀；(3)增加許多的機會練習

閱讀適當難度水準的文本。

　　評量流暢性的工具則包括：(1)Woodcock Reading Mastery Test；(2)Gray Oral Reading Test（GORT）；(3)Basic Reading Inventory；(4)Test of Word Reading Efficiency（TOWRE）；(5)洪儷瑜、王瓊珠、張郁雯、陳秀芬（2007）——常見字流暢性測驗等。

四、字彙

　　字彙（vocabulary）所代表的是字的讀音以及意義（形、音、義）。字彙的知識通常被分成兩種類別，分別是口語字彙（oral vocabulary），包括聽和說；而另外則是列印的字彙（print vocabulary），包括閱讀和書寫。字彙教學的主要目的是希望增加學習者口語的能力以及發展廣泛的閱讀與書寫能力。爲了提高學習者閱讀理解的能力，在詞彙的教學中希望可以在閱讀的文本中，幫助學生學習並了解更多字彙的能力，亦即提高學習者的識字量。綜上所述，詞彙教學應該包括下列四項：(1)聽力詞彙〔listening（receptive）vocabulary〕，學習者感受到的詞彙；(2)口語詞彙〔speaking（expressive）vocabulary〕，學習者表達出來的詞彙；(3)閱讀詞彙（reading vocabulary）以及(4)書寫詞彙（writing vocabulary）等。

　　詞彙教學應該要提供學生了解所使用字彙（word）的意義。這能讓學習者理解所讀以及溝通上的有效性。有效詞彙教學計畫中需要包括直接與間接的方法，例如：在直接的方式中，學習者可以在聽完有聲書、錄音帶、教師朗讀或獨立閱讀之後，由同儕之間的討論中了解詞彙的意義以及內容。而直接的方法則是包括教學具體的字和如何學習字彙的教學策略。

　　有效的詞彙教學策略包括：(1)教學者朗讀活動；(2)探討和研究字的意義等。

　　評量字彙的工具則包括：(1)黃秀霜（2001）——中文年級認字量表；(2)洪儷瑜（2003）——基本讀寫字綜合測驗—分測驗（看字讀音造詞）；(3)洪儷瑜、王瓊珠、張郁雯、陳秀芬（2007）——識字量估計測驗；(4)何淑嫻等人（Ho, Chan, Tsang, & Lee, 2000）——香港特定學習困難讀寫測驗（Hong Kong Test of Specific Learning Disabilities in Reading and Writing,

HKT-SpLD）－中文詞彙閱讀測驗（Chinese Word Reading Test）；(5)陸莉（1998）——修訂畢保德圖畫詞彙測驗；(6)黃瑞珍（2011）——華語兒童理解與表達詞彙測驗（第二版）（REVT）（Receptive and Expressive Vocabulary Test）；(7)表肇凱（2005）——高雄市教育優先區國小學生中文錯字分析之研究－以紅毛港海汕國小為例——中山大學碩士論文；(8)吳淑娟（2001）——國小閱讀理解困難學童之詞彙能力分析研究－臺灣師範大學碩士論文；(9)方金雅（1996）——國小學生一般字彙知識、認字能力與國語文學業成就之相關研究－高雄師範大學碩士論文；(10)方金雅（2001）——多向度詞彙評量與教學之研究－高雄師範大學博士論文；(11)陳新豐（2012）——線上電腦化識字量表。

五、閱讀理解

閱讀理解（comprehension）是代表從文章獲取其意涵的能力。閱讀理解的發生主要是由於讀者與文本之間的交互作用。閱讀之前（before reading），讀者的特徵，包括識字能力（word reading ability）與字彙（vocabulary）會直接影響到學生理解能力的水準。閱讀期間（during reading），學生依賴個人的認知和語言處理的能力，在理解策略中以知識與技能來建構意義。閱讀之後（after reading）學生運用其他的策略和延伸的技能，去建構對於文本的了解（understand）（圖15-3）。

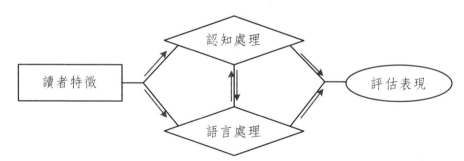

圖15-3　學生閱讀理解的過程

資料來源：Florida Center for Reading Research, FCRR (2011). *2011-2012 PMRN User's Guides*. Tallahassee, FL: Author.

　　評量閱讀理解的工具，國內則包括：(1)柯華葳（1999）閱讀理解困難篩選測驗；(2)林寶貴、錡寶香（2000）中文閱讀理解測驗；(3)王木榮（2006）國小學童中文閱讀理解測驗；(4)柯華葳、陳美芳（2000）語文理解能力測驗；(5)周台傑（1998）閱讀理解測驗。

貳、數位閱讀素養

　　數位時代的閱讀素養，並不單只是從靜態的書面資料獲得知識，廣義來說數位閱讀素養是指更廣義的心智模式和能力建立，並且強調在網路科技變化中的學習能力（Coiro & Dobler, 2007）。近年來，科學語言數位學習已漸漸發展成形，網路科技的教學使用也提升了教學效率，傳統教育的不足之處更因此而得以改進。而M-learning的學習方式使得老師與學生可以透過網路的技術，不論在任何時間、任何地點都可以傳授知識、學習知識，並且在認知科學、社會語言學、文化人類學、資訊科學等領域，都可以明顯地覺察到新的閱讀素養模式已然成形。

　　目前評量閱讀素養的國際大型調查資料庫主要有PIRLS以及PISA，其中PIRLS以了解閱讀理解的過程、閱讀目的、閱讀行為和態度，並測出四個閱讀歷程，包括提取訊息、推論訊息、詮釋整合以及比較評估等（Mullis, Kennedy, Martin, & Sainsbury, 2004）。而PISA（OECD, 2006）在閱讀素養的評量策略中，包括擷取資訊、形成廣泛的共識、發展詮釋、反思與評鑑文本的脈絡以及反思與評鑑文本的形式等五個歷程，如圖15-4所示。

　　由圖15-4 PISA閱讀素養的五個歷程可知，其將閱讀素養分為兩個部分，分別為探討主要的資訊來自於文本的閱讀素養以及學習者運用外部知識來源以建構而成的閱讀素養。

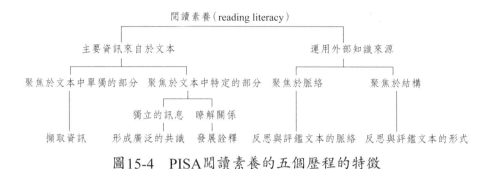

圖15-4　PISA閱讀素養的五個歷程的特徵

資料來源：OECD (2006). *Assessing scientific, reading and mathematical literacy* (p. 50). Paris: Author.

　　數位閱讀中，讀者主要的閱讀材料包括電子繪本、網路資料（包括文字、影片、聲音以及圖片、電子書、網頁資料等），當然其中除了文字內容之外，多媒體的數位閱讀內容則是與一般書本印刷的讀本有各異其趣的地方（Cheung & Sit, 2008）。

　　綜合言之，數位閱讀的媒體特性可以包括媒體的多樣性（整合文字、聲音、影像以及動畫等），另外在媒體使用的彈性中，可以將媒體內容加以轉換以及重組：在互動性方面，可以分為低互動以及高互動的數位閱讀內容：至於在操作介面方面，可以具低認知負荷以及複雜操作界面：在數位閱讀的載具部分，則可以有不同的載具內容：在使用的空間性方面，則是具有多重空間性（超連結、不同的資訊材料）：在容量性方面，若是結合雲端服務幾乎是沒有限制性的容量空間：在連結性方面，可以分為離線以及連線等方式。

　　數位閱讀中，所採用的閱讀工具可以利用離線式的電子閱讀器或者是網路連線式的線上閱讀。而數位閱讀內容的載具自從2010年iPad出現之後，產生了相當大的改變。目前主要的數位閱讀載具則包括電腦、平板電腦、手機等，而由於目前平板電腦、手機的蓬勃發展，造成了數位閱讀行動載具日漸普及。

　　數位閱讀需要的能力包括個人的動作控制、感官以及個人的認知、學習風格或者是認知負荷、學習調整、後設認知等，都影響到數位閱讀的能力。而數位閱讀可以增加閱讀的趣味性，尤其若是在閱讀文本中包括數位

媒體，則可以讓讀者有多感官的閱讀機會，因此也會造成讀者對於閱讀的動機以及提高閱讀的興趣。在閱讀的控制權上，可以提高線性及非線性的主控權。在數位閱讀的阻力中，包括讀者本身的認知負荷、因為過於自由沒有界限的連結而造成閱讀上的迷失（Leu, 2007），因此對於閱讀文本中內容結構與認知整合上產生困難，容易分散注意力，而往往會忽略了內容中的細節。

　　閱讀理解與數位閱讀其內涵是有所差異的，表15-1主要是Schmar-Dobler（2003）的研究論文中，指出書本與非網路的閱讀策略之比較一覽表。由表中可以得知，雖然網路中的數位閱讀與書本上的閱讀策略在先備知識、決定重要概念、綜合、推論所需的策略大致相同，但是在所面對的問題、監控以及修改理解內涵、瀏覽等方面，則與書本所需的閱讀策略是不同的。數位閱讀必須要以書本的閱讀文本策略為基礎，並需要再進一步了解網路或數位閱讀環境上的特徵，而瀏覽策略在數位閱讀中是重要的閱讀策略之一。

表15-1　網路與非網路閱讀策略之比較

閱讀策略	書　本	網　路
問題	問題的給予是刺激讀者繼續閱讀	讀者的心中必須了解問題的指引，否則會迷失或偏離議題
活化先備知識	讀者回憶與主題相關的經驗或資訊	與書本的閱讀策略相似
監控及修改理解	讀者依賴閱讀目的，調整閱讀速度	在大量資訊中，略讀與瀏覽的閱讀是重要的
決定重要概念	讀者分析文本以決定哪部分對於發展文本的理解是重要的	與書本的閱讀策略相似
綜合	讀者從不重要的細節過濾重要的資訊，以決定主題的核心	與書本的閱讀策略相似
推論	讀者在閱讀時可利用背景知識來填補知識的空白	與書本的閱讀策略相似
瀏覽	讀者使用文本的特徵來搜尋資料（例如：標題、詞彙等）	讀者理解網路特徵以搜尋資料（例如：動畫圖片、下載資料等）

資料來源：Schmar-Dobler, E. (2003). Reading on the Internet: The link between literacy and technology. *Journal of Adolescent & Adult Literacy, 47*(1), 80-85.

　　Leu（2007）提出五個歷程來比較閱讀理解以及線上數位閱讀理解之差異，由表15-2的比較中可以得知，文本的閱讀理解與線上數位閱讀理解最大的差異，在於數位閱讀理解往往需要與他人資訊交流和溝通。

表15-2　閱讀理解與線上數位閱讀理解之比較一覽表

歷　　程	閱讀理解	線上數位閱讀理解
確認重要問題	無需確認	開始於一個重要問題
找尋資訊	從文本中找尋	學生需擁有選擇關鍵字的能力，並利用搜尋引擎等方式來找尋
分析資訊	從文本中的資訊來分析問題	從搜尋結果中分析資訊是否為所需的資源
綜合資訊	從文本中資訊加上先備知識，來確認所回答的問題	將每一個搜尋結果合併在一起，產生一個正確的觀念
資訊溝通	無	為中心的議題，與他人資訊交流與溝通

資料來源：Leu (2007). *Expanding the reading literacy framework of PISA 2009 to include online reading comprehension.* A working paper commissioned by the PISA 2009 Reading Expert Group. Princeton, NJ: Educational Testing Services.

　　許多實徵的研究支持線上的數位閱讀與文本的閱讀理解是有所差異的，Coiro與Dobler（2007）的研究中發現，高精熟閱讀的六年級學童，在限制尋找及評鑑的資訊方面，發現線上數位閱讀理解與非線上閱讀理解部分相似，但因為線上數位閱讀理解較為複雜，所以其中含有許多重要的差異性。Coiro（2007）發現非線上數位閱讀理解和先備知識在預測線上數位閱讀理解提供一個顯著的變異，而這個變異與在線上數位閱讀理解所需的新技巧是一致的。

　　因此，數位閱讀與文本的靜態閱讀是有顯著上的差異，所以發展線上的數位閱讀素養測驗有其必要性。而在大量的數位閱讀資訊中，學童如何在資訊的洪流中找尋與目標一致的重要訊息、搜尋的高層次認知能力的培養下，才能在數位閱讀中有效地閱讀，並有能力將所閱讀的資訊融會貫通

內化成自己的知識。因此，數位閱讀素養即是一種在數位資訊中尋找、確認重要的資訊，並綜合相關訊息的素養。

參、數位閱讀素養的重要性

數位閱讀素養在目前的數位學習環境中，扮演著相當重要的角色，針對上述對於數位閱讀素養的說明之後，接下來要說明的是數位閱讀素養的重要性，說明如下：

一、閱讀素養及數位閱讀的重要性

科技、網路應用於教學是目前的熱門趨勢與潮流，數位閱讀已經成爲目前年輕學子相當重要獲取資訊的來源。數位閱讀評量（electric reading assessment, ERA）是PISA於2015年針對15歲國三學生調查的主要方式，也正說明了數位閱讀是目前不可阻擋的閱讀方式之一，IEA也於2016年針對小四學生實施線上閱讀（online reading）的ePIRLS，因此探討數位閱讀中的閱讀素養是刻不容緩的一件事。

閱讀是讀者在所接收的訊息中，加以認知理解以及統整思考的歷程。一般而言，閱讀是指以既有的知識爲基礎，從所閱讀的文本中來擷取相關的訊息，並進而統合建構出意義的過程，其中的閱讀內容則包括文字符號、圖片、表格、圖示、標示說明、動畫等。Love（2009）認爲語言素養是在教師的學科教學知識中重要的關鍵因素，教師如何運用數位閱讀中的語言素養來培養國小學童的閱讀素養，亦是重視的焦點之一。

何謂「閱讀素養」呢？所謂的「閱讀素養」就是一種建構與互動的過程，閱讀素養進一步的涵義即是指學生能夠理解並運用書寫語言的能力，所以閱讀素養是指讀者具有將各式各樣的文本，從中建構出意義並且從中學習、參與學校以及生活中的閱讀社群，由此可以得知閱讀素養在學習中扮演著相當重要的角色（Mullis, Kennedy, Martin, & Sainsbury, 2004）。

數位學習在目前的教育環境中已相當地成熟，網際網路的教學提升了教學效率，並且改善及補足傳統教育的不足。M-learning的學習方式更進

一步地使老師與學生可以透過網路，不論在任何時間、任何地點都可以傳授知識以及學習知識，因此網際網路中的數位學習已經與目前的教育環境密不可分了。

　　數位閱讀與個人的認知、學習風格或者是認知負荷、自我調整學習、後設認知等都息息相關，並且數位閱讀可以增加閱讀的趣味性，尤其若是在閱讀文本中包括數位媒體，則可以讓讀者有多感官的閱讀機會，所以數位閱讀素養在數位學習的環境中有其相當重要的地位，但對於數位閱讀，並非都只具有羅曼蒂克的想法而已，在數位閱讀中必須面對的問題包括：(1)讀者本身的認知負荷；(2)因為過於自由沒有界限的連結而造成閱讀上的迷失；(3)內容結構與認知整合上產生困難；(4)數位閱讀容易讓讀者分散注意力；(5)數位閱讀時，讀者往往會忽略內容中的細節等，而這也是本文所欲探討的議題。

二、自我調整學習策略的重要性

　　好奇心是人類生活中重要的成分，而好奇心更是學習中不可或缺的動力。國小學童的好奇心充分運用在學習中，即是面對情境監控調整學習的能力，這就是自我調整學習（self-regulated learning, SRL）。

　　數位閱讀的發展迅速，閱讀的媒材也包含多種材料，包含電子繪本、網路資料包括文字、影片、聲音以及圖片、電子書、網頁資料等，同時在使用的過程，需要將媒體內容加以轉換以及重組，在互動性方面又分為低互動以及高互動的數位閱讀內容。因此，學習過程中，讀者的自我調整策略就顯得相當重要。

　　SRL策略是一種調整個人認知與動機以提升學習效能的能力，而此能力包括三個方面分別是：(1)監控個人學習的活動；(2)評估個人學習的效能；(3)形成決策以調整個人的學習效能（Schraw, 2010; Schraw, Crippen, & Hartley, 2006）。

　　學習者對於自我知識的覺察只是學習的一部分而已，必須具備對於自我調整學習策略的閱讀歷程（Collins, 1994）。目前在雲端服務的資訊時代下，是以資訊處理並加上網路環境來作為教學的資源。學生若具有

自我調整學習的策略，對於學習的需求以及成效有很大的影響（Howard, McGee, Shia, & Hong, 2001）。

　　自我調整學習策略是因個體行為觀察或經驗外在結果而加以調整，調整的過程主要是因為人類擁有自我引導的能力，透過自我引導的能力對個人本身的思想、情感和行動產生控制引導的作用。

　　自我調整學習包括個體、外顯行為與外在環境等三個要素之間，相互回饋的動態調整過程。自我調整學習是從後設認知、動機、目標設定、意志控制、行為調整以及情感反應等層面加以定義，整理並歸納成依學習的內容評估後，主動運用策略、自我意志控制，對自己的學習行為加以監控並以省思後解決問題，達成學習所要求的目標（Ackerman & Goldsmith, 2011; Bannert, 2004; Efklides & Vlachopoulos, 2012; Mokhtari & Reichard, 2002）。

　　數位閱讀中包含連結、搜尋以及多元文本之間的關聯，這會需要更多的自我調整學習策略。線上數位閱讀自我調整學習策略是評量數位環境下的閱讀數位文本理解時，所採取的相關策略。

三、認知負荷與數位閱讀

　　過量的認知負荷造成數位閱讀的阻力（Azevedo, Moos, Johnson, & Chauncey, 2010; Greene & Azevedo, 2010），如何在數位閱讀中減少認知負荷，可以讓國小學童快快樂樂的閱讀是教育研究中重要的議題之一。

　　Moreno 及Mayer（2007）提出步調原則來降低認知負荷，在數位閱讀中，所閱讀的材料能透過依速度和順序傳送資訊單元的控制方式，可適當地平衡工作記憶中的資訊處理容量和速度，並且減輕暫時性的分散注意。

　　此外，可以依據學習者的專門知識，調節資訊傳送的速度及資訊量，對先備知識較不足的學習者，除需要一步步慢慢的進行資訊傳遞外，也可將資訊分割成較小的單元，以利學習者進行學習（陳新豐，2016）。

四、學習動機策略與數位閱讀

　　學習動機與國小學童，其學習行為與學習表現有著密切的關係，若要

能夠有效地提升學童的學習動機，所牽涉的面向及相關因素相當多（劉政宏、張景媛、許鼎延、張瓊文，2005）。

數位閱讀的環境中，學習模式與傳統書面的閱讀方式有所不同，學習行為不同，學習動機當然會有所不同，探討在數位閱讀中國小學童的學習動機策略亦是在數位閱讀中重要的一環。

藉由閱讀來學習的階段中（reading to learn），全方位的學習環境（universal design for learning）是具有多元表徵（multiple representations）、多元表達（multiple expressions）以及多元參與（multiple engagements）的環境（CAST, 2013），而大量的訊息並不代表學習就能接受、消化，要考慮的是學生的需求及策略在哪裡？要依照學生的個別需求來提供適當的訊息，而且這個訊息對於學習者來說應該既是一種挑戰又是對於學習的一種支持。

五、自我調整教學策略與數位閱讀

教師在教學變革之中永遠是扮演著關鍵的角色，而專業發展社群就是No "Teacher" Left Behind的一個必要的策略。教師可以由教師專業發展社群中進行自我調整學習策略教學的探討，藉由社群的建立來發展適切的教學模式，以教師的專業發展與教師教學共創雙贏。

教學的主體是學生以及教師，在教育改革的潮流中，教育決定權責應該要下放至學校及課室中的班級教師、學生，決定教育的內容以及實施策略是要以在教育現場中的學生及老師來決定。教師由教師專業發展社群發展國小高年級學習數位閱讀素養自我調整學習策略，利用數位閱讀教學，探討數位閱讀自我調整教學模式之教學成效。

肆、數位閱讀評量

數位閱讀評量（electronic reading assessment, ERA）與閱讀素養評量都是使用擷取資訊、統整與解釋資料、反思與評鑑等主要的概念，主要的差異在於數位閱讀評量的數位文本是邊界模糊的動態文本，而且必須使用

瀏覽工具來確認重要問題、尋找資訊、多元文本（multiple texts）中整合資訊。

　　數位文本除了連續與非連續文本之外，尚有綜合文本（mixed texts）、多元文本。其中的綜合文本包括連續與非連續文本，而多元文本則需跨網頁閱讀，包括單純的連續與非連續文本、綜合文本等。至於閱讀素養與數位閱讀評量的評量架構之差異關係，如圖15-5所示。

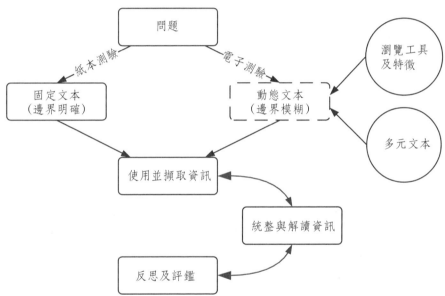

圖15-5　PISA閱讀素養與數位閱讀評量架構之差異關係圖

資料來源：Cheung & Sit (2008). Electronic reading assessment: The PISA approach for the international comparison of reading comprehension. *Journal of Educational Research and Development, 4*(4), 19-40.

　　由圖中可以得知閱讀素養與數位閱讀評量主要的不同之處，在於文本形式。閱讀素養紙本測驗為邊界明確的固定文本，而數位閱讀評量則為邊界模糊的動態文本，並且數位化的數位閱讀評量需要瀏覽工具以及數位文本包括多元文本的內涵。因此，數位閱讀素養測驗中的數位化文本應該要包括多元的文本以及具備瀏覽功能的系統界面。

伍、數位學習策略調整

　　學習者對於自我知識的覺察只是學習的一部分而已，必須具備對於自我調整學習策略的閱讀歷程（Collins, 1994）。目前在雲端服務的資訊時代下，是以資訊處理並加上網路環境來作為教學的資源，學生若具有學習自我調整的策略，對於學習的需求以及成效有很大的影響（Howard, McGee, Shia, & Hong, 2001）。

　　Bandura（1986）首先提出學習自我調整的觀念，主張個體的行為會因自己觀察到或經驗外在結果而加以調整，而這調整的過程主要是因為人類擁有自我引導的能力，透過自我引導的能力對個人本身的思想、情感和行動產生控制引導的作用。

　　國內外學者關於學習的自我調整有許多不同的見解，其中劉佩雲（1998）認為學習的自我調整是在學習過程中，透過後設認知、後設動機與後設情感的互動，並以行動控制策略防止干擾，維持並達成目標的歷程。陳玫伶（2001）認為學習的自我調整是個體將其內在心理能力轉換成為外在行為技巧的調整歷程。而此歷程是由於個體因應不同需求，經自我評估、考量內外在因素後，設定目標並調整行為的過程，因此學習的自我調整包括個體、外顯行為與外在環境等三個要素之間相互回饋的動態調整過程。Pintrich與De Groot（1990）歸納學習自我調整有四個基本假定，分別為：第一為主動建構、第二為控制可能、第三為目標設定、第四則為自我調整。林文正（2002）認為自我調整學習是一種後設認知的能力，包括執行目標前的計畫、意志控制以及對目標結果的監控省思。綜合以上的論點，關於學習的自我調整主要從後設認知、動機、目標設定、意志控制、行為調整以及情感反應等層面。

　　綜上所述，學習自我調整是依學習的內容評估後主動運用策略、自我意志控制後，對自己的學習行為加以監控並以省思後解決問題，達成學習所要求的目標。

　　數位學習中，關於後設認知自我學習調整的評量內涵中，許多研究學者提出不同的看法，例如：Jacobs與Paris（1987）將後設認知中的學習調

整分成三個部分，依序為計畫、評鑑以及調整。另外，Pintrich與De Groot（1990）編製學習策略量表（motivated strategies for learning questionnaire, MSLQ），其量表中將認知調整分成兩個部分，分別是認知策略的使用，包括複述策略、精緻化策略以及組織策略。另外一個部分則為自我調整的策略使用，包括後設認知策略（計畫、理解監控）以及努力管理（當困難或無趣作業時的堅持）。Schraw與Dennison（1994）編製後設認知覺察量表（metacognitive awareness inventory, MAI）中，將後設認知中的學習調整，分成計畫、資訊管理、監控、調整以及評鑑等五個成分，因此對於學習者學習策略調整在學習中有其重要性。

至於在後設認知中學習調整的評量方式，則主要有利用放聲思考、訪談、核對清單、教師評定、自陳量表等不同策略（Sperling, Howard, Miller, & Murphy, 2002）。其中Jacobs與Paris（1987）在編製的IRA（index of reading awareness）中，利用學生反應後的後設認知的實徵資料來建立評分規準，以3選1的選擇題方式來呈現，其中0分表示不適當的反應或否認問題，1分表示對於文本外在特徵解碼或不明確的情感或認知反應，2分則為使用策略的反應，例如：對於閱讀目標的計畫或策略的評鑑，因此，對於學習者學習策略調整在評量的相關文獻中，也有多樣的評量策略可供選擇以及調整運用。

陸、數位閱讀協助策略

數位閱讀中有許多的阻力，例如：國小學童往往在數位閱讀中不注意、迷失焦點以及認知負荷等，因此認知負荷在數位閱讀中是一個相當重要的因素，如何在數位閱讀中減少認知負荷，讓國小學童快快樂樂且有效率的閱讀是必須的。

在國小三年級之後的學童，閱讀理解的學習由學習閱讀（learn to read）轉變為藉由閱讀來學習（reading to learn）的階段，而此時正是需要有全方位的學習環境（universal design for learning），在全方位的學習環境中，是具有多元表徵（multiple representations）、多元表達（multiple expressions）以及多元參與（multiple engagements）的環境，但是大量的訊息並不代表學習就能接受、消化，進一步需要考慮的是學生的需求在哪裡？要依照學生的個別需求來提供適當的訊息，而且這個訊息對於學習者來說，應該既是一種挑戰又是對於學習的一種支持。

數位閱讀的協助策略可以分為三種，分別是：(1)可及性的輔助策略；(2)外在認知的支持策略；以及(3)理解組織的協助策略。在可及性的輔助策略中，主要是協助學生克服文字辨識的問題，而又可分為視知覺歷程的協助以及識字等兩個部分。在視知覺歷程的協助方面是要克服學生注意力和視知覺辨識上的困難，有些學生在識字能力上沒有問題，但在注意力或者視知覺的辨識上有缺陷，因此可以加入減少文字呈現的量、調整文字屬性以及文章排版上面的設計。另外識字的協助上，可以讓學生跨過由「字形」來提取字義的困難，即直接由其他表徵方式來提取詞彙上的困難，例如：增加語音（真人語音和合成語音）或者圖形的輔助。

雖然可及性輔助策略可以改善認字識字上困難的問題，但無法處理讀者缺乏詞彙知識的困難，因此由下而上的閱讀策略中的外在認知支持可以提供，例如：提供關鍵詞的說明（字典、網路上的詞語），或者利用圖片以及影片進行概念多元表徵的說明。在由上而下的外在認知支持，則包括由文章大意、背景知識和視覺化的組織圖（concept mapping, mind mapping等）。

在理解組織的協助中，需要讓學生能運用有效閱讀的工具，例如：畫重點、寫摘要、畫視覺化的組織圖（inspiration, textaloud, UReader），歸納數位閱讀的協助策略，如圖15-6所示。

由上述的說明可以得知，數位閱讀中需要許多的策略來降低國小學童在數位閱讀中所產生的阻力，而這也是在學習調整中所需要探討的，尤其是在建立教師數位閱讀的學習調整策略中，教學者需要以這些協助策略來討論並建立有利於國小學童數位閱讀中的學習策略以及教學方法。

數位閱讀應符應目前數位學習中的閱讀環境，需考慮閱讀的重要成分以及影響數位閱讀的相關因素，例如：自我調整學習、閱讀動機、閱讀策略、認知負荷、後設認知等，日後在數位閱讀中需要再加以深入探討。

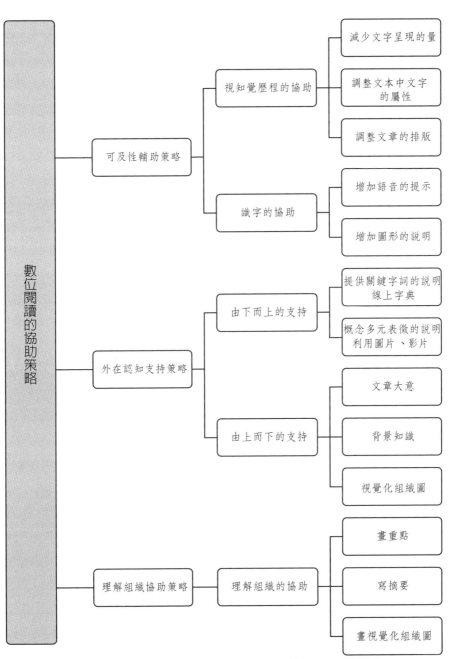

圖15-6　數位閱讀的協助策略

┌ 自我評量 ┐

01.請說明影響閱讀教學中的重要因素為何?

02.請說明閱讀流暢性教學的原則。

03.請簡述數位閱讀素養的意涵。

04.請說明數位閱讀必須面對的問題。

05.請比較閱讀素養評量與數位閱讀評量兩者相異之處。

第十六章　素養導向的學習評量

　　教育在全球化的浪潮之下，科技創新與人工智慧改變了生活方式，導致過去的教學已經無法回應孩子面對未來的需要，更難以回應多變的世界，教育目前的趨勢是全球化、本土化與個別化，真正的教育是所有人一起來學習，往往今天懂的，可能明天就無法發揮功能，其中重要的是個人的學習力。也因此，為了培養學生適應現今生活及未來挑戰，所應具備的知識、能力與態度，學校必須在過去的基礎上深化落實，尤其更應該要重視跨科整合的教學，讓學生在真實情境中學習知識、重視應用，並培養正向的價值觀與態度，達到終身學習的目標（教育部，2014）。本章旨在探討素養導向下的學習評量，針對素養導向教學與評量有共同的認識和理解，並且分享、學習彼此對轉化與實踐的具體做法，凝聚更大的力量，達到落實核心素養的教學。以下將依四個部分來加以說明，分別是核心素養的定義與內涵的說明，其次是素養導向的教學設計與實施原則，再進一步說明素養導向的學習評量，最後則是如何實施素養導向的學習評量。

壹、核心素養的內涵

　　核心素養即為一個人為適應現在生活及面對未來挑戰，所應具備的知識、能力（包括技能）與態度（教育部，2014）。核心素養強調學習不宜以學科知識及技能為限，而應關注如何結合學習與生活，經由實踐力行而彰顯學習者的全人發展。以下依核心素養的定義、核心素養與基本能力的關係以及說明核心素養作為課綱連貫與統整發展的脈絡等三部分來加以說明。

一、核心素養的定義

　　十二年國民基本教育課程綱要的基本理念，主要包括自發、互動與共好等三大部分，其中的自發是讓學習者有意願與有動力，互動則是學習有方法、有知識，至於共好則是有善念，能活用所學。核心素養強調培養以人為本的「終身學習者」，並與「自發、互動、共好」的基本理念相連結，提出「自主行動」、「溝通互動」及「社會參與」等三大面向，三大

面向再細分為九大項目包括「身心素質與自我精進」、「系統思考與解決問題」、「規劃執行與創新應變」、「符號運用與溝通表達」、「科技資訊與媒體素養」、「藝術涵養與美感素養」、「道德實踐與公民意識」、「人際關係與團隊合作」、「多元文化與國際理解」等（國家教育研究院，2014；教育部，2014）。

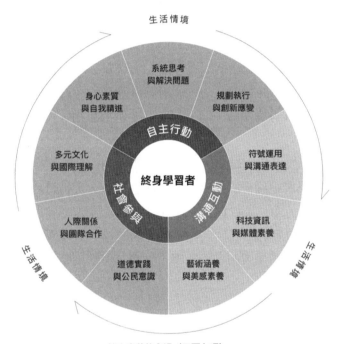

核心素養的內涵（三面九項）

資料來源：洪詠善（2018）。素養導向教學的界定、轉化與實踐。《課程協作與實踐第二輯》（ISBN：978-986-05-5329-1）（p. 60）。臺北市：教育部中小學師資課程教學與評量協作中心。

(一)核心素養釋義

　　核心素養如前所述是表示一個人為適應現在生活及面對未來挑戰，所應具備的知識、能力（包括技能）與態度。因此，核心素養所應關心的是在學生的學習中不宜只關注於學科知識及技能，必須關注學生學習結合生活的環境因素，藉由學生的實踐力行而彰顯出學習者的全人發展。

核心素養為十二年國民基本教育課程綱要的主軸，核心素養有助於國小、國中及高級中等學校課程連貫發展以及各領域與科目之間統整歷程，主要的意涵包括以下幾個部分（洪詠善、2018；蔡清田、陳延興，2011）：

1.核心素養為基本且共同：核心即代表基本且共同的元素。

2.兼具知識、能力與態度：核心素養強調教育的價值與功能，是經由學習而獲得的知識、能力與態度。

3.強調教育的價值與功能：核心素養強調發揮教育應具備的價值與功能。

4.包括認知、技能與情意：核心素養所強調的教育價值與功能，必須是學生學習中所獲得的知識、能力和態度，包括認知、技能、情意的教育目標。

5.重視教育的過程與結果：核心素養所強調的教育價值與功能，除了必須是學生在學習中獲得的知識、能力和態度外，更須符合認知、技能、情意的教育目標，並且要更加重視教育的過程與結果。

6.彰顯出學習者的主體性：核心素養的表述可彰顯學習者的主體性，不以「學科知識」為學習的唯一範疇，強調其與情境結合並在生活中能夠實踐力行的特質。

7.核心素養強調終身學習：核心素養強調「終身學習」的意涵，注重學習歷程、方法及策略。

由上述核心素養的意涵可以得知，核心素養與生活情境相結合，終極目的在於讓學習者培養終身學習者的學習目標。因此十二年國民基本教育課程綱要即是以核心素養為主軸，裨益各教育階段之間的連貫以及各領域與科目之間的統整。

(二)核心素養的學習意象

核心素養的學習意象中乃是期許學生能夠依三面九項所欲培養的素養，以解決生活情境中所面臨的問題，並能因應生活情境之快速變遷而與時俱進，成為一位終身學習者，其意象主要包括以下幾項特點（洪詠善，2018）：

　　1.不斷累積：核心素養的培養是學習者在學習過程中，不斷累積的過程。

　　2.多樣學習：核心素養的學習係整合式（holistic）、動態式（dynamic）、有機式（organic）的概念。

　　3.相互連結：核心素養雖然有不同的面向，但彼此之間是具相互連結的關係。

　　4.交互運用：核心素養除了表徵出不同的面向外，各面向彼此之間是具交互運用的關係。

　　5.生活情境：核心素養外圍的生活情境乃是強調素養是透過生活情境加以涵育，整合活用於生活情境。

　　所以核心素養的學習意象是學生在學習過程中的不斷累積，學習式樣包括整合、動態與有機概念的結合，不同表徵的面向需要加以連結且互相影響，當然最終的目標是學習者需透過生活情境來加以涵育，整合運用於生活情境中的終身學習者。

二、核心素養與基本能力的關係

　　核心素養是一種能夠成功地回應個人或社會的生活需求，包括使用知識、認知與技能的能力以及態度、情意、價值與動機等。因此，核心素養的內涵涉及一個成功的生活與功能健全社會對人的期望。

　　「核心素養」要比「基本能力」更適用於當今臺灣社會，「核心素養」承續過去課程綱要的「基本能力」、「核心能力」與「學科知識」，但涵蓋更寬廣和豐富的教育內涵。核心素養的表述可彰顯學習者的主體性，不再只以學科知識為學習的唯一範疇，而是關照學習者可整合運用於「生活情境」，強調其在生活中能夠實踐力行的特質。

　　核心素養與基本能力的關係主要可依豐富與落實等兩個層面，來加以說明（洪詠善，2018）。

(一)豐富

　　核心素養承續了基本能力培養重於知識傳授的理念，涵蓋更寬廣與豐富的內涵。核心素養不只重視知識，也重視能力，更強調態度的重要。因

此，素養要比能力的意涵更加寬廣，不但可超越傳統的知識與能力，也可以導正過於重視知識而忽略態度的教育偏失（蔡清田，2011）。

(二)落實

十二年國民基本教育課程綱要從總綱到領綱透過層層轉化與發展，以落實核心素養為課程綱要連貫與統整的主軸。

所以核心素養與基本能力之間的關係，除了延續基本能力的培養外，豐富且落實於十二年國民基本教育課程綱要的連貫與統整，「核心素養」就似「基本能力」的升級進化版，「核心素養」豐富與落實「基本能力」的內涵（何雅芬、張素貞，2018）。

三、核心素養作為課程綱要連貫與統整發展的脈絡

核心素養可以作為課程綱要連貫與統整發展之間的脈絡，主要可以分為總綱核心素養與各領域科目課綱的關係以及各領域與科目核心素養與學習重點的呼應關係等兩個部分來作為說明（洪詠善，2018；范信賢，2016；國家教育研究院，2014）。

(一)總綱核心素養與各領域科目課綱的關係

討論核心素養與各領域科目課綱的關係，將從總綱核心素養的培養原則以及核心素養與各領域科目課程內涵的對應關係等兩個部分來說明。

1. 總綱核心素養的培養原則

總綱核心素養培養須秉持漸進、加深加廣、跨領域與科目等原則，可透過各教育階段的不同領域與科目學習來達成，同時強調學校本位課程發展，結合部定與校訂課程整體規劃與實施。

2. 核心素養與各領域科目課程內涵的對應關係

各教育階段與科目的課程內涵應能呼應所欲培養的核心素養，並透過學習內容、教學方法及學習評量三者的綜合運用，將各領域與科目課程內涵與核心素養的呼應關係具體地展現；但各領域與科目各有其特性而會有其強調的重點，因此，未必需要對應所有的核心素養項目。

(二)各領域與科目「核心素養」和「學習重點」的呼應關係

各領域與科目核心素養是各教育階段核心素養結合各領域與科目理念

和目標後，在各領域與科目內的具體展現，學習重點係由該領域與科目理念、目標與特性發展而來，但各領域與科目學習重點於發展時，需與各領域與科目核心素養進行雙向檢核，透過學習重點與核心素養的來回檢核，更有助於學習重點發展能夠與核心素養呼應。

黃茂在、吳敏而（2019）指出，課程教學設計的共同核心概念需呼應學習者爲實踐主體，並且依照學生的學習進程來加以設計教學活動與建立學習鷹架，逐漸促進深化的學習。

綜上所述，十二年國民基本教育課程綱要以核心素養強化中小學課程之連貫與統整，素養落實則要關注總綱與領綱的核心素養、各領域與科目理念和目標（學科本質）及學習重點；素養的培養要透過素養導向課程與教學之實踐。

貳、素養導向的課程與教學

十二年國民基本教育課程綱要的理念，包括以學生爲學習主體、多元的學習式樣作爲未來發展趨勢的終身學習者，其中素養導向教學設計應掌握：(1)整合知識、能力與態度；(2)情境化、脈絡化的學習；(3)學習歷程、方法與策略；(4)實踐力行的表現等四原則（何雅芬、張素貞，2018），並且採用多元的教學模式，根據領域與科目的性質、學習對象與學習目標得以有機地機動式調整，以創發教學現場的動能。以下將從素養導向的課程發展、教學模式、教學設計與實施原則等說明如下：

一、素養導向的課程發展

十二年國民基本教育課程綱要的課程目標，包括啟發生命的潛能、陶養生活的知能、促進生涯的發展以及涵育公民的責任等。核心素養的課程轉化即是由理念到實際、由抽象到具體、由共同到分殊，環環相扣、層層轉化，各領域／科目之間必須考量本身的理念與想要達成的目標，結合各教育階段的核心素，發展與訂定各領域／科目的核心素養以及學習重點，核心素養與學習重點之間必須要彼此互相呼應，產生雙向互動，必須注意

的是各領域／科目之學習重點包括學習表現與學習內容等兩個向度（范信賢，2016；張素貞，2019）。

十二年國民基本教育課程綱要課程架構中的課程類型，包括領域學習課程的部定課程與彈性學習課程的校訂課程，其中領域學習的部定課程是由國家統一規定，強調確保學生的基本學力，另外彈性學習課程的校訂課程則是由學校安排跨領域、多元的生活化課程，其功能在於形塑學生圖像、學校願景，提供學生適性發展的機會，以下將介紹校訂課程彈性學習課程的內涵與發展等說明如下：

(一)彈性學習課程的內涵

彈性學習課程是展現學生未來樣貌的課程，提供學生適應未來發展的養分，活用知識技能的機會與舞臺，是教育之所以存在的源頭，可以創造學生持續性、主動學習的欣喜和高峰經驗，因此彈性學習課程中的彈性是因地制宜、因校制宜與因學生而有所制宜；學習是理解性、意義性與創生性的學習；課程則是必須合乎《十二年國民基本教育課程綱要總綱》的規範、彰顯意義價值性與具備系統邏輯性等三個主要必須符應的原則（范信賢，2016；張素貞，2019）。

彈性學習校訂課程的發展目標在於滿足學生最大的學習需求，彈性學習課程包括：(1)統整性主題／專題／議題探究課程；(2)社團活動與技藝課程；(3)特殊需求領域課程；(4)其他類課程等四種可能的課程規劃。國中小的彈性學習課程規劃節數第一學習階段2至4節、第二學習階段3至6節、第三學習階段4至7節、第四學習階段3至6節（教育部，2014）。

(二)彈性學習課程的發展

彈性學習課程的發展除了必須要符合新課綱規範、彰顯意義價值性與具備系統邏輯性外，其課程發展處理的首要步驟應該先根據學生圖像、學校願景，提出學校彈性學習課程的整體課程架構的大系統，並且符應學校主題與領域的橫向統整以及學校主題課程與年級的縱向連貫之中系統，再根據符合新課綱規範的整體課程架構、橫向統整與縱向連貫的主題課程，設計具有系統邏輯性結合素養導向的統整性探究課程之小系統。

因此，大系統所必須留意的是各類課程的開設節數內容，至於中系

統則必須注意各年級的縱向連結、主題軸縱向連貫與系統性發展，課程的發展設計應符應塊狀化與集塊化的原則，避免零碎的課程。課程的內涵是學習而不是只有活動，注意課程的系統與意義價值化，思考為何加廣、加深，並且結合各領域相關（跨領域）的課程架構，之後再根據中系統之架構內涵，設計具有系統邏輯性結合素養導向的統整性探究課程（范信賢，2016）。

　　發展彈性學習課程在符合總綱規範部分，需要檢核的是主題／專題／議題的類型是否為新課綱的四大類課程之一，是否符合跨領域統整性探究課程的精神內涵；彰顯意義價值性部分，則是需要考量所發展的彈性學習課程是否結合學生圖像與學校願景、是否切合學生的特質與經驗、是否可以提升學生的學習動機、學力與成效、是否是以「課題－探究－表現」為核心以及是否有助於學生領域學習理解以及遷移；具備系統邏輯性部分，則是需要考量的是各子題之間的架構脈絡是否具有整合性，核心素養、目標、表現任務、學習活動、學習評量等安排是否具有關聯性以及銜接的合理性。

　　發展具意義與價值的彈性學習課程內容，是目前在十二年國民基本教育課程綱要的推動中相當重要的里程碑。彈性學習課程發展最重要的即是跨領域與多元，跨領域就存在許多因素與情境；彈性學習課程要從學生的表現中找到彈性學習課程的發展與作為；彈性學習課程是一個學校組織文化存在的價值，學校願景與價值更是團隊對話肯思考的展現；彈性學習課程的發展應該要彰顯以學生為主體，利用系統性的思考，創造教學方案彼此之間的鏈結；彈性學習課程的發展為學校帶來發展的新契機，可以帶動學校的改變與翻轉，構築以學生為主體終身學習者的目標。

二、素養導向的教學模式

　　素養導向的教學中，學生扮演著自主的學習者，教師則是學生學習的引導者與協助者，其中透過脈絡化的學習情境、教師交付學生工作任務、學生使用學習方法與策略、思考討論、行動與反思調整等五大教學要素來提升學習的素養（吳璧純、鄭淑慧、陳春秀，2017）。

因此素養導向的教學模式可能是目標模式、歷程模式或者是重視理解設計的教學模式，素養導向的學習重點包括「學習表現」與「學習內容」等兩個向度。學習表現是強調以學習者為中心的概念，重視認知歷程、情意與技能之學習展現，應能具體展現或呼應該領域與科目核心素養。學習內容需要能夠涵蓋該領域與科目的重要事實、概念、原理原則、技能、態度與後設認知等知識。

素養導向的教學模式是屬於多元化教學設計模式，強調多元智能的表徵，而不是侷限於傳統智力的語文、推理與空間，所以多元化的教學設計模式是多元、真實與強調跨領域的教學模式。

三、素養導向教學設計與實施原則

素養導向教學設計與實施原則中，應該參照總綱核心素養與各領域及科目之核心素養、學習重點來加以設計與實施，包括：(1)整合知識、能力與態度；(2)情境化、脈絡化的學習；(3)學習歷程、方法與策略；(4)實踐力行的表現等（何雅芬、張素貞，2018；洪詠善、范信賢，2015），詳細說明如下：

> 整合知識、能力與態度　　營造脈絡化的情境學習　　重視學習歷程、方法及策略　　強調實踐力行的表現

資料來源：洪詠善（2018）。素養導向教學的界定、轉化與實踐。《課程協作與實踐第二輯》（ISBN：978-986-05-5329-1）（p. 69）。臺北市：教育部中小學師資課程教學與評量協作中心。

(一)整合知識、能力與態度

教師應調整偏重學科知識的灌輸式教學型態，可透過提問、討論、欣賞、展演、操作、情境體驗等學習策略與方法，引導學生創造與省思，提

供學生更多與互動及力行實踐的機會。以國語文教學為例，除了課文內容的學習之外，應培養學生能廣泛閱讀各類文本，運用科技、資訊及媒體所提供的各種素材，以進行檢索、擷取、統整、閱讀、解釋及省思，並應用於其他領域學習以及活用生活情境中。

(二)重視情境與脈絡的學習

　　教材與教學設計中，無論提問或分派任務，能夠重視情境與脈絡化的學習，引導學生能主動地與周遭人、事、物及環境的互動中觀察現象，尋求關係、解決問題，並關注在如何將所學內容轉化為實踐性的知識，落實於生活中。以數學領域長方體與正方體的學習為例，透過聖誕節禮物包裝盒創意設計，提供學生理解與實作長方體與正方體外，還應能以美感與創意處理日常生活情境中的問題。

(三)重視學習歷程方法策略

　　教材與教學設計中，除了知識內容的學習之外，更應強調學習過程及學習方法的重要，以使學生喜歡學習及學會如何學習。以自然科學領域教學為例，除了教導自然科學的重要概念或事實之外，應培養學生能從觀察、實驗的歷程，學習探索證據、回應不同觀點，並能對問題、方法、資料或數據的可信程度進行檢核，進而解釋因果關係或提供可能的問題解決方案。

(四)強調實踐力行的表現

　　教學設計要能提供學習者活用與實踐所學的機會，並關注學習者的內化以及學習遷移與產生縱貫性的影響。以社會領域教學為例，除了教材中的知識學習外，應培養學生具備對社會公共議題的思辨與對話以及探究與實作等。

　　林明地（2020）即指出，教育界在學生學習中熟悉且努力追求的「學生多元學習」，其實即是核心素養學習的關鍵。學生多元學習強調的不僅是多元學習的過程，亦包括學生多元學習的結果，所以上述素養導向教學設計與實施原則中的主要意涵，亦是讓學生多元地在認知歷程、技能與態度等多方面的學習，重視多元的情境與脈絡的學習，並強調反思實踐、應用性與可持續性的實踐力行。

參、素養導向的評量

　　素養導向的學習評量主要是可以正確引導素養導向的課程與教學，扮演著指引方向的重要角色。吳璧純、詹志禹（2018）指出，素養導向的課程與教學在達成核心素養的學習路徑安排上，具有兩大特徵，分別是(1)培養終身學習的能力，因此重視學生自主學習力的培養，強調方法、策略、反思、實踐與調整；(2)需具備有素養導向的學習成效，因此透過各種表現評量的方式與策略，評估能力遷移的狀況。所以素養導向的評量在達成核心素養的學習路徑安排上，具有監控與調整的功能。

　　以下將從素養導向學習評量的意義以及素養導向學習評量命題設計的要素等兩個向度，來加以說明。

一、素養導向評量的意義

　　素養導向的學習評量指用以評估、回饋與引導素養導向課程及教學之實施，其中素養導向的學習評量中之「導向」兩字，意味著期望透過適當的評量實務，引導並落實能夠培養學生核心素養和領域或科目核心素養的課程與教學（任宗浩，2018）。換句話說，素養導向的教學，可以帶領素養導向的學習評量，進一步培養學生達到核心素養的課程與教學之目標。

二、素養導向紙筆測驗的要素

　　素養導向的學習評量強調運用跨領域核心素養，或是領域與科目的核心素養以理解或解決真實情境中的問題，因此，素養導向的命題設計，應該要以下列三個基本要素為設計的依據（任宗浩，2018）：

(一)布題強調真實的情境與真實的問題

　　1.以往的紙筆測驗多著墨於知識和理解層次的評量，素養導向則較強調應用知識與技能，解決真實情境脈絡中的問題。

　　2.除了真實脈絡之外，素養導向試題應盡可能接近真實世界（包含日常生活情境或是探究情境）中會問的問題。

(二)評量強調核心素養、學科本質及學習重點

素養導向的學習評量應強調總綱核心素養，或領域與科目核心素養、學科本質及學習重點等相關的內涵。

1.跨領域核心素養係指如總綱所定義三面九項中所指之符號運用、多元表徵、資訊媒體識讀與運用以及系統性思考等跨領域與科目的共同核心能力，並非專指跨領域與科目的題材。

2.各領域與科目的素養導向評量，強調「學習表現」和「學習內容」的結合，並應用於理解或解決真實情境脈絡中的問題。

(三)應儘量避免機械式記憶與練習之題目

紙筆測驗應包含素養導向試題，也應保留評量重要知識與技能的試題，但應儘量避免機械式記憶與練習之題目。針對上述素養導向的紙筆測驗中，所產生的相關疑義可能包括以下幾項：

1. 真實情境的界定

真實情境泛指在日常生活、學習脈絡或學術探究中可能遭遇的問題情境，包括學生親身經歷過的、未來可能經歷的，或是他人的經驗但值得參考的各種問題情境。

2. 避免機械式記憶的題目

有些基本知識或能力被視為是素養培育的重要基礎，因此領域或科目評量不一定完全採素養導向的情境題目，但應盡可能避免需透過機械式記憶與練習之題目。

3. 處理複雜訊息的能力

處理複雜訊息不僅是因應未來世界的重要能力，也是素養導向學習的目標之一。

綜上所述，素養導向的學習評量扮演著指引素養導向課程與教學的重要方向，而素養導向的紙筆測驗則需要強調情境的真實，包括學習重點與學習表現，另外需要儘量避免機械式記憶與練習的試題內涵，以下將一個素養導向的評量題組來說明素養導向的評量試題如何設計。

題目名稱	2022世界盃╱卡達辦世足賽顧人怨，足球如止痛鴉片劑？
情境範疇	體育－文化、人權、政治、全球化
題幹	紐約時報報導，2022年世足主辦國卡達人權爭議不斷，FIFA主席、贊助商、球迷、參賽球員與教練都不開心，主辦者只能把足球當止痛鴉片劑，期盼開幕後外界專心看球。
	報導寫道，歷經長期縝密規劃、棘手交涉及克服難題，4年一度的世界盃足球賽總算在卡達登場。但6年來掛心這場盛會的國際足球總會（FIFA）主席英凡提諾（Gianni Infantino）開幕前夕沒有雀躍、激動、如釋重負的感覺，反而滿臉不開心。
	英凡提諾19，指西方國家「偽善」、一味「道德說教」，只顧指責卡達對待同志與移工的方式，卻不顧冒生命危險偷渡到歐洲的青年前途，且忽視卡達多年來推動移工人權的進展。
	言談中，出身瑞士的他對歐洲殖民歷史、資本主義貪婪、媒體報導偏負面、身障人士不受重視、20世紀瑞士某些邦婦女太晚擁有投票權、沒有人想過將大型運動賽事引進伊朗等議題大表不滿。
	FIFA主要贊助商、百威啤酒（Budweiser）母公司安海斯-布希英博集團（Anheuser-Busch InBev）也不高興。因為世足賽開踢48小時前，主辦單位急轉彎，宣告場館周邊不得販售啤酒，以符合卡達嚴格限制酒類消費的做法。
	大批球迷同樣跳腳，不只因為販酒規定轉彎，也因為場邊買酒有漏洞可鑽：只要花大錢買貴賓門票，或是FIFA內部人員，都有權在賽事期間購買啤酒。
	一些受卡達招待到當地看球以便「說好話」的球迷也不爽，因為在紐時與其他媒體披露後，主辦單位取消他們的每日餐飲補貼。
	場上競技的隊伍情況好不到哪裡去。部分球隊教練不開心，像是伊朗隊葡萄牙籍教頭奎羅茲（Carlos Queiroz）屢屢被追問為何替鎮壓示威者的國家掌兵符，其他隊伍教頭則要在短時間內將看似鬆散的陣容打造成場上勁旅。
	球員不開心程度也超乎預期。在奠定個人名聲的大賽前夕，外界吵的是這些球員是否應該、甚至必須佩戴臂章，展示某種程度上毫無意義的標語。
	卡達12年前拿下主辦權，本屆世足賽就此成為史上最具爭議的運動賽事之一。卡達極度富有但天氣炎熱，爭辦時欠缺足球基礎設施，仍成為首個主辦世足賽的阿拉伯國家，FIFA廉潔因此蒙塵，卡達被控虐待興建鐵路、場館與旅館的移工及禁止同志行為的法律也屢屢掀起話題。
	本屆世足賽將是梅西（Lionel Messi）、「C羅」羅納度（Cristiano Ronaldo）等一代球星告別秀，球迷熱切期待他們謝幕前拿出精采表現，FIFA與卡達當局對此也企盼甚深。
	英凡提諾在本來該是記者會的獨白中以近乎懇求的語氣呼籲外界不要批評球員、卡達，壞了所有在家看球的球迷樂趣。
	他說，大家的日子都很苦，無疑渴望暫時忘卻憂慮的機會，「專注在我們熱愛的事物上，那件事就是足球」。
	報導寫道，對世足賽及FIFA世界觀而言，英凡提諾這番話是恰如其分的總結：生活苦悶、複雜且不開心，但試著別去討論、問問題，甚至連想都不要想；更理想的做法是別抗拒，而是放輕鬆、好好享受，有如止痛的鴉片劑。
	（文章內容取自2022.11.21 The Central News Agency中央通訊社，編輯郭中翰）
問題一	以往世足盃都在普天同慶的氣氛下進行，但（FIFA）主席英凡提諾（Gianni Infantino）在開幕前夕卻滿臉不開心。以下哪些是他因世足盃而滿臉不開心的原因？ (1)他討厭足球盛事的焦點總是被大眾模糊。 (2)他討厭看球賽時只能吃止痛鴉片片劑度過。 (3)他討厭外界一直質疑他在籌辦賽事的能力。 (4)他討厭在天氣炎熱的地方工作和主辦球賽。
答案	(1)
學習內容	Ad-III-2篇章的大意、主旨、結構與寓意。
學習表現	5-III-6熟習適合學習階段的摘要策略，擷取大意。 5-III-11大量閱讀多元文本，辨識文本中議題的訊息或觀點。

試題概念與分析	本文在第三、四、十二、十三和末段引用了（FIFA）主席英凡提諾（Gianni Infantino）的個人觀點，並指責外界透過世足賽的舞台去宣洩各種人權、政治的觀點，完全忽略和模糊了這4年一度的世界盃足球盛事。
問題二	以下左圖是2021年由Hummel製造的丹麥國家隊的新球衣，右圖是因2022卡達世界盃足球賽而製造的球衣。  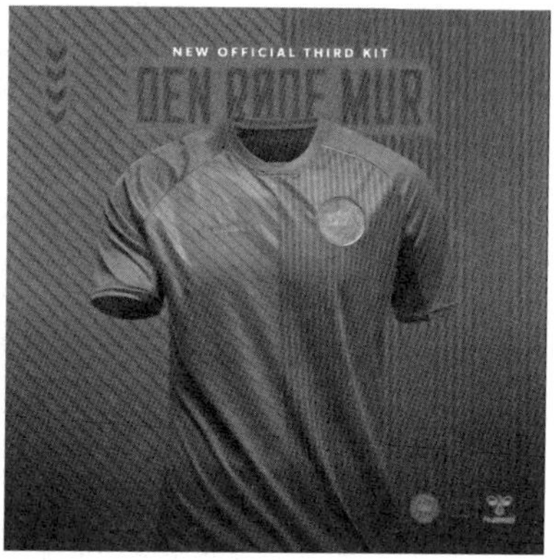 一般球衣在新設計後，隔2-3年才會推出新款球衣。而國家足球隊和球衣的贊助商也會協商並運用不同顏色的配搭以刺激球迷們購買。你認為丹麥國家隊在2022卡達世界盃足球賽推出這款球衣的原因為何？試從文章中找證據，以支持你所判斷的丹麥國家隊推出這款球衣的原因。
評分準則	2分：能從第9段推論出丹麥國家隊推出這款球衣的立場。 (1)反對2022卡達世界盃足球賽。 (2)以球衣設計的方式向外界展示出反對標語。 1分：能說出丹麥國家隊的立場，但未能從文章中找出證據。 0分：答案不合理。
學習內容	Ad-IV-1篇章的主旨、結構、寓意與分析。 Bc-V-1具邏輯、客觀、理性、知識的說明，如人權公約、百科全書、制度演變等。
學習表現	5-IV-4應用閱讀策略增進學習效能，整合跨領域知識轉化為解決問題的能力。 5-IV-5大量閱讀多元文本，理解議題內涵及其與個人生活、社會結構的關聯性。
試題概念與分析	試題主要是評量學生是否能從球衣設計的前後差異性和文本中提及到的反對標語將兩者結合，判斷出丹麥國家隊對於設計新款球衣的原因和其反對的立場。
問題三	文章在開首和結尾時都有提及「止痛的鴉片劑」，止痛的鴉片劑與2022卡達世界盃足球賽存在什麼密切關係？試從文章中找證據，以支持你所判斷止痛的鴉片劑與2022卡達世界盃足球賽的存在關係。
評分準則	2分：正確答出止痛的鴉片劑是運用了比喻的手法，把足球賽喻作止痛的鴉片劑，希望民眾能以享受這4年一度的體育盛事來暫時忘記一些世界議題和人權傷痛。 1分：僅答出寫作手法，理由不完整。 0分：答案錯誤或其他答案。
學習內容	Ad-V-1篇章的主旨、結構、寓意與評述。
學習表現	5-V-1辨析文本的寫作主旨、風格、結構及寫作手法。 5-V-3 大量閱讀多元文本，探討文本如何反應文化與社會現象中的議題，以拓展閱讀視野與生命意境。
試題概念與分析	本題透過文本中重覆出現止痛的鴉片劑的字眼，評量學生是否能掌握文章大量的觀點和資訊，歸納出文本中所提及了種種的全球化議題猶如社會的傷痛，盼望2022卡達世界盃足球賽如止痛的鴉片劑一樣，讓大眾先暫時忘記這些傷痛。

肆、實施素養導向的學習評量

　　素養導向的課程與教學不僅重視學生的學習歷程，也重視學生的學習成效，教師必須要先了解素養導向教學內涵，才能掌握素養導向的學習評量（吳政達、蔡瑜庭，2017；黃淑娟、吳清山，2016）。而過去教師所實施的學習評量主要包括以下兩種：一種是教學結束後評估學生學習成果的總結性評量，這是學生學習成果的評量（assessment of learning），是一種教師對於學生學習階段性、整體的綜合判斷；另外一種則是透過學習評量來回饋老師的教與學生的學，企圖找出學習中的困難之處，亦即是形成性評量，是改善學生學習的評量（assessment for learning），讓教與學更有成效。

　　因應十二年國民基本教育課程綱要的理念，學習評量的過程或評量本身，評量即是學習的一部分（assessment as learning），透過適當的學習評量設計，進行評量任務，這就是學生的學習過程，透過一連串問題解決的任務，過程中引導學生找到策略，團隊合作地完成學習的任務。以下為實施素養導向學習評量的參考原則（任宗浩，2018；吳璧純，2013）：

一、素養導向課堂評量的實施方式

　　素養導向的課堂多元評量，應結合評量及教學過程，記錄學生的學習歷程，並透過自評與互評的策略，引導正向學習。

　　核心素養應透過多元化的教學與學習情境（如實作、合作問題解決、專題研究等），輔以多元化的評量方式（如實作評量、檔案評量、動態評量等）長期培養。加上「態度」是核心素養的重要面向之一，態度包含心理面向上的喜好、立場與價值觀以及行為面向的習慣與實踐。

　　這些都需要歷程觀察，難以紙筆測驗來達成的。素養導向的課堂多元評量，應結合評量及教學過程，記錄學生的學習歷程，並透過自評與互評的策略，引導正向學習。素養導向的課堂多元評量，藉由多元化的評量向度、明確的目標與評量標準以及適時的引導，達到培養核心素養的目的。

　　以下將實施的理念與原則，具體說明如下（任宗浩，2018）：

(一)多元評量標準

　　利用多元的評量標準，讓多數的學生能夠從中探索興趣與找到自信。紙筆測驗只會有一個比較的標準，但多元評量的精神在於創造多元化的角度來引導並檢視學習成果，鼓勵多元能力發展，符合課綱培育核心素養精神。

(二)了解評量標準

　　實施課堂多元評量時應該要明確地讓學生了解評量標準，必要時可以和學生共同訂定評量標準，一方面可以讓學生感到有學習自主權，另一方面透過讓學生了解目標，朝向目標完成任務、引導學習。

(三)保留歷程記錄

　　多元評量實施時需要保留歷程記錄，其中可以利用不同的方式引導學生記錄學習的歷程，有助於讓學生看見自己的改變與成長。

(四)建立自我評量

　　素養導向的多元評量可以引導學生透過學習目標建立自我評量，當學生缺乏經驗時，教師可以透過給予明確目標引導學習，但過多的引導也可能限制學生的創造與思考能力。透過讓學生參與或主導評量標準的討論與制定，可以讓學生更了解課程與任務的目標，讓學生進行自我評量，可以讓學生更了解自己的優勢與成長，增進其後設能力。

二、教師面對素養導向學習評量的具備知能

　　對於教師而言，素養導向教學的學習評量在於幫助學生導向素養的形成，幫助教師實施有效的素養導向教學。因應素養導向教學的學習評量，教師更需要具備以下的知能（吳璧純，2017）：

(一)評量規劃與實施的系統觀點

　　多元評量在目前的教育改革中即不斷地被提倡，其實評量的多樣化本身並不是目的，倒是評量所採用的形式，與教師的教學目標與評量內涵，著實有很密切的關係。在素養導向教學中，教學與評量的歷程是連續漸進的，因此教師進行教學計畫時，應該在掌握素養目標後，同時規劃教學與學習評量活動。

素養導向的學習評量必須是以學生為學習的主體，關注學生素養形成的歷程與結果，區分形成性與總結性評量，善用促進學習的評量、評量即學習以及學習結果的評量，以提供學生在學習歷程中所需要的協助與鷹架，建立一連串符合教學目標與系統觀的評量內涵及步驟。

(二)評量技巧的專業知能

素養的學習評量中，教師擁有更多的專業評量空間，一方面必須蒐集學生不同面向的表現來判斷學生的整體學習品質，並且透過評量的實施、結果的詮釋，促進學生的學習動機與成效；另一方面則要編製符合學習目標與學習表現，且具有信度、效度的評量工具；三方面還要採用標準評量的觀點檢核學生的學習成效，確保學生的學習品質。

(三)評量規準的編製與使用

配合素養導向教學的學習評量工具，主要功用在判斷學生的表現品質，其中表現品質的優劣，依據事先設定的「評量規準」。素養導向教學的教師需具備編製評量規準的基本能力，搭配系統化的學習評量，讓教學與學習評量邁向學生的核心素養的學習目標。

素養導向的學習評量除了基於教師對於核心素養真正意涵的了解外，且需對於素養導向的課程與教學設計及其實施原則有進一步的解讀，再加上系統化的學習評量知能，協助學生達到核心素養的學習目標。

自我評量

01.請說明核心素養與基本能力的關係。
02.請說明彈性學習課程的內涵與發展原則。
03.請簡述素養導向教學設計與實施原則。
04.請說明素養導向學習評量的意涵。
05.請簡述素養導向學習評量的實施理念與原則。

第十七章 教育測驗與學習評量的相關議題

「1」：排列愈在SP表的右下方者，即代表能力愈低學生在愈困難試題上的作答結果，大多數是被期望「答錯」試題，所以這個區域應該出現大多數的「0」。

從S曲線的位置可看出學生的學習成就所達成的程度；從S曲線形狀可看出學生得分的分布。從P曲線的位置可看出每道試題的答對人數（即試題答對率），即班級學生達成目標與未達成目標之程度；從P曲線形狀可看出每道試題被學生答對程度（即試題難易）的分布情形。常見的SP表圖形，有下列六種（余民寧，2022）：

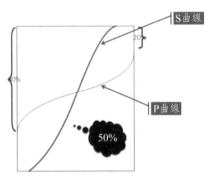

標準化測驗的SP曲線

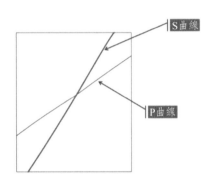

同質性一致的常模參照測驗的SP曲線

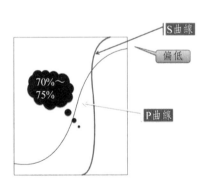

能力陡降分布測驗的SP曲線

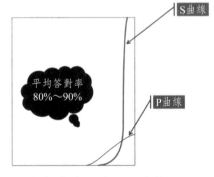

編序教學後測驗的SP曲線

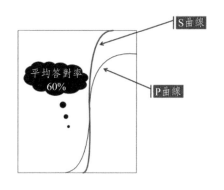

試題呈現兩極化分布測驗的SP曲線

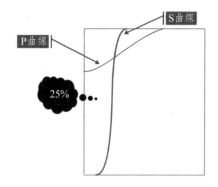

教學前測驗的SP曲線

　　差異係數是指實際測驗得到的SP表（學生人數為N，試題數為n，且平均答對率為P̄）中，S和P兩曲線之分離面積（即兩曲線間所圍成之部分），占隨機情況下之SP曲線所圍成部分之面積期望值的比值，通常以D*符號來表示。

　　注意係數可分為：(1)學生的注意係數（caution index for students, CS）；(2)試題的注意係數（caution index for items, CP），注意係數是用來作為判斷學生或試題的反應組型是否有異常現象的一種指標。

$$注意係數 = \frac{[實際反應組型]與[完美反應組型]間的差異}{[完美反應組型]的最大差異}$$

　　注意係數值愈大，即表示反應組型愈為異常或不尋常的情況愈嚴重，反之則否。注意係數的判斷標準如下所述：$0 \leq CP$（或CS）< 0.50是正常程度，而$0.50 \leq CP$（或CS）< 0.75則為嚴重應予注意，至於$0.75 \leq CP$（或CS），則是非常嚴重應予特別注意。注意係數以及SP表的分析，讀者可以藉由本書附錄所提供的WITAS（Web Item and Test Analysis Software）試題與測驗的分析軟體加以分析。

貳、概念構圖

概念構圖是一種圖形評量的評量策略，概念構圖的發展是Novak及其研究夥伴們藉由Ausubel的學習理論，研究一套方便可行的方法，並且利用概念構圖來作為教學、學習、研究及評量的工具。概念構圖利用命題形式的概念圖來呈現教學及學習中概念與概念間的階層連結關係，因此，概念構圖的評量強調受試者依其既有的先備知識作為基礎，將新的學習內涵連結舊知識之上，統整知識成為一個有組織、有系統、有階層的知識結構。概念構圖的評量策略，不僅可以當作一種教學與學習的工具，也可以視為後設認知的學習策略。

概念構圖強調有意義的學習，所謂有意義的學習，僅發生於利用學生的先備知識基礎上，來教他學習新的知識，這樣的學習才是有意義的學習。另外，有意義的學習，只有由學習者自行發現知識意義的學習才是真正的學習。概念構圖也是一種認知統合的歷程，而認知統合的歷程可分為兩個階段：(1)訊息操作的定向、連結及分類等活動；(2)將大量的訊息項目遞減成少量的內容。有意義學習，強調的是學習者主動的學習，而不是被動的機械式學習，因此學生在有意義的學習環境下所從事的是發現式的學習，而不是一味地接收老師知識的接收式學習。

概念構圖會隨著學生的思考和理解程度之不同而產生變化，概念構圖不僅強調概念組織和統整的理想方法，更以視覺型的方式來組織訊息的內在本質，而這往往會勝過以語文方式來組織的訊息。

概念構圖實施前的準備活動，教師可以先選擇一個較簡單的主題及其概念圖展示給學生看，把相關的概念陳列出來，然後使用直線連結有意義的任兩個概念，並在連結線上標示連結語，如此便構成完整有意義的命題，透過這些概念有意義的連結，學生就能對兩個概念間的關係產生更深一層的了解。實施概念構圖前的準備活動主要包括：(1)提示，提示在於讓學生自己對多個事件透過聯想而產生概念；(2)對比，教師可以嘗試讓學生與概念聯想做對比，並且讓學生了解連結語的意義；(3)舉例，通常透過老師的舉例，學生才能對學習內容有更深入的了解。

　　概念構圖的實施步驟主要包括以下項目，分別是：(1)選擇，教師先挑選進行概念構圖的有意義教材，從所要選擇的材料中，挑選出一些關鍵字或片語；(2)歸類及排序，經由選擇步驟選出的概念，要求學生根據每個概念的從屬關係或概括性加以歸類及排序，而歸類可以分成具階層關係以及平行關係的概念；(3)進行連結及撰寫連結語，要求學生將有關聯的任何兩個概念間，用一條直線來連結成為連結線，以形成一道有意義的命題，並在連結線旁加上適當連結語，輔助說明連結的意義；(4)交叉連結，針對概念構圖中不同集群的概念間，找出具有關聯者，並以交叉連結線連結起來，交叉連結顯示不同集群間的關係，這是創造力的表徵；(5)舉例，進行概念構圖的最後一個步驟即是具體地以實例來加以說明概念的意義（余民寧，2022）。

　　概念構圖的計分方式中，可將學生的概念構圖分成：關係、階層、交叉連結和舉例等加以計分。其中有意義的關係可給予1分，有效且有意義的階層給予5分，重要且有效的交叉連結可給予10分，每一個特定被舉出的例子給予1分。

　　概念構圖不僅可以當成是一種學習的監控策略，亦可作為檢視既存知識結構組成元素的工具，可以有效地評量學生的知識結構。從應用的觀點而言，概念構圖不僅可作為一種教學策略，更可以作為一種評量工具。為了能適應教育改革一波波的聲浪，課程與教學雖已逐漸具體化的踏實進行，可是如果只著重在課程或教學方面，並未全面的進行評量的配套措施，教育改革豈不是只流於空泛，所以我們不能只作形式上的改革，為了能適應劇烈變化的時代，學生需要培養具有意願、思考能力、判斷能力、發展能力等綜合性的基本能力。為促使教學能澈底培養、確實評量，非先改變評量的觀念不可，學生的學力及基本能力觀必須要求新的評量觀。簡單地說，傳統評量方式比較偏向於注重成績優劣、依照成績來將學生分為優劣等級，這種注重成績結果的做法，忽略學生在學習過程中如何建構知識，或者在哪些過程出現了迷思概念，並不能培養上述所提等綜合性的基本能力。

參、生態評量

　　生態評量是直接針對個體及其環境中各項因素，進行評量的過程，也就是，除了對個體本身的因素要了解外，對個體周圍的環境也要了解。生態評量又稱功能性評量（functional assessment），乃是重視學習環境以及學習者如何與環境互動的評量，而非僅僅評量學習者本身的特質與表現。學生問題行為的發生不只是單純地屬於學生個人的因素，而且也是學生與其環境之間一種不理想的互動關係，所以為要處理問題行為，必須蒐集有關學生、問題行為及環境因素的資料，在這過程中至少包括下列三個值得注意的因素：(1)問題行為應明確界定；(2)問題行為發生之前的事件及發生之後的後果，需加以記錄；(3)探討環境中的因素與行為發生的關係，以了解影響問題行為的特定因素。綜上所述，生態評量是一種評量環境與目標對象之行為兩者間的互動，有系統的結合生態與行為的過程訊息，研究同時發生的因素間的關聯，以便能有效的了解影響孩童行為的各種環境因素。

　　生態評量具有以下三項特徵：(1)以學生目前及未來可能接觸的環境為評量重點；(2)是個別化的評量過程；(3)不僅著重於學生適應某一環境所需具備的能力，更強調如何透過各種形式或程度的輔助，幫助學生成功的適應與參與。

　　生態評量的理論基礎主要包括：(1)格式塔理論；(2)環境論以及(3)交互決定論。生態評量包括：(1)發展性評量以及(2)適應行為評量等兩種評量方式。生態評量中的生態環境分為：(1)微系統（micro system）；(2)中系統（meso system）；(3)外系統（exo system）以及鉅系統（macro system）。評量的重點包括：(1)整個評量系統的績效性；(2)一般需求的評量；(3)個體需求的評量；(4)教學條件的提供；(5)教學效果的評量。生態評量蒐集資料的方式可以利用：(1)直接觀察法；(2)記錄分析；(3)晤談；(4)心理與教育測量等方式。

肆、情意評量

　　情意學習目標的重要性，主要包括：(1)情意本身即是重要的學習目標；(2)研究發現若學生具正向的學習態度，有較高的學習動機，則往往有較高的學習成效。因此情意評量的主要目標在於教學前了解學生的態度、自我概念、興趣主題等，以提升學生結果成效。

　　Stiggins（2001）提出三個情意評量的基本原則：(1)教師須明白學生揭露其內心感受時的不安全感，並且善用情意評量增進正向情感的產生；(2)處理情意向度時，教師要能洞悉自己的限制；(3)教師應發展適切的情意評量工具，嚴肅地看待評量結果，以了解是否達到情意評量的目標。情意評量的範疇，包括態度、興趣、動機、價值觀、偏好、自我概念及內外控信念等。情意目標的重要性，包括：(1)對學科正向的態度；(2)喜歡學校及學校的活動；(3)對學習抱持正面的態度；(4)學習能力有信心；(5)健全的自我概念；(6)對異己的容忍度高。

　　情意評量中，可以採用自我陳述性、同儕評量、軼事記錄等方法，其中，自我陳述性的情意評量方法可以利用李克特量表或者是面談；至於同儕評量則可以採用猜猜我是誰的提名技術以及社會計量法；使用軼事記錄時，盡可能在事件發生後立即加以記錄，好的軼事記錄須翔實客觀描述所觀察的事件，並避免個人對事件的過度詮釋而混淆了事實。

┌ 自我評量 ┐

01.請說明學生問題反應表中，輸出的指標項目為何？

02.請說明實施概念構圖前的準備活動內容為何？

03.請說明實施概念構圖的主要步驟。

04.請簡述生態評量的特徵。

05.請說明情意評量的基本原則。

參 考 文 獻

王文中、呂金燮、吳毓瑩、張郁雯、張淑慧（2004）。**教育測驗與評量——教室學習觀點**。臺北市：五南。

王寶墉（1995）。**當代測驗理論**。臺北市：心理。

任宗浩（2018）。素養導向評量的界定與實踐。載於蔡清華（主編）**課程協作與實踐第二輯**（ISBN：978-986-05-5329-1）（pp. 75-84）。臺北市：教育部中小學師資課程教學與評量協作中心。

何榮桂（2006）。**國際電腦化測驗發展趨勢之研究**。論文發表於95年度考選制度研討會系列二「電腦測驗發展趨勢與國家考試電腦化測驗研討會」。臺北市：臺灣師範大學。

何榮桂、蘇建誠（1997）。**遠距適性態度測驗系統設計**。論文發表於第六屆國際電腦輔助教學研討會。臺北市：臺灣師範大學。

何榮桂（2005）。數位化題庫之概念架構。**國家菁英**，**1**(4)，149-157。

何雅芬、張素貞（2018）。**總綱種子講師實地宣講問題解析Q&A**。臺北市：教育部國民及學前教育署。

Hopkins, K. D.（2002）。教育測驗與評量(李茂興譯)。臺北市：學富文化。（原著出版於1998年）。

余民寧（1993a）。試題反應理論的介紹(11)——題庫的建立。**研習資訊**，**10**(4)，9-13。

余民寧（1993b）。試題反應理論的介紹(12)——電腦化適性測驗。**研習資訊**，**10**(5)，5-9。

余民寧（2009）。**試題反應理論（IRT）及其應用**。臺北市：心理。

余民寧（2022）。**教育測驗與評量：成就測驗與教學評量（第四版）**。臺北市：心理。

吳政達、蔡瑜庭（2017）。從能力本位到標準本位的師資培育。**教育研究月刊**，**273**，48-66。

吳裕益（1987）。類推性理論簡介。**教育文粹**，**1**(16)，227-236。

吳毓瑩（1995）。開放教室中開放的評量：從學習單與檢核表的省思談卷宗評量。載於國立臺北師範學院（編輯），**開放社會中教學**（pp. 93-100）。臺北市：國立臺北師範學院。

吳璧純（2013）。從三種評量類型看多元評量的意義。**新北市教育季刊**，**8**，20-24。

吳璧純（2017）。素養導向教學之學習評量。**臺灣教育評論月刊**，**6**(3)，30-34。

吳璧純、詹志禹（2018）。從能力本位到素養導向教育的演進、發展及反思。**教育研究與發展期刊**，**14**(2)，35-64。

吳璧純、鄭淑慧、陳春秀（2017）。以學生學習為主軸的生活課程素養導向教學。**教育研究月刊**，**275**，50-63。

李台玲（2001）。遠距教學之評量。生活科技教育，**34**(8)，30-37。

李坤崇（1999）。多元化教學評量。臺北市：心理。

李坤崇（2006）。**教學評量**。臺北市：心理。

林文正（2002）。**國小學生自我調整學習能力、對教師自我調整教學之知覺、動機信念與數學課業表現之相關研究**（未出版之碩士論文）。屏東市：屏東師範學院。

林世華（1987）。潛在特質理論與其運用於適性測驗之評估研究。**教育心理學報**，**20**，131-182。

林明地（2020）。塑造「協助學生多元學習」的學校文化：一所國小校長的領導作為。**教育研究月刊**，**313**，64-82。

林清山（2011）。**心理與教育統計學**。臺北市：東華。

洪來發（2022）。**心理測驗理論與應用：含IRT與R軟體分析**。臺北市：五南。

洪詠善（2018）。素養導向教學的界定、轉化與實踐。載於蔡清華（主編）**課程協作與實踐第二輯**（ISBN：978-986-05-5329-1）（pp. 59-74）。臺北市：教育部中小學師資課程教學與評量協作中心。

洪詠善、范信賢（2015）。**同行～走進十二年國民基本教育課程綱要總綱**。新北市：國家教育研究院。

洪碧霞、吳鐵雄（1989）。簡介電腦化適性測驗的發展及其實施要素並兼論我國大專聯考電腦適性化的可行性。**測驗年刊，36**，75-94。

洪儷瑜、王瓊珠、陳長益（2005）。**突破學習困難：評量與因應之探討**。臺北市：心理。

范信賢（2016）。核心素養與十二年國民基本教育課程綱要：導讀《國民核心素養：十二年國教課程改革的DNA》。**教育脈動，5**，1-7。

孫光天、陳新豐（1999）。利用人工智慧技術於選題策略之研究。**測驗年刊，46(1)**，75-88。

孫光天、陳新豐、吳鐵雄（2001）。線上適性測驗系統回饋對電腦態度影響之研究。**臺南師院學報，34**，1-18。

教育部（2014）。**十二年國民基本教育課程綱要總綱**。臺北市：教育部。

張春興（2013）。**教育心理學——三化取向的理論與實踐**。臺北市：東華。

張美玉（2003）。歷程檔案評量在概念學習的應用。**教師天地，122**，4-10。

張素貞（2019）。**新課綱的實踐與對話**。臺北市：臺灣師範大學。

張麗麗（2002）。檔案評量信度與效度的分析——以國小寫作檔案為例。**教育與心理研究，25**，1-34。

張麗麗、蔡清華（1996）。「教學檔案」及其在國小教師實習制度上的應用。論文發表於85學年度師範學院教育學術論文發表會，臺東市：國立臺東師範學院。

梁佩雲、張淑賢（2007）。**邁向學習的評估——教育實務匯編**。香港：香港大學。

莊明貞（1995）。在國小課程的改進與發展——真實性評量。**教師天地，79**，21-25。

莊明貞（1997）。真實性評量在教育改革中的相關論題——一個多元文化教育觀點的思考。**教育資料與研究雙月刊，20**，19-23。

郭生玉（2004）。**教育測驗與評量**。臺北市：精華。

黃茂在、吳敏而（2019）。從幾堂好課，談素養導向自然科學教科書編寫設計。**教育研究月刊，303**，81-100。

黃淑娟、吳清山（2016）。校長課程領導推動十二年國民基本教育課程綱要因應策略之探究。**學校行政雙月刊**，**106**，121-140。

陳志信（1993）。電腦化測驗的優點及可能的問題。**學生輔導通訊**，**24**，72-75。

陳玟伶（2001）。**國小高年級兒童自我調整歷程之個案研究**（未出版之碩士論文）。臺中市：國立臺中師範學院。

陳柏熹（2006）。能力估計方法對多向度電腦化適性測驗測量精準度的影響。**教育心理學報**，**38**(2)，195-211。

陳桂霞、陳惠謙（2007）。電腦化動態評量在學習與遷移效益分析——以國小數學時間的計算單元為例。**資訊科技與應用期刊**，**2**(2)，85-92。

陳新豐（1999a）。多媒體線上適性測驗系統之探討——教育測驗的新趨勢。**教育資料文摘**，**43**(1)，106-113。

陳新豐（1999b）。**多媒體線上適性測驗系統發展及其相關研究**（碩士未出版論文）。臺南市：國立臺南師範學院。

陳新豐（2002）。**線上題庫與適性測驗整合系統之發展研究**（博士未出版論文）。臺北市：國立政治大學。

陳新豐（2003a）。線上題庫系統之研發。**中學教育學報**，**10**，301-326。

陳新豐（2003b）。線上題庫等化連結方式之比較。**花蓮師院學報（教育類）**，**17**，153-191。

陳新豐（2005）。傳統紙筆測驗與線上電腦化測驗試題參數估計差異之比較。**教育研究與發展期刊**，**1**(3)，123-145。

陳新豐（2007）。臺灣學位電腦化測驗研究的回顧與展望。**教育研究與發展期刊**，**3**(4)，217-248。

陳新豐（2010）。**電腦化適性測驗及其建置流程**。論文發表於國家考試e化策略研討會會議實務（ISBN: 978-986-02-5013-8），臺北市：考試院考選部。

陳新豐（2012）。**線上電腦化識字量表之編製**。論文發表於第二屆「閱讀評量與教學」理論與實務研討會，高雄市：高雄師範大學。

陳新豐（2014）。屏東縣國小學童之閱讀環境及閱讀行為對閱讀理解能力之

影響。**慈濟大學教育研究學刊，11**，145-174。

陳新豐（2015）。**量化資料分析：SPSS與EXCEL**。臺北市：五南。

陳新豐（2016）。國小高年級學童線上數位閱讀認知負荷量表編製。**教育研究與發展期刊，12**(4)，1-22。

陳麗如（1997）。從CAI中的題目到Internet上的題庫。**測驗與輔導，144**，2990-2993。

國家教育研究院（2014）。十二年國民基本教育課程體系發展指引。新北市：國家教育研究院。

蔡清田（2011）。**素養：課程改革的DNA**。臺北市：高等教育。

蔡清田、陳延興（2011）。**K-12 中小學課程綱要的核心素養與各領域之連貫體系研究**。總計畫期末報告（編號：NAER-99-12-A-1-05-00-2-11），未出版。

劉佩雲（2003）。**大學生自我調整學習理論之建構與教學效果之研究（I）**。國科會專案研究報告（NSC 92-2413-H-364-002）。

劉政宏、張景媛、許鼎延、張瓊文（2005）。國小學生學習動機成分之分析及其對學習行為之影響。**教育心理學報，37**(2)，173-196。

盧雪梅（1998）。實作評量的應許、難題和挑戰。**教育資料與研究，20**，1-5。

簡茂發（1978）。信度與效度。載於楊國樞主編，**社會及行為科學研究法**。臺北市：東華。

簡茂發、李琪明、陳碧祥（1995）。心理與教育測驗發展的回顧與展望。**測驗年刊，42**，1-12。

Ackerman, R., & Goldsmith, M. (2011). Metacognitive regulation of text learning: On screen versus on paper. *Journal of Experimental Psychology: Applied, 17*(1), 18-32.

Aiken, L. R. (1985). Three Coefficients for Analyzing the Reliability and Validity of Ratings. *Educational and Psychological Measurement, 45*(1), 131-142.

Airasian, P. W., & Madaus, G. F. (1972). Functional types of student evaluation. *Measurement and Evaluation in Guidance, 4*, 221-233.

Allen, D. D., & Yen, W. M. (2001). *Introduction to measurement theory.* Monterey, CA: Books/Cole.

Anderson, L. W., Krathwohl, D. R., Airasian, P. W., Cruikshank, K. A., Mayer, R. E., Pintrich, P. R., Wittrock, M. C. (2001). *A taxonomy for learning, teaching, and assessing: A revision of Bloom's taxonomy of educational objectives (Abridged Edition).* NY: Longman.

Azevedo, R., Moos, D. C., Johnson, A. M., & Chauncey, A. D. (2010). Measuring Cognitive and Metacognitive Regulatory Processes During Hypermedia Learning: Issues and Challenges. *Educational Psychologist, 45*(4), 210-223.

Baker, F. B. (1992). *Item response theory: Parameter estimation techniques.* Monticello, NY: Marcel Dekker.

Baker, F. B., & Kim, S. -H. (2005). *Item response theory: Parameter estimation techniques.* Monticello, NY: Marcel Dekker.

Baker, J. G., Rounds, J. B., & Zevon, M. A. (2000). A Comparison of Graded Response and Rasch Partial Credit Models with Subjective Well-Being. *Journal of Educational and Behavioral Statistics, 25*(3), 253-270.

Bandura, A. (1986). *Social foundations of thought and action: A social cognitive theory.* Englewood Cliffs, NJ: Prentice-Hall.

Bannert, M. (2004). Designing metacognitive support for hypermedia learning. In H. M. Niegemann, D. Leutner, & R. Brunken (Eds.), *Instructional design for multimedia-learning* (pp. 19-30). Germany: Wanmann Verlag.

Bennett, R. E. (1998). *Reinventing assessment: Speculations on the future of large-scale educational assessment.* Princeton, NJ: Policy Information Center, Educational Testing Service.

Bennett, R. E., Morley, M., & Quardt, D. (2000). Three response types for bradeing the conception of mathematical problem solving in computerized tests. *Applied Psychological Measurement, 24*(4), 294-309.

Berk, R. A. (1984). Conducting the item analysis. In R. A. Berk (Ed.), *A guide to criterion-referenced test construction* (pp. 97-143). Baltimore, MD: The

Johns Hopkins University Press.

Bielinski, J., & Davison, M. L. (2001). A Sex Difference by Item Difficulty Interaction in Multiple-Choice Mathematics Items Administered to National Probability Samples. *Journal of Educational Measurement, 38*(1), 51-77.

Bloom, B. S., Engelhart, M. D., Furst, E. J., Hill, W. H., Krathwohl, D. R. (1956). *Taxonomy of educational objectives: The classification of educational goals. Handbook I: Cognitive domain.* NY: David McKay Company.

Bock, R. D. (1972). Estimating item parameters and latent ability when responses are scored in two or more nominal categories. *Psychometrika, 37*, 29-51.

Bock, R. D., & Mislevy, R. J. (1982). Adaptive EAP estimation of ability in a microcomputer environment. *Applied Psychological Measurement, 6*, 431-444.

Budoff, M., & Corman, L. (1974). Demographic and psychometric factors related to improved performance on the Kohs Learning potential procedure. *American Journal of Mental Deficiency, 78*, 578-585.

Bunderson, C. V., Inouye, D. K., & Olsen, J. B. (1989). The four generations of computerized educational measurement. In R. L. Linn (Ed.), *Educational measurement* (3 ed., pp. 367-407). NY: Macmillan.

Burns, M. S., Vye, N. J., Bransford, J. D., Delclos, V., & Ogan, R. (1987). Static and Dynamic Measures of Learning in Young Handicapped Children. *Assessment for Effective Intervention, 12*(2), 59-73.

Camilli, G., & Penfield, D. A. (1997). Variance estimation for differential test functioning based on mantel-haenszel statistics. *Journal of Educational Measurement, 34*(2), 123-139.

Campbell, D. T., & Fiske, D. W. (1959). Convergent and discriminant validation by the multitrait-multimethod matrix. *Psychological Bulletin, 56*(2), 81-105.

Carlson, J. S., & Wiedl, K. H. (1978). Use of testing-the-limits procedures in the assessment of intellectual capabilities in children with learning difficulties. *American Journal of Mental Deficiency, 82*(6), 559-564.

Caroline, V. G. (2005). What Is the Role for ICT-Based Assessment in Universities? *Studies in Higher Education, 30*(2), 171-180.

CAST (2013). *Teaching Every Student in the Digital Age: Universal Design for Learning.* Retrived from http://www.cast.org/teachingeverystudent/

Cheng, P. E., & Liou, M. (2000). Estimation of trait level in computerized adaptive testing. *Applied Psychological Measurement, 24*, 257-265.

Cheung, K. -C., & Sit, P. -S. (2008). Electronic reading assessment: The PISA approach for the international comparison of reading comprehension. *Journal of Educational Research and Development, 4*(4), 19-40.

Cohen, J. (1960). A coefficient of agreement for nominal scales. *Educational and Psychological Measurement, 20*(1), 37-46.

Coiro, J. (2007). *Exploring changes to reading comprehension on the Internet: Paradoxes and possibilities for diverse adolescent readers.* (Unpublished Doctoral Dissertations), University of Connecticut, Storrs, CT.

Coiro, J., & Dobler, E. (2007). Exploring the online reading comprehension strategies used by sixth-grade skilled readers to search for and locate information on the Internet. *Reading Research Quarterly, 42*(2), 214-257.

Cole, D. J., Ryan, C. W., & Kick, F. (1995). *Portfolios across the curriculum and beyond.* Thousand Oaks, CA: Corwin Press.

Collins, N. D. (1994). *Metacognition and Reading To Learn.* Retrieved from ERIC database. (ED376427).

Crocker, L., & Algina, J. (2008). *Introduction to classical & modern test theory.* Mason, OH: Cengage Learning.

Crockett, M. D. (2007). The relationship between teaching and learning: Examining Japanese and US professional development. *Journal of Curriculum Studies, 39*(5), 609-621.

Cronbach, L. J. (1951). Coefficient alpha and the internal structure of tests. *Psychometrika, 16*(3), 297-334.

Cronbach, L. J., Gleser, G. C., Nanda, H., & Rajaratnam, N. (1972). *The *dependability of behavioral measures: Theory of generalizability for scores and profiles*. NY: John Wiley & Sons.

David, M. W., Isaac, I. B., & Anne, S. (2004). Automated Tools for Subject Matter Expert Evaluation of Automated Scoring. *Applied Measurement in Education, 17*(4), 323-357.

De Ayala, R. J. (2022). *The theory and practice of item response theory(2th ed.)*. NY: Guilford Press.

DeVellis, R. F. (2011). *Scale Development: Theory and Applications*. Thousand Oaks, CA: SAGE Publications.

Earl, L. M. (2003). *Assessment as learning: Using classroom assessment to maximize student learning*. Thousand Oaks, CA: Corwin Press.

Ebel, R. L., & Frisbie, D. A. (1991). *Essentials of educational measurement* (5th ed.). Englewood Cliffs, NJ: Prentice-Hall.

Efklides, A., & Vlachopoulos, S. P. (2012). Measurement of metacognitive knowledge of self, task, and strategies in mathematics. *European Journal of Psychological Assessment, 28*(3), 227-239.

Embretson, S. E. (1987). Toward development of a psychometric approach. In C. S. Lidz (Ed), *Dynamic assessment: An interactional approach to evaluating learning potential* (pp. 141-170). New York, NY: Guilford Press.

FCRR. (2011). *2011-2012 PMRN User's Guides*. Tallahassee, FL: Florida Center for Reading Research.

Feuerstein, R. (1979). *The dynamic assessment of related performers: The learning potential assessment device, theory, instrument, and techniques*. Baltimore, MD: University Park Press.

Fisher, C. F., & King, R. M. (1995). *Authentic assessment: A guide to implemenataion*. Thousand Oaks, CA: Corwin Press.

Flaugher, R. (2000). Item pools. In H. Wainer (Ed.), *Computerized adaptive testing: A primer* (pp. 37-58). Hillsdale, NJ: Erlbaum.

Glaser, R. (1962). Psychology and instructional technology. In R. Glaser (Ed.),

Training research and education (pp. 1-26). Pittsburgh: University of Pittsburgh Press.

Gorsuch, R. L. (2014). *Factor Analysis: Classic Edition*. NY: Routledge press.

Greene, Jeffrey A., & Azevedo, Roger. (2010). The Measurement of Learners' Self-Regulated Cognitive and Metacognitive Processes While Using Computer-Based Learning Environments. *Educational Psychologist, 45*(4), 203-209.

Gronlund, N. E. (1993). *How to make achievement tests and assessments* (5 ed.). Boston: Allyn & Bacon.

Gronlund, N. E., & Waugh, C. K. (2009). *Assessment of Student Achievement* (9 ed.). Merrill , NJ: Person Education.

Gulliksen, H. (1987). *Theory of mental test*. Hillsdale, NJ: Lawrence Erlbaum Associates.

Hambleton, R. K., & Muryphy, E. (1991). *A Psychometric Perspective on Authentic Measurement*. Retrieved from ERIC database. (ED334265).

Hambleton, R. K., & Swaminathan, H. (1985). *Item response theory: Principles and application*. Boston, MA: Kluwer-Nijhoff.

Hambleton, R. K., Swaminathan, H., & Rogers, H. J. (1991). *Fundamentals of item response theory*. Thousand Oaks, CA: SAGE Publications, Inc.

Hambleton, R. K., Zaal, J. N., & Pieters, P. (1991). Computerized adaptive testing: Theory, application, and standards. In R. K. Hambleton & J. N. Zaal (Eds.), *Advances in educational and psychological testing* (pp. 341-366). Norwell, MA: Kluwer Academic.

Hau, K. -T., & Chang, H. -H. (2001). Item Selection in Computerized Adaptive Testing: Should More Discriminating Items be Used First? *Journal of Educational Measurement, 38*(3), 249-266.

Haywood, H. C., Brown, A. L., & Wingenfeld, S. (1990). Dynamic approaches to psycho-educational assessment. *School Psychology Review, 4*(19), 411-422.

Herbel-Eisenmann, B. A., & Breyfogle, M. L. (2005). Questioning Our Patterns of

Questioning. *Mathematics Teaching in the Middle School, 10*(9), 484-489.

Howard, B. C., McGee, S., Shia, R., & Hong, N. S. (2001). *The influence of metacognitive self-regulation and ability levels on problem solving.* Paper presented at the Annual Meeting of the American Educational Research Association, Seattle, WA.

Jacobs, J. E., & Paris, S. G. (1987). Children's metacognition about reading: Issues in definition, measurement, and instruction. *Educational psychologist, 22*(3-4), 255-278.

Javidanmehr, Z., Sarab, M.R.A. (2017). Cognitive Diagnostic Assessment: Issues and Considerations. *International Journal of Language Testing, 7*(2), 73-98.

Kelly, T. L. (1939). The selection of upper and lower groups for the validation of test items. *Journal of Educational Psychology, 30*, 17-24.

Kline, P. (1999). *The handbook of psychological testing* (2nd ed.). London, NY: Routledge Press.

Krathwohl, D. R., Bloom, B. S., & Masia, B. B. (1964). *Taxonomy of educational objectives: Handbook II: The affective domain.* NY: David McKay Company.

Lee, Y.-S., de la Torre, J., Park, Y.S.(2012).Relationships between Cognitive Diagnosis, CTT, and IRT Indices: An Empirical Investigation. *Asia Pacific Education Review, 13*(2), 333-345.

Leu, D. J. (2007). *Expanding the reading literacy framework of PISA 2009 to include online reading comprehension. A working paper commissioned by the PISA 2009 Reading Expert Group.* Princeton, NJ: Educational Testing Services.

Linn, R. L., & Gronlund, N. E. (2000). *Measurement and assessment in teaching* (8 ed.). Upper Saddle River, NJ: Prentice-Hall.

Linn, R. L., & Gronlund, N. E. (1995). *Measurement and assessment in teaching.* Englewood Cliffs, NJ: Merrill.

Lord, F. M. (1980). *Applications of item response theory to practical testing problems.* Hillsdale, NJ: Lawrence Erlbaum Associates.

Love, K. (2009). Literacy pedagogical content knowledge in secondary teacher education: Reflecting on oral language and learning across the disciplines. *Language and Education, 23*(6), 541-560.

Magis,D., Yan, D., von Davier, A.A. (2017). *Computerized Adaptive and Multistage Testing with R.* Princeton, NJ:Spring.

McDonald, R. P. (2000). A Basis for Multidimensional Item Response Theory. *Applied Psychological Measurement, 24*(2), 99-114.

Messick, S. (1994). The interplay of evidence and consequences in the validation of performance assessments. *Educational Researcher, 23*(2), 13-24.

Messick, S. (1995). Validity of psychological assessment: Validation of inferences from person's response and performances as scientific inquiry into score meaning. *American Psychologist, 50,* 741-749.

Miller, M. D., Linn, R. L., & Gronlund, N. E. (2012). *Measurement and assessment in teaching.* Merrill, NJ: Pearson Upper Saddle River.

Millman, J., & Arter, J. A. (1984). Issue in banking. *Journal of Educational Measurement, 21*(4), 315-330.

Mokhtari, K., & Reichard, C. A. (2002). Assessing students' metacognitive awareness of reading strategies. *Journal of Educational Psychology, 94*(2), 249-259.

Moreno, R., & Mayer, R. (2007). Interactive multimodal learning environments. *Educational Psychology Review, 19*(3), 309-326.

Morgan, B. M. (1999). Portfolios in a preservice teacher field-based program: Evolution of a rubric for performance assessment. *Education, 119*(3), 422-424.

Mullis, I. V. S., Kennedy, A. M., Martin, M. O., & Sainsbury, M. (2004). *PIRLS 2006 Assessment Framework and Specifications: Progress in International Reading Literacy Study.* Chestnut Hill, MA: TIMSS & PIRLS International Study Center Lyhcn School of Education, Boston College.

Neil, J. (2006). Assessment systems: Conceptual, human, technological. *Research*

Notes, 23, 2-3.

Newmann, F. M., & Archbalk, D. A. (1992). The nature of authentic academic achievement. In H. Berlak, F. M. Newmann, E. Adams, D. A. Archbald, T. Burgess, J. Raven & T. A. Romberg (Eds.), *Toward a new science of educational testing and assessment* (pp. 71-84). Albany, NY: State University of New York Press.

Nitko, A. J., & Brookhart, S. M. (2010). *Educational Assessment of Students.* Prentice Hall.

Nunnally, J. C. (1978). *Psychometric Theory* (2nd ed.). NY: McGraw-Hill.

OECD (2006). *Assessing scientific, reading and mathematical literacy.* Paris: Author.

OECD (2015). *PISA 2015 Science Framework.* Paris: Author.

Optiz, M. F., Rubin, D., & Erekson, J. A. (2011). *Reading diagnosis and improvement: Assessment and instruction.* Boston, MA: Allyn & Bacon.

Osterfind, S. J. (2006). *Modern Measurement: Theory, Principles, and Applications of Mental Appraisal.* Upper Saddle River, NJ: Person Prentice Hall.

Paulson, F. L., Paulson, P. R., & Meyer, A. (1991). What makes a portfolio a portfolio? *Educational Leadership, 48*(5), 60-63.

Peter, S. (1993). *Successful use of teaching portfolios.* Bolton, MA: Anker Publishing.

Pintrich, P. R., & De Groot, E. V. (1990). Motivational and self-regulated learning components of classroom academic performance. *Journal of Educational Psychology, 82*(1), 33.

Popham, W. J. (1999). *Modern Educational Measurement: Practical Guidelines for Educational Leaders* (3 ed.). Boston, MA: Allyn & Bacon.

Popham, W. J. (2008). *Transformative Assessment.* Alexandria, VA: Association for Supervision and Curriculum Development.

Rovinelli, R. J., & Hambleton, R. K. (1977). On the use of content specialists in the assessment of criterion-referenced test item validity. *Dutch Journal of Educational Research, 2*, 49-60.

Rupp, A. A., Templin, J., & Henson, R. A. (2010). *Diagnostic assessment: Theory, methods, and applications*. New York, NY: Guilford.

Samejima, F. (1969). Estimation of latent ability using a response pattern of graded scores. *Psychological Monograph*, No.17.

Sands, W. A., Waters, B. K., & McBride, J. R. (1997). *Computerized adaptive testing: From inquiry to operation*. Washington, DC: American Psychological Association.

Schmar-Dobler, E. (2003). Reading on the Internet: The link between literacy and technology. *Journal of Adolescent & Adult Literacy, 47*(1), 80-85.

Schraw, G. (2010). Measuring Self-Regulation in Computer-Based Learning Environments. *Educational psychologist, 45*(4), 258-266.

Schraw, G., & Sperling Dennison, R. (1994). Assessing metacognitive awareness. *Contemporary Educational Psychology, 19*, 460-460.

Schraw, G., Crippen, K. J., & Hartley, K. (2006). Promoting Self-Regulation in Science Education: Metacognition as Part of a Broader Perspective on Learning. *Research in Science Education, 36*(1-2), 111-139.

Simpson, E. (1972). *The classification of educational objectives in the psychomotor domain: The psychomotor domain*. Washington, DC: Gryphon House.

Snetzler, S., & Qualls, A. L. (2000). Examination of differential item functioning on a standardized achievement battery with limited English proficient students. *Educational and Psychological Measurement, 60*(4), 564-577.

Sperling, R. A., Howard, B. C., Miller, L. A., & Murphy, C. (2002). Measures of children's knowledge and regulation of cognition. *Contemporary Educational Psychology, 27*(1), 51-79.

Stiggins, R. J. (2001). *Student-involved classroom assessment*. Upper Saddle River, NJ: Merrill Prentice Hall.

Stiggins, R. J. (2005). Design and Development of Performance Assessments. *Educational Measurement: Issues and Practice, 6*(3), 33-42.

Stone, C. A., & Hansen, M. A. (2000). The effect of errors in estimating ability on goodness-of-fit tests for IRT models. *Educational and Psychological Measurement, 60*(6), 974-991.

Teresa, A. W., & Robert, J. H. (2006). Development of a New Critical Thinking Test Using Item Response Theory. *Psychological Assessment, 18*(1), 100-105.

Tsai, T. H., Hanson, B. A., Kolen, M. J., & Forsyth, R. A. (2001). A Comparison of Bootstrap Standard Errors of IRT Equating Methods for the Common-Item Nonequivalent Groups Design. *Applied Measurement in Education, 14*(1), 17-30.

Valencia, S. W., & Calfee, R. C. (1991). The development and use of literacy portfolios for students, classes, and teachers. *Applied Measurement in Education, 4*, 333-346.

Van der Linden, W. J. & Glas, C. A. W. (2000). *Computerized adaptive testing theory and practice*. Boston, MA: Kulwer.

Van der Linden, W. J., & Glas, C. A. W. (2000). Capitalization on Item Calibration Error in Adaptive Testing. *Applied Measurement in Education, 13*(1), 35-53.

Van der Linden, W. J., Veldkamp, B. P., & Reese, L. M. (2000). An integer programming approach to item pool design. *Applied Psychological Measurement, 24*(2), 139-150.

Wang, J. -R., & Chen, S. -F. (2014). Development and Validation of an Online Dynamic Assessment for Raising Students' Comprehension of Science Text. *International Journal of Science and Mathematics Education*, Advance online publication, 1-17.

Wang, T., & Kolen, M. J. (2001). Evaluating Comparability in Computerized Adaptive Testing: Issues, Criteria and an Example. *Journal of Educational Measurement, 38*(1), 19-49.

Webb, D. C. (2004). Enriching assessment opportunities through classroom discourse. In T. A. Romberg (Ed.), *Standards-Based Mathematics Assessment in Middle School: Rethinking Classroom Practice* (pp. 169-187). New York and London: Teachers College, Columbia.

Weiss, D. J. (1985). *Item response theory and computerized adaptive testing conference proceedings*. Retrieved from ERIC database. (ED264260).

Weiss, D. J. (2010). *Operational CAT Testing Programs*. Retrieved 07/18, 2010, from http://www.psych.umn.edu/psylabs/catcentral/operationalcatprograms.htm

Weiss, D. J., & Kingsbury, G. G. (1984). Application of computerized adaptive testing to educational problems. *Journal of Educational Measurement, 21*, 361-375.

Weiss, D. J., & Yoes, M. E. (1991). Item Response Theory. in R. K. Hambleton et al. (Eds), *Advances in educational and psychological testing: Theory and applications*. New York, NY:Springer.

Application of computerized adaptive testing to educational problems. *Journal of Educational Measurement, 21*, 361-375.

Wiggins, G. (2000). *The case for authentic assessment*. Retrieved from ERIC database. (ED328611).

Wood, T. (1998). Funneling or focusing? Alternative patterns of communication in mathematics class. In H. Steinbring, M. G. Bartolini-Bussi & A. Sierpinska (Eds.), *Language and communication in the mathematics classroom* (pp. 167-178). Reston, VA: National Council of Teachers of Mathematics.

圖書館出版品預行編目(CIP)資料

測驗與學習評量／陳新豐著.--三版.--臺

：五南圖書出版股份有限公司,2024.02
面； 公分.

N 978-626-366-957-4（平裝）

ST: 教育測驗 2.CST: 學習評量

112022561

1IZD

教育測驗與學習評量

作　　者— 陳新豐

發 行 人— 楊榮川

總 經 理— 楊士清

總 編 輯— 楊秀麗

副總編輯— 黃文瓊

責任編輯— 李敏華

封面設計— 姚孝慈

出 版 者— 五南圖書出版股份有限公司

地　　址：106臺北市大安區和平東路二段339號4樓

電　　話：(02)2705-5066　　傳　　真：(02)2706-6100

網　　址：https://www.wunan.com.tw

電子郵件：wunan@wunan.com.tw

劃撥帳號：01068953

戶　　名：五南圖書出版股份有限公司

法律顧問　林勝安律師

出版日期　2015 年 9 月初版一刷（共二刷）

　　　　　2021 年 2 月二版一刷（共三刷）

　　　　　2024 年 2 月三版一刷

定　　價　新臺幣620元

經典永恆・名著常在

五十週年的獻禮——經典名著文庫

　　五南，五十年了，半個世紀，人生旅程的一大半，走過來了。

　　思索著，邁向百年的未來歷程，能為知識界、文化學術界作些什麼？

　　在速食文化的生態下，有什麼值得讓人雋永品味的？

歷代經典・當今名著，經過時間的洗禮，千錘百鍊，流傳至今，光芒耀人；

不僅使我們能領悟前人的智慧，同時也增深加廣我們思考的深度與視野。

　　我們決心投入巨資，有計畫的系統梳選，成立「經典名著文庫」，

　　希望收入古今中外思想性的、充滿睿智與獨見的經典、名著。

　　這是一項理想性的、永續性的巨大出版工程。

不在意讀者的眾寡，只考慮它的學術價值，力求完整展現先哲思想的軌跡；

　　為知識界開啟一片智慧之窗，營造一座百花綻放的世界文明公園，

　　　　　　任君遨遊、取菁吸蜜、嘉惠學子！